Ullstein

ÜBER DAS BUCH

Obwohl die britische Admiralität keine praktische Erfahrung mit dem russischen Winter hatte, verfügte sie über genaue Informationen. Der britische Konsul in Kertsch hatte – noch vor Ausbruch des Krieges – detaillierte Reports nach London geschickt. Die Strategen wußten also im Prinzip, was sie vor Ort erwartete: »Schneidende Winde, eisiger Regen, Schnee und bitterste Kälte, die Haut an Metall festfrieren läßt ...«

Doch auch der Marine Mühlen mahlen langsam. Am Morgen des 20. Dezember 1854 besetzte die britische Flotte zunächst die Mündung des Katcha-Flusses nördlich von Sewastopol. Entsetzliche Schneestürme tobten, und die Decks der Schiffe verschwanden unter der weißen Pracht. Dies war keine gute Ausgangsposition für den Einsatz von Seglern mit schlecht ausgerüsteten Männern. Deshalb soll Phillip Hazard, ausgezeichnet mit seinem neuen Kommando auf der dampfgetriebenen *Huntress*, vor Ort in Odessa die Verteidigungsmöglichkeiten der Stadt auskundschaften. Admiral Lyons plant, das Asowsche Meer in den Machtbereich der alliierten Flotten zu integrieren und entsendet eine Expeditionsflotte, die jedoch wieder zurückgepfiffen wird. Es ist fast zu spät, als Hazard erkennt, in welche Gefahr er sich begeben hat.

Der vierte Band aus der marinehistorischen Serie um den tapferen Phillip Horatio Hazard.

DER AUTOR

V. A. Stuart veröffentlichte mehr als 60 Bücher und zahllose Zeitschriftenartikel und bewies immer wieder exakte Kenntnisse in englischer Geschichte und Marinegeschichte.

V. A. Stuart

Anker auf – trotz Eis und Schnee!

Phillip Horatio Hazard im russischen Winter

Roman

Ullstein

Ullstein Buchverlage GmbH & Co. KG,
Berlin
Taschenbuchnummer: 24622
Titel der Originalausgabe:
Hazard of Huntress
Aus dem Englischen von
Dieter Bromund

Deutsche Erstausgabe
September 1999

Umschlaggestaltung:
Hansbernd Lindemann
Umschlagillustration:
Silvia Christoph

Originally published in English
by Aidan Ellis Publishing

Printed in Germany 1999
Gesamtherstellung:
Clausen & Bosse, Leck
ISBN 3 548 24622 2

Gedruckt auf alterungsbeständigem Papier
mit chlorfrei gebleichtem Zellstoff

Vom selben Autor
in der Reihe der
Ullstein Bücher:
Tapfer bis zum Untergang (24473)
Dem Feind entgegen (24484)
Alle Mann zurück an Bord! (24612)

Die Deutsche Bibliothek –
CIP-Einheitsaufnahme

Stuart, Vivian:
Anker auf – trotz Eis und Schnee! : Phillip
Horatio Hazard im russischen Winter ;
Roman / V.A. Stuart. [Aus dem Engl. von
Dieter Bromund]. – Dt. Erstausg. –
Berlin : Ullstein, 1999
(Ullstein-Buch ; 24622)
ISBN 3-548-24622-2

Die Royal Navy zu Zeiten Königin Viktorias

Viktoria, 1819 geboren, wurde 1837 zur Königin gekrönt und starb 1901. Unter ihrer Regentschaft änderte sich die Royal Navy wie nie zuvor oder später. »Die charakteristische und natürliche Macht Britanniens« nannte 1808 Sir Arthur Wellesley, der spätere erste Herzog von Wellington und Sieger über Napoleon bei Waterloo, die Royal Navy in einer Rede im Parlament.

Sie glich noch bis Ende der dreißiger Jahre der Marine aus Nelsons Tagen. Zwar wurde bereits mit Schiffen mit Maschinenantrieb experimentiert, doch das Segel trieb in der Regel weiterhin britische Kriegsschiffe voran. Erst nach 1840 wurden in England Schaufelradfregatten gebaut und auch Dampfmaschinen als Hilfsantriebe eingesetzt. Mit HMS *Warrior*, heute noch als Museumsschiff in der Nähe von Nelsons HMS *Victory* in Portsmouth zu besichtigen, begann 1860 in der Royal Navy der endgültige Siegeszug der Maschine und des Eisens beim Bau von Kriegsschiffen. Nach vielen Experimenten in den siebziger und achtziger Jahren entstanden in den neunziger Jahren die klassischen Schlachtschiffe, mit denen die Marine des jungen Deutschen Reiches unter Wilhelm II. zu wetteifern begann und die später in den gewaltigen Dreadnoughts gipfelten. Die Kanonen Nelsons, von vorne zu laden, wurden durch Geschütze abgelöst, die man von hinten lud, mit gezogenen Läufen, treffgenauer, weiter reichend, mit Explosivgeschossen und mit immer größeren Kalibern.

Zur Zeit Viktorias gab es neben vielen kleineren Kolonialkriegen, an die sich im wesentlichen nur noch die beteiligten Nationen erinnern, einen wichtigen, den russischen Krieg von 1853 bis 1856, den wir nach dem wichtigsten Kriegsschauplatz als Krimkrieg kennen. Weil England nach dem Sieg über Napoleon keine mächtigeren Feinde mehr besaß, hatte die Marine – nur vom Krimkrieg unterbrochen - vor allem die Aufgabe, die Pax Britannica zu sichern, die Handelsrouten über den Globus offen zu halten. Und so engagierte sich die britische Kriegsmarine in Polarexpeditionen, im Erstellen von Seekarten und in der Bekämpfung von Piraten, Sklavenhändlern oder Schmugglern.

Mit den neuen Aufgaben kamen andere Männer in die Flotte. Bis etwa 1840 rekrutierten sich Marineoffiziere immer noch weitgehend aus wohlhabenden Familien, wurden nur auf See ausgebildet und verließen sich auf Beziehungen und Einfluß, bis sie endlich Kapitän mit vollem Rang waren. Der weitere Aufstieg danach gründete nur auf dem Dienstalter, nicht auf Verdiensten. Als 1815 endlich Frieden in Europa herrschte, war das System schnell verstopft. Man stieg nur auf, wenn der Vorgänger starb. Erst 1847 und 1851 änderte sich Entscheidendes. Eine große Anzahl höherer Offiziere wurde in den Ruhestand versetzt bei einer Altersgrenze von 65 Jahren. Ausnahmen gab es nur für die höchsten Ränge.

Für den Offiziersnachwuchs galt seit 1857 eine neue Ausbildungsordnung. Man trat als Kadett ein und wurde anschließend zum Fähnrich befördert, Ausbildungsschiff war HMS *Britannia* in Dartmouth. Mit 19 Jahren konnte ein Fähnrich sich zum Leutnantexamen melden.

Es gab Offiziere mit königlichem Patent, die sogenannten »commissioned officers«, und die sogenannten »warrant officers« oder »non-commissioned officers«, die nur ein Patent des Marineministeriums besaßen. Nach 1843 erhielten auch hohe »warrant officers« ein königliches Patent, ab 1847 wurden Ingenieure Mitglied der Offiziersmesse.

Preßgangs waren noch immer erlaubt, doch sie wurden nach 1815 nie mehr eingesetzt. Für Mannschaftsdienstgrade kamen 1830 und 1853 entscheidende Änderungen. Junge Männer konnten jetzt in der Marine Karriere machen, indem sie nach dem Erreichen des 18. Lebensjahres für wenigstens zehn weitere Jahre in der Marine dienten. Sie wurden auf Trainingsschiffen wie der HMS *Ganges* in Falmouth ausgebildet und konnten sich über den Vollmatrosen bis zum Oberbootsmann hoch dienen und sich an Bord auch spezialisieren, zum Beispiel auf Kanonen, Torpedos, Maschinen.

1851 änderte sich auch die Bezahlungsweise in der Marine. Jetzt konnten Seeleute ihren Frauen und Familien an Land regelmäßig Geld aus ihrem Sold zukommen lassen.

Uniformen wurden für Mannschaftsdienstgrade erst 1857 eingeführt, doch wann immer möglich wurde noch barfüßig Dienst getan, weil man sich so auf den gesandeten hölzernen Decks besser halten konnte.

Die Royal Naval Reserve, die RNR, entstand 1858. Offiziere und Mannschaften der Handelsmarine wurden für den Einsatz im Kriegsfall für die Royal Navy, die RN, ausgebildet. 1862 verfügte die Marinereserve bereits über 12000 Männer.

Königin Viktoria stiftete am 29. Januar 1856 einen Orden für Mannschaften, Unteroffiziere und Offiziere, das berühmte Viktoria Cross mit der Inschrift »For Valour«, für Tapferkeit. VC wird noch heute als erste aller Auszeichnungen hinter den Namen gesetzt. Die ersten Kreuze waren aus Metall gegossen, das von russischen Kanonen stammte, die in Sewastopol erobert worden waren.

Der erste, der mit dem neuen Tapferkeitsorden ausgezeichnet wurde, war Leutnant Charles D. Lucas. An Deck von HMS *Hecla* hatte während des Einsatzes in der Ostsee am 21. Juni 1854 eine Granate, die eingeschlagen war und jeden Augenblick explodieren konnte, aufgenommen und über Bord geworfen. Am 26. Juni 1857 erhielt er zusammen mit 61 Kameraden im Hyde Park in London den Orden aus der Hand der Königin.

Der Orden besteht noch heute und wird nur im Krieg und auch dann nur selten vergeben. Am 31. August 1996 gab es 32 lebende Ordensträger, sechs dienten in den Regimentern der Gurkha Rifles, ein Ordensträger gehörte zur RN, ein weiterer zur RNR.

Dieter Bromund

Für
John Taylor
mit den besten Wünschen des Autors in der Hoffnung, daß ihm dieser Roman so gut gefallen möge wie die bisherigen Bände aus dieser Serie.

Vorwort des Verfassers

Mit Ausnahme der Offiziere und Mannschaften Ihrer Majestät Schiff *Trojan* und ihrer Passagiere existierten alle Gestalten dieses Buches wirklich, und was sie taten, ist historisch belegt. Auch ihre politischen Aussagen und Meinungen sind meistens allgemein bekannt. Wenn sie etwas besprechen oder sich unterhalten – wie zum Beispiel mit den fiktiven Gestalten des Romans –, wurde größter Wert darauf gelegt, Gedanken und Gefühle so wiederzugeben, daß sie den historisch belegten Äußerungen entsprechen.

Auch die wesentlichen Ereignisse entsprechen dem historischen Verlauf des Krimkrieges. Die Nacht-und-Nebel-Aktion in Odessa aber ist reine Fiktion …, obwohl sie natürlich nicht unwahrscheinlich ist und genau so hätte geschehen können. General Canrobert widersetzte sich dem Plan von Admiral Lyons, das Asowsche Meer mit den alliierten Flotten zu besetzen, und die erste geplante Aktion für Mai 1855 wurde tatsächlich von dem französischen Oberkommandierenden zurückgerufen.

Briefe von Kapitän George Broke, dem späteren Sir George Broke, K. C. B., von Ihrer Majestät Schiff *Gladiator* an Konteradmiral Sir Edmund Lyons, Befehlshaber der Britischen Schwarzmeerflotte.

(1)
Gladiator, *vor Odessa,*
19. Januar 1855.

Sir,
ich habe die Ehre, Ihnen den Empfang Ihrer Befehle vom 16. dieses Monats zu bestätigen und Sie zu informieren, daß ich in deren Ausführung die Verhängung einer Blockade über die russischen Häfen im Schwarzen Meer, beginnend am 1. Februar dieses Jahres, den Regeln entsprechend vormittags um 10. 30 Uhr durch den Ersten Offizier dieses Schiffes, begleitet von einem Offizier Seiner Kaiserlichen Majestät französischer Dampffregatte Mogador, *dem russischen Offizier bekanntgegeben habe, der unter einer Waffenstillstandsflagge die Boote beider Schiffe vor der Mole traf.*

Weil es neblig war, hielten der Kommandant der Mogador *und ich es für ratsam, die Verhängung sofort mitzuteilen. Wir setzten daraufhin die Waffenstillstandsflagge, und um*

Aufmerksamkeit für sie zu erlangen, ließ ich einen leeren Schuß nach See hin abgeben.

Ich bitte hinzufügen zu dürfen, daß als Folge des dichter werdenden Nebels die Offiziere, die mit den Booten das Schiff verlassen hatten, es notwendig erachteten, sich der Mole auf Musketenschußweite zu nähern, wo alsbald ein leerer Schuß abgefeuert wurde und sie warteten, bis das russische Boot zu ihnen kam; bis auf diese Ausnahme wurden Ihre Befehle strikt befolgt, und ich hoffe, daß ich unter diesen Umständen Ihre volle Zustimmung finde.

Ich bin usw.

(gezeichnet) George N. Broke

(2)

Gladiator, *vor Odessa, 8. Februar 1855*

Sir,

ich habe die Ehre, Ihnen hiermit beiliegend einen Brief des spanischen Konsuls in Odessa zu übermitteln, der unter einer Waffenstillstandsflagge am Mittag des 6. dieses Monats Leutnant Risk von Ihrer Majestät Dampfschiff Wrangler *übergeben wurde, in welchem der Empfang der Ankündigung der Blockade bestätigt wurde, welche am 19. des letzten Monats befehlsgemäß übergeben worden war …*

Ich bin usw.

(gezeichnet) George N. Broke

Aus:

Der russische Krieg, 1855, Der offizielle Briefwechsel im Schwarzen Meer.

Herausgegeben von Kapitän A. C. Dwar, O. B. E., B. Litt., F. R. Hist. S., R. N.

Veröffentlicht durch die Navy Records Society.

Prolog

Am Morgen des 20. Dezember 1854 traf ein schwerer Schneesturm mit eisigem ablandigen Wind den Ankergrund der britischen Flotte vor der Mündung des Katcha nördlich von Sewastopol. Sehr schnell waren die Decks der Schiffe, die dort ankerten, mit einem acht Zoll dicken Tuch aus gefährlichem weißen Schneematsch bedeckt. Männer konnten sich auf Deck nur noch unter hohen Risiken vorwärts bewegen. Der Schnee vereiste ganz schnell, ebenso wie die Nässe auf Rahen und Rigg. Eine blutrote Sonne tauchte die Szene in ein wildes, der Jahreszeit entsprechendes Licht, dessen Schönheit jedoch kaum einer der Männer auf Wache genießen konnte. Lustlos hackten die Männer auf Eiszapfen ein und versuchten, die Decks mit Schaufeln und Besen zu säubern. Sie bliesen in ihre frostblauen Hände, und jeder von ihnen wartete nur auf das Schrillen der Pfeifen, das ihn zum Frühstück in seine Messe rufen würde.

In der Empfangskajüte seines Flaggschiffs, dem Schraubendampfer *Agamemnon* mit 91 Kanonen, hatte Konteradmiral Sir Edmund Lyons, zur Zeit Stellvertreter des Befehlshabers der britischen Schwarzmeerflotte, der frühes Aufstehen liebte, gerade sein Frühstück begonnen. Da trat sein Sekretär Leutnant Cleeve ein, murmelte eine Entschuldigung und legte ein Bündel Briefe neben ihn auf den Tisch.

»Ich bitte, mein Eindringen während Ihrer Mahlzeit zu

entschuldigen, Sir. Aber diese Post ist gerade von der *Banshee* abgeliefert worden. Und dann, Sir, also ...« der Sekretär zögerte einen Augenblick und deutete auf den Brief, der oben auf dem Bündel lag. Dann fuhr er fort, und seine Stimme verlor dabei die unpersönliche Perfektion und verriet seine Neugier: »Ich bin ganz sicher, Sir, daß Sie diesen Brief sofort sehen wollen. Die offiziellen Meldungen sind erst an die *Furious* gegangen, doch sie dürften noch nicht da sein, und ich dachte, Sir ...«

»Danke, Frederick«, unterbrach ihn Sir Edmund. Ohne Hast setzte er seine Kaffeetasse ab und blickte William Mends an, den Flaggkapitän, der ihm gegenüber saß. Dann griff er nach dem Brief, auf den Leutnant Cleeve seine Aufmerksamkeit gelenkt hatte. Der Brief trug das Siegel der Admiralität und den Vermerk PERSÖNLICH. Die Schrift war ihm vertraut, es war die des Ersten Lords der Admiralität, Sir James Graham. Admiral Lyons ahnte, was der Inhalt sein könnte, spürte die fragenden Blicke des Flaggkapitäns und nickte ihm mit seinem von silbergrauen Haar gekrönten Kopf kurz zu.

»Ja, Willie, ich glaube, der Augenblick ist gekommen. Und nun, gebe ich zu, bin ich mir gar nicht sicher, ob ich mich freuen soll oder es bedaure.«

»Die Offiziere und Mannschaften der Flotte werden sich freuen, Sir«, versicherte ihm Mends. »Ach, mehr als das, jeder einzelne.« Er klang enthusiastisch, ohne jede Spur von Zweifel.

Der Admiral schwieg, seufzte noch einmal und brach das Siegel auf dem Umschlag. Er hatte schon immer gewußt, daß Ihre Lordschaften ihn zum Nachfolger von Vizeadmiral James Deans Dundas auserkoren hatten – als Befehlshaber der Schwarzmeerflotte. Nur deshalb hatte er erst die untergeordnete Position angenommen, als der Krieg mit Rußland drohte. Die offizielle Meldung über seine Beförderung und seinen neuen Auftrag würde natürlich der Mann erhalten, dessen Nachfolger er werden sollte, Admiral Dundas, der reisebereit auf der Dampffregatte wartete, auf der er kürzlich seine Flagge gesetzt hatte. Doch Sir Edmund Lyons war sich dank seiner langen Freundschaft mit dem Ersten Lord sicher, daß der ihm die Bestätigung des Kommandowechsels in einem persönlichen Brief in denselben Meldetaschen schikken würde, in denen bisher auch schon viele persönliche Briefe befördert worden waren – PERSÖNLICH / VERTRAULICH. Er hatte das Vertrauen des Ersten Lords mit eiserner Loyalität honoriert und niemandem etwas gesagt außer Lord Raglan, dem britischen Oberbefehlshaber. Als er jetzt auf Brief nach Brief in seiner Hand blickte, fragte er sich, ob sein Vorgesetzter etwas von dieser Korrespondenz wußte.

Vielleicht wußte er tatsächlich davon, doch er hatte nie etwas erwähnt und hatte nie Einspruch erhoben. Das hieß doch wohl, daß ihn die Tatsache einigermaßen gleichgültig ließ, daß der Erste Lord während des ganzen Krieges oft um den Rat und die Meinung des zweiten Mannes in der Flotte bat und ihr gefolgt war und nicht der seines Chefs. Und das gleiche, erinnerte sich Edmund Lyons, war bei Lord Raglan der Fall. Doch in diesem speziellen Fall konnte Dundas nur sich selber etwas vorwerfen. Hatte er nicht delegiert, was eigentlich seine Verantwortung gewesen wäre: die nötige Liaison zwischen dem Expeditionsheer und der Königlichen Marine, die jetzt der zweite Mann befehligte? Admiral Dundas nahm nie an einer Besprechung an Land teil. Er kommunizierte mit Lord Raglan, wenn es denn unvermeidlich war, nur mit Notizen oder Meldungen, die sein Untergebener Lyons zu übermitteln hatte. Die Notizen waren kurz, oft unhöflich, kritisierten häufig die Operationen des Heeres an Land und machten damit die Aufgabe viel schwieriger als nötig.

Es hatte all seines Taktes bedurft, den er in neunzehn Jahren Dienst im Diplomatischen Corps erworben hatte, die Gefühle zu heilen, die jene Notizen verletzt hatten, vor allem dann, wenn er sie an die französischen und die türkischen Alliierten übermitteln mußte. Doch Lord Raglan war ein Muster an Geduld gewesen. Er war ein gütiger und nachdenklicher Mann, ein Gentleman im wahren Sinne dieses so häufig mißbrauchten Wortes, und er hatte sich schlichtweg nicht erlaubt, seine Gefühle durch Dundas verletzen zu lassen. Lord Raglan war selbst dann nicht beleidigt gewesen, als sein Gegenüber an der Spitze der Marine ihm schriftlich mitteilte, daß die Beschießung der seewärtigen Befestigungsanlagen von Sewastopol durch die alliierten Flotten am 17. Oktober »ein Fehler war, den er nie wiederholen würde und dessen er sich als Marineoffizier mit 50jähriger Erfahrung zutiefst schämte«.

»Als Admiral hätte ich sicher ähnliche Gefühle gehabt, nehme ich wenigstens an«, hatte der Oberbefehlshaber ruhig geäußert. »Er hatte hohe Verluste, und sie haben ihm wirklich nichts eingebracht. Die Sache klänge sicher ganz anders, wenn die Umstände einen gleichzeitigen Angriff von Land erlaubt hätten ... Also hat er recht: Die Aktion war falsch und auch ich bedaure sie.«

Sir Edmund runzelte die Stirn, als er sich daran erinnerte. Dann faltete er den Brief der Ersten Lords sehr sorgfältig auf und las den ersten Abschnitt.

»Wir haben Admiral Dundas den Befehl erteilt, Ihnen das Flottenkommando zu übergeben und selber nach England zurückzukehren – es sei denn, eine Operation, die unmittelbar bevorstünde, würde er bei seiner Ehre und nach seinem Gefühl lieber nicht einen anderen ausführen lassen ...«

Sir Edmund legte den Brief vor sich auf den Tisch und erlaubte sich ein kurzes, bitteres Lächeln, als er über die letzten Worte nachdachte.

Admiral Dundas hatte drei Jahre als Befehlshaber gedient,

und es war für ihn an der Zeit, im Januar seine Flagge einzuholen. Doch er hatte vor ein paar Wochen gebeten, aus Gesundheitsgründen früher abgelöst zu werden. Dabei war seine Gesundheit erkennbar nicht angeschlagen. Wie hätte sie es auch sein können, nachdem er sich nur auf dem bequemen, gut verproviantierten Flaggschiff aufhielt, dachte sein Stellvertreter zynisch. James Dundas hatte für eine Invasion der Krim von Anfang an nie etwas übrig gehabt und schon gar nichts für den Wunsch der Verbündeten, die Festung Sewastopol bis zur Aufgabe zu beschießen. Er hatte als Marinebefehlshaber Lord Raglan wunschgemäß Schiffe, Männer und Kanonen, letztere mit immer größerem Widerstand, übergeben, um die Belagerung zu verstärken. Mit einer Marinebrigade von über dreitausend Seeleuten und Seesoldaten in den Batterien auf dem Hochland und mit Schiffen, die oft mehr als die Hälfte ihrer Kanonen abgegeben hatten, war die Rolle der Seestreitkräfte zweitrangig geworden. Die königliche Marine stellte jetzt mehr Truppentransporter und Versorger als Kampfschiffe zur Verfügung – ein notwendiger, aber ruhmloser Dienst, wie dem zukünftigen Befehlshaber wohl bewußt war.

Natürlich hatte man über die russischen Schwarzmeerhäfen eine Blockade verhängt, die ein paar erschöpfte Dampffregatten aufrecht erhielten. Aber die Blockade wirkte nur deswegen, weil die feindliche Flotte im Hafen von Sewastopol eingeschlossen war. Eine Reihe von versenkten Linienschiffen lag auf Befehl von Admiral Korniloff quer über die Hafeneinfahrt, um den alliierten Flotten die Benutzung des Hafens unmöglich zu machen. Doch was *»eine Operation, die unmittelbar bevorstünde«* anging … Admiral Sir Edmund Lyons preßte die Lippen zusammen.

Er hatte Kinburn und Kertsch angreifen und Kertsch erobern wollen, um seine Dampffregatten ins Asowsche Meer zu führen, denn von dort erhielt der russische Oberbefehlshaber Prinz Menschikoff seinen Nachschub und scheinbar unerschöpfliche Truppenverstärkungen. Doch Admiral Dundas hatte seinen Vorschlag nur angehört, sich die Pläne vortragen lassen und sie dann einfach ignoriert. Jetzt war es viel zu spät, sie in irgendeine Art unmittelbare Operation zu verwandeln, von der Sir James Graham optimistisch geschrieben hatte. Der Winter meldete sich, und als der fürchterliche Orkan über die Küste gejagt war und zu erschrekkenden Verlusten an Schiffen und Männern geführt hatte – vor allem vor Balaklava –, da war eine Reaktion der Flotte dringend nötig geworden. Die Linienschiffe unter Segeln hatten keinen sicheren Ankerplatz für den Winter gefunden. Sie sollten nach Hause segeln und so bald wie möglich durch Dampfer ersetzt werden.

Die *Britannia*, das Flaggschiff von Admiral Dundas, war bereits auf dem ersten Teil der Heimreise zum Bosporus unterwegs – begleitet von der *Trafalgar*, der *Queen* und der *London*. Ein Teil der Matrosen und alle Seesoldaten waren in der Marinebrigade zurückgeblieben und wurden jetzt in den Büchern anderer Schiffe geführt. Die *Bellerophon* würde ihnen folgen, sobald genügend türkische Truppen zur Verstärkung der dortigen Garnison aus Bulgarien nach Eupatoria geschafft worden waren. Admiral Lyons wußte, und seine Stimmung besserte sich einen Augenblick lang bei dem Gedanken, daß Omar Pascha, der heldenhafte Verteidiger von Silistria, und der britische General Canon, der an die türkische Armee ausgeliehen worden war, persönlich für die Verteidigung von Eupatoria verantwortlich sein würden. Er müßte ihnen zwei oder drei Dampffregatten überlassen, doch dafür hätte er endlich wieder die Dienste des unersetzlichen Kapitän Saumarez Brock, der dort seit der Landung der Alliierten in der Kalamita-Bucht im September das Kommando hatte. Eine unsinnige Verwendung für einen so erfahrenen Commander, der noch dazu Experte war für die russischen Schwarzmeerhäfen und ihre Verteidigungsanlagen ... Und einen solchen Mann hatte Dundas in Eupatoria gelassen, damit er dort Hackenknallen üben konnte ...

»Verzeihung, Sir«, der Flaggkapitän unterbrach die Gedanken des Konteradmirals, »soll ich Sie allein mit Ihrer Post lassen? Oder kann ich Ihnen irgendwie helfen?«

Sir Edmund Lyons schüttelte den Kopf, und ein freundliches Lächeln erhellte sein müdes, sehr schmales Gesicht, als er zu dem Mann aufblickte, der während der letzten sieben Monate seine rechte Hand gewesen war. »Nein, danke, mein lieber Freund, ich brauche nichts. Ich werde die Wärme hier genießen und meine Füße zur Abwechslung hoch legen anstatt durch einen Schneesturm zu reiten, um mich mit Lord Raglan zu beraten. Vielleicht wird der Befehlshaber mich später am Morgen auf die *Furious* zitieren, wer weiß.« Er deutete mit seiner feinen Hand auf den Brief. »Hier steht, daß meine Kommandierung als Befehlshaber der Flotte unterwegs ist. Und hier steht auch«, fügte er hinzu und überflog den Rest des Briefes, »daß ich meine Flagge auf der *Royl Albert* setzen werde.«

Kapitän Mends lächelte auch. »Also ist der Augenblick endlich gekommen, Admiral. Erlauben Sie mir, Ihnen dazu zu gratulieren, Sir. Kein Mensch auf Erden – oder gar auf See – hat das mehr als Sie verdient, und keiner wird ein besserer Befehlshaber als Sie.«

»Sie schmeicheln mir, Willie«, drohte ihm Admiral Lyons, »aber Sie sind ein verläßlicher Freund!«

»Ich meine jedes Wort, das ich sagte«, antwortete Mends vollkommen ehrlich. »Glauben Sie mir, Sir, es kommt aus tiefstem Herzen. Es ist ein Privileg, unter Ihnen zu dienen!«

»Sir James Graham hält es für selbstverständlich, daß Sie mit mir auf die *Royal Albert* übersetzen«, sagte der Admiral. »Und ich auch, Willie. Sir Thomas Pasley wird Sie zunächst führen, und der Erste Lord informierte mich, daß er Ihnen als Kommandant des Schiffes nachfolgen wird. Das ist offenbar ein Befehl. Sind Sie damit glücklich?«

»Ja, wirklich, Sir!« Kapitän Mends schaute normalerweise sehr ernst, doch jetzt strahlte er und konnte seine Freude nicht verbergen, während er aufstand. Der Admiral sah, daß Frederick Cleeve unauffällig in einer Ecke wartete und nickte ihnen beiden zu. »Ich werde Sie in der nächsten Stunde sicher nicht benötigen, mein junger Freund.« Dann wandte er sich an seinen Flaggkapitän. »Wenn die *Bellerophon* hier vor Anker geht, würde ich gern Lord George Paulet treffen und Kapitän Brock, wenn er ihn begleitet, und alle anderen Kommandanten auch, die die Türken nach Eupatoria gebracht haben. Halten Sie mich bitte auf dem laufenden, Willie!«

»Selbstverständlich, Sir!«

»Vielleicht«, fuhr der Admiral fort, »sollten Sie der *Miranda* ein Signal schicken? Ich würde gern mit meinem Sohn Jack speisen. Es sei denn, der Befehlshaber lädt mich zum Essen ein, was unter den jetzigen Umständen durchaus im Bereich des Möglichen liegt. Was meinen Sie?«

Mends und Cleeve sahen ihn beide einen Augenblick unsicher an und lächelten dann gleichzeitig wie über einen Witz. »Es liegt sicherlich nicht außerhalb aller Möglichkeiten, Sir«, antwortete der Flaggkapitän mit sorgsam beherrschter Stimme. Er verließ zusammen mit dem Sekretär die Kajüte, und Admiral Lyons griff jetzt, allein gelassen, wieder zum Brief des Ersten Lords. Ohne daß er darum gebeten hatte, brachte der Steward ihm frisch gebrühten Kaffee, füllte eine Tasse und verschwand stumm.

»Ich habe Admiral Stewart auf Malta den Posten Ihres Stellvertreters angeboten«, hatte Sir James Graham geschrieben. *»Ich weiß nicht, ob er das Angebot annimmt, aber ich bin mir ganz sicher, daß Sie mit ihm sehr zufrieden wären.«*

Dem war so. Konteradmiral Sir Houston Stewart, in Malta für den Nachschub und die Versorgung zuständig, hatte den Admiral hervorragend unterstützt, als dieser ihn ohne lange Vorwarnung um unerwartet viele kleine Boote und Schwimmflöße gebeten hatte, um die britischen Expeditionstruppen samt Pferden und Kanonen in der Kalamita-Bucht an Land zu setzen. Ja, der Erste Lord hatte schon recht mit seiner Annahme: Houston Stewart wäre ihm als Stellvertreter nur allzu recht. Er konnte sich niemand Besseren auf diesem Posten vorstellen. Und ihre Beziehung würde sicher um vieles herzlicher sein als die zu Admiral Deans Dundas, der trotz seiner erkennbar bevorstehenden Verabschiedung seinen Stellvertreter nur zu einem einzigen Essen auf die *Britannia* eingeladen hatte, an dem alle dienstälteren Kapitäne teilgenommen hatten. Sir Edmund zog die leicht gebeugten schmalen Schultern hoch und las weiter.

»In diesem Fall«, informierte ihn das Schreiben, *»wird Admiral Stopford nach Malta gehen. Ich würde gern mit möglichst wenig Verzögerung von Ihnen erfahren, ob Kapitän Grey, der demnächst zum Konteradmiral befördert werden wird, Ihnen als Flottenkapitän angenehm wäre. Wenn das Kommando der* Hannibal *vakant ist, wäre das Schiff sehr geeignet als Flaggschiff für Ihren Stellvertreter, obwohl ich Admiral Stewart gesagt habe, daß ich ihm die* Hannibal *nicht versprechen kann …«*

Admiral Lyons runzelte die sonst glatte Stirn und las weiter, was der Erste Lord zur Ernennung eines Flottenkapitäns wissen wollte. Es war eine nicht genau definierte Position, die unter Admiral Dundas Montagu Stopford innegehabt hatte. Hatte nicht Stopford selber gesagt, sie sei so wenig klar, daß sie schon falsch sein könnte? Und dann hatte er mit einiger Bewegung hinzugefügt, »daß nur wenige Männer, die diesen Posten ausfüllen könnten, ihn lange genug innehaben würden«. Selbst Nelson hatte es als sehr bequem empfunden, daß sein Freund, Admiral George Murray, vor Toulon sein Flottenkapitän geworden war. Er hatte sich später sogar geweigert, einen neuen zu ernennen, obwohl seine Flotte sich damals auf vierzig Linienschiffe vergrößert hatte. Edmund Lyons entspannte sich. Was Nelson erlaubt worden war, würde ihm sicherlich auch erlaubt werden. Sir James Graham überließ mit dieser Fragestellung die Entscheidung praktisch seinem neuen Oberkommandierenden. Er kannte Frederick Grey als fähigen, wenn auch vermutlich mehr als ehrgeizigen Offizier und nahm an, obwohl Sir James Graham keinerlei Andeutungen in dieser Richtung machte, daß Grey, der großen politischen Einfluß besaß, wahrscheinlich dafür gesorgt hatte, daß sein Name ganz oben auf der Liste stand.

Nun ja, wenn es in dieser Flotte gar keinen Flottenkapitän gab, dann konnte Grey sich kaum beschweren, daß er es nicht geworden war. Der Admiral griff nach der Feder, tippte ins Tintenfaß und schrieb an den Rand des Briefes: »*Kein Flottenkapitän. Beziehen Sie sich auf Nelson als Vorbild.*« Er legte die Feder zur Seite und las Sir James Grahams letzte Abschnitte.

»*Wir müssen einige Segelschiffe, die schon lange Dienst tun, unverzüglich nach Hause zurückschicken*«, schrieb der Erste Lord dringlich. »*Wir haben Ihnen einige Schraubenlinienschiffe geschickt und werden weitere in Marsch setzen …*«

Die *Royal Albert, Hannibal, St. Jean d'Acre*, und die *Princess Royal* waren schon in früheren Briefen angekündigt worden, erinnerte sich Admiral Lyons, und er hoffte, daß die Lordschaften seine dringende Bitte nach Dampfschraubenfregatten mit geringem Tiefgang nicht vergessen würden – aus der Klasse der *Arrow* und der *Huntress*. Doch von Kanonenbooten war hier nicht die Rede. Er las weiter.

»*Wir haben gerade die fürchterlichen Folgen des Orkans vom 14. des Monats zur Kenntnis genommen und haben an Admiral Dundas wegen eines Winterliegeplatzes für Trans-*

porter und Kriegsschiffe geschrieben. Ich weiß nicht, ob unter den gegenwärtigen Umständen Sinope dafür hergerichtet werden kann, aber ich nehme an, daß die Verbindung mit dem Heer wegen des Nachschubs und wegen der Munition und aller anderen Sachen, die das Heer täglich brauchen könnte, durch ständig verkehrende Dampfer zwischen Balaklava und dem Bosporus aufrecht erhalten bleiben muß. Der Winter wird Ihnen alles abverlangen an Können und Energie, aber der Preis, um den es hier geht, ist jeden Einsatz wert.«

Der Brief endete mit herzlichen Grüßen und der Versicherung vollen Vertrauens. Admiral Lyons lächelte, faltete die beiden dünnen Papierbögen zusammen und legte sie in die Mappe seiner privaten Briefe. Sein Lächeln erschlaffte erst, als er sich erlaubte, darüber nachzudenken, was *»ständig verkehrende Dampfer zwischen Balaklava und dem Bosporus«* bedeuteten – an Einsätzen und Männern und nicht nur zwischen Balaklava und der türkischen Hauptstadt.

Fast 40 000 Türken mit Waffen, Pferden und Ausrüstung mußten von Warna und Baltchik über das Schwarze Meer nach Eupatoria geschafft werden. Er war froh, daß er die Verteidigung des Ortes in den verläßlichen Händen von Cannon und Omar Pascha lassen konnte, denn mit seinen Reserven war er fast am Ende. Der französische Marinebefehlshaber Admiral Hamelin konnte ihm für diese Aufgabe nur zwei Dampffregatten detachieren. Admiral Dundas hatte Lord Raglans Wunsch entgegengenommen, Transporter für die türkischen Truppen zur Verfügung zu stellen, hatte ihn – wie immer – bestätigt und dann die Verantwortung für die ganze komplizierte Operation ihm übertragen. Er hatte nicht einmal Andeutungen gemacht, wie die Aufgabe zu lösen sei. Daß sie inzwischen schon etwa 9000 Türken nach Eupatoria transportiert hatten, grenzte fast an ein Wunder, fand Sir Edmund. Der Orkan vom 14. November hatte mehr Transporter als Kriegsschiffe zerstört, das stimmte. Doch viele Kriegsschiffe hatten schweren Schaden genommen und mußten daher nach Konstantinopel zur Ausbesserung geschickt werden, ehe sie ihren Dienst wieder aufnehmen konnten. Das hatte Wochen gedauert, einige waren immer noch nicht wieder da. Als Folge war praktisch die Blockade der russischen Schwarzmeerhäfen aufgehoben, mit Ausnahme von Sewastopol. Denn alle Kriegsschiffe wurden als Transporter gebraucht.

Sir Edmund leerte die Kaffeetasse, seufzte, füllte sie wieder und wandte sich den restlichen Briefen zu. Die meisten waren privat. Wie üblich hatte seine Schwester Catherine ihm geschrieben, und er war dankbar für ihre Ausdauer. Sie hatte nie geheiratet und ihm wurde klar, daß er sich nach dem Tod seiner geliebten Frau mehr und mehr auf sie verließ. Doch in seinem Herzen konnte niemand Augustas Platz einnehmen. Er vermißte sie sehr, und es schmerzte, wenn er an sie dachte. Catherine, die gute Seele, tat gleichzeitig alles, ihn in Verbindung mit seiner Familie zu halten und vergaß nie, ihm zu schreiben.

Der Admiral las zuerst ihren Brief, dann einen viel kürzeren von seinem älteren Sohn Bickerton und legte ihn zur Seite, um ihn später seinem anderen Sohn Jack zu zeigen. Der Junge hatte nicht viel mitzuteilen. Sir Edmunds Tochter Minna hatte einen viel längeren Brief geschrieben, der viel Neues über ihren Tagesablauf enthielt, ein bißchen Klatsch, den man sich in der Familie und im Ort so erzählte, und einen amüsanten Bericht über ihren achtjährigen Sohn, der eines Tages die Grafschaft Norfolk erben würde. Auch diesen Brief legte er zur Seite, damit Jack ihn lesen konnte, und spürte plötzlich ungewohntes Heimweh.

Seine Familie hielt sehr eng zusammen. Das war schon immer so gewesen. Auch in den ereignisreichen Jahren zwischen 1835 und 1849, als er Botschafter am Hof König Ottos von Griechenland gewesen war, hatten Augusta und er selten lange von den Kindern getrennt gelebt. Die beiden Mädchen, Anne und Minna, hatten sie mit nach Athen genommen; Bickerton, der seine Studien in Cambridge beendet hatte, wurden zu seinem diplomatischen Stab geschickt, und Jack, der 1829 in die Marine eintrat, war als Fähnrich in Athen stationiert gewesen. Beide Töchter waren inzwischen gut verheiratet, der Admiral dachte mit Wärme daran, und beide hatten ihre zukünftigen Ehegatten in Athen kennengelernt. Minnas Hochzeit mit dem jungen Fitzalan, dem ältesten Sohn des Earls of Surrey, hatte im Juni 1839 in des Vaters Abwesenheit in London stattgefunden, denn politischer Druck in Athen hatte ihn gezwungen, auf seinem Posten zu bleiben. Nur die Mutter konnte dabei sein. Der Admiral schloß in Erinnerung daran die Augen.

Seine ältere Tochter Anne hatte sich Hals über Kopf in einen jungen bayerischen Adligen verliebt, in Baron Philip de Wurtzburg, der mit König Otto aufgewachsen war und ihn als Adjutant nach Griechenland begleitete. Philip de Wurtzburg war zwar ein Favorit und häufiger Gast in der Botschaft, doch Augusta hatte sich einer Ehe anfangs widersetzt. Sie fürchtete, daß sie den Kontakt zu ihrer Tochter verlieren würde, wenn diese einen Deutschen heiratete und ständig im Ausland lebte. Aber das junge Paar war so verliebt, daß Anne schließlich alle Einwände ihrer Mutter überwunden hatte. Die Hochzeit war Ende 1839 in Athen, ein großes Ereignis, denn der König und die Königin hatten daran teilgenommen. Wieder fiel Sir Edmund ein, wie gut sich die Ehen beider Töchter entwickelt hatten, jede auf ihre Weise. Beide Töchter waren sehr glücklich, und obwohl Anne im Ausland lebte, hielt sie enge Verbindung zur Familie, die sich erst etwas lockerte, als Sir Edmund nach dem vorzeitigen Tod seiner Gattin im März 1852 nach Stockholm versetzt wurde.

Die beiden Söhne indes hatten nicht geheiratet. Dabei war Bickerton schon 37 Jahre alt und Jack nur zwei Jahre jünger. Bickerton war nach seinem alten Vorgesetzten Konteradmiral Sir Richard Bickerton genannt worden, unter dessen Kommando Sir Edmund 1788 zum erstenmal auf See gegangen war – auf der *Terrible*. Bei Jack konnte er den Verzicht auf die Ehe verstehen, er war in der Marine und erst kürzlich zum Kapitän mit vollem Rang befördert worden. Er liebte den Dienst und ging ganz in seinem Beruf auf. Doch bei Bickerton, der zum Diplomatischen Corps gehörte und sich leicht Frau und Familie leisten konnte, akzeptierte er keine Entschuldigung. Falls Bickerton je auf Beförderung im Dienst hoffte, würde er Verstärkung durch eine attraktive, wohlerzogene Ehefrau brauchen, die sein Haus führte und …

Es klopfte kurz an der Kajütentür. Draußen knallte der Posten der Seesoldaten den Kolben seiner Muskete auf den Boden, die Tür ging auf, Sir Edmund blickte hoch und sah seinen Sohn Jack im Türrahmen.

»Komm rein«, lud er ihn ein und schob die restlichen Briefe zur Seite. »Komm rein, mein lieber Junge … ich hab dich schon vermißt.«

»Danke, Sir«, sagte Jack mit seiner angenehm tiefen Stimme.

Sie begrüßten sich herzlich, und der Admiral betrachtete seinen Sohn mit sichtbarem Stolz. Natürlich war er auf alle seine Kinder stolz und liebte sie, doch Jack, der seinen eigenen Vornamen und den des Kommandanten seines ersten Schiffs, Richard Moubry trug, war sein ganzer Stolz. Mit ihm, dem Erwachsenen, hatte er jetzt die meisten Gemeinsamkeiten. Der Sohn sah wie seine Mutter aus und wurde ihr immer ähnlicher. Er hatte ihren fröhlichen Blick, ihren lächelnden, sinnlichen Mund mit Mundwinkeln, die nach oben wiesen. Und obwohl er sonst sehr männlich gebaut war, hatte er ihre schlanken, fein geformten Hände mit ihren langen Fingern; ihre Hände und – wie er aus früheren Beobachtungen wußte – auch ihre kurze Lebenslinie, die nur halb über die Handfläche reichte. Natürlich war es absurd, Zigeunerprophezeihungen zu glauben, daß Handlinien das Schicksal verrieten. Doch Augusta hatte ähnliche Handlinien gehabt, und sie war viel zu jung gestorben. Sir Edmund unterdrückte ein Seufzen und zwang sich zu einem Lächeln, als sein Steward ohne besonderen Auftrag frischen Kaffee servierte.

»Ah!« rief Jack begeistert, »heißer Kaffee! Das ist genau, was ich brauche, muß ich sagen. Draußen ist es scheußlich, es schneit heftig, und der Schnee gefriert schon beim Fallen. Mein Fähnrich hatte Schwierigkeiten von meiner Gig aus im Schneetreiben Ihr Schiff zu finden, glauben Sie mir!«

»Ich glaub's gern«, versicherte ihm Sir Edmund Lyons. Er deutete einladend auf den Kaffee. »Bediene dich, Jack, und dann nimm Platz. Die Post ist gerade gekommen, und ich habe ein paar Briefe für dich zum Lesen.«

»Irgendein besonderer, Sir?« wollte der Sohn neugierig wissen.

»Wie kommst du darauf?«

Jack Lyons lachte. »Mein lieber Vater, auf dem Achterdeck herrschte eine spürbare Freude, die ich schon wahrnahm, ehe ich an Bord kam. Willie Mends sieht aus wie jemand, dessen kinderlose Tante gerade gestorben ist und ihm ein Vermögen hinterlassen hat. Er konnte sich kaum zurückhalten, mir die freudige Nachricht zu übermitteln. Und Fred Cleeve tanzt herum wie ein Hund mit zwei Schwänzen. Wenn er nicht aufpaßt, wird er sich im dicken Schnee noch den Hals brechen. Selbst Ihre Matrosen wissen, daß sich irgend etwas tut. Also spannen Sie mich nicht länger auf die Folter. Sie sind jetzt Befehlshaber, nicht wahr?«

Der Admiral nickte ernst mit dem Kopf. »Ich bin vom Ersten Lord darüber informiert worden, daß meine Ernennung unterwegs ist. Aber«, er hob die Schultern, »du weißt, daß Admiral Dundas entscheiden wird, wann ich sie überreicht bekomme.«

»Die *Furious* macht sich gerade seeklar, Sir«, informierte ihn Jack. Er streckte beide Hände aus. Die Zuneigung, die sich in seinen Worten und in seinem Blick ausdrückte, ließ seinen Vater plötzlich schlucken. Er ergriff seine Hände, und beide lächelten sich in einen langen stillen Augenblick an. Dann sagte Jack mit leicht belegter Stimme: »Meine allerherzlichsten Glückwünsche, Vater. Ich bin von Herzen froh darüber, Ihretwegen und wegen der gesamten Flotte. Und wie jeder Seemann und Offizier bin ich stolz darauf, unter Ihrem Kommando zu dienen. Jetzt werden wir endlich Pläne für die Zukunft schmieden können. Pläne für Taten, die unsere Anwesenheit hier rechtfertigen, und mit denen wir unseren Teil zu diesem Krieg beitragen. Wir werden nicht länger nur ruhmreiche Transporter sein.«

»Wenn der Winter vorbei ist, vorher nicht«, erinnerte ihn sein Vater. »Und falls Ihre Lordschaften mir die Dampfschiffe schicken, die ich brauche, damit wir überhaupt etwas unternehmen können. Sir James Graham hält unsere Rolle im Winter für die einer Amme der Armee, kann ich dir versichern.«

»Wirklich? Nun ja, selbst ein Winter auf der Krim kann nicht ewig dauern, Gott sei Dank.« Jack Lyons nippte anerkennend an seinem Kaffee und sah seinem Vater über den Rand der Tasse an. »Es wird schon Frühling werden.« Dann wurde seine Stimme respektlos, aber nicht bösartig. »Den letzten Frühling habe ich unter dem Kommando des alten Charles Napier erlebt!«

»Nur nominell unter seinem Kommando«, korrigierte der Admiral, »so lange warst du ja nicht in der Ostsee.«

»Richtig, Sir. Aber ich muß Ihnen nicht sagen, daß es nicht

seine Idee war, unser selbständiges Geschwader ins Weiße Meer zu schicken. Er war einigermaßen verblüfft, als Ommanney seinen Bericht ablieferte, doch das einzige, was er sagte, war: ›Ach, da werden Sie ja eine schöne kleine Summe an Prisengeldern bekommen, nicht wahr?‹ Und dann dachte er kurz nach und fuhr fort: ›Aber ich bezweifle nicht, daß Sie Ihre Majestät viel Pulver und Blei gekostet haben, um damit Ihre eigenen Taschen zu füllen.‹ Ommanney, der wenigstens einen lobenden Klaps auf die Schultern erwartet hatte, war fast sprachlos.« Jack grinste breit. »Trotz seines berühmten Signals ›Entermesser schärfen!‹ bei Kriegsausbruch, hat der alte Charlie die Schiffe unter seinem Kommando nie sonderlich ermutigt, den Gegner anzugreifen, wenn er es vermeiden konnte.«

Sein Vater seufzte. »Der arme Charlie Napier ist ein alter Mann«, verteidigte er ihn. »In seinen großen Tagen konnte ihm kaum einer das Wasser reichen, mußt du wissen. Als Mitglied des Parlaments hat er sehr viel getan, um den Sold und das Leben der Matrosen zu verbessern – aus reiner Nächstenliebe. Denn bei den Lords hat er sich nicht sehr beliebt gemacht, als er für die einfachen Matrosen Partei ergriff. Das kann man sich ja denken. Vielleicht war er für das Kommando in der Ostsee nicht der richtige, er war zu alt, zu desillusioniert – aber wen hatten wir sonst? Cochrane ist fast achtzig, Parker ist hoch in den Siebzigern und Seymour war in Westindien, als das Kommando besetzt wurde. Das Kabinett hatte keine große Wahl. Sie James war natürlich dagegen!«

»Ich hätte Cochrane vorgezogen, selbst mit seinen achtzig Jahren«, entgegnete Jack überzeugt. »Wenn man Gerüchten glauben kann, war er bereit, das Kommando zu übernehmen.«

»Zu sehr bereit, fürchte ich.« Sein Vater hob die Schultern. »Aber der alte Charlie ist ein guter Seemann. Wußtest du, daß er der erste war, der Schaufelräder an ein Marinefahrzeug anbringen ließ? Harry Keppel hat um 1830 unter ihm auf der *Galatea* gedient, und ich erinnere mich, wie er mir erzählte, daß Napier damals mit Schaufelrädern anfing. Die hat er selbst entwickelt. Sie wurden von Hand mit eisernen Kurbeln bewegt, die an Pfosten an beiden Seiten des Decks angebracht waren.«

Jack lächelte. »Er und Keppel sind sich heute nicht mehr sehr grün, Sir. Sie wissen, was für ein Feuerschlucker Keppel ist. Also, ich hörte, daß er und Lord Clarence Paget einen großartigen Plan ausgearbeitet haben, um Kronstadt anzugreifen. Mit Lord Lichfields Privatyacht haben sie den Hafen erkundet und präsentierten ihren Plan mit Skizzen der Verteidigungsanlagen, an die sie mit einigem Risiko gekommen sind. Aber der alte Charlie ließ sich darauf nicht ein.« Jacks Lächeln wurde deutlicher. »Er sagte, das ginge nicht. Als ich nach Hause beordert wurde, hörte ich, daß man Keppel, Paget und Elliott ›Die drei Meuterer‹ nannte, weil sie ihre Enttäuschung allzu laut hören ließen, als der alte Charlie auch einen Plan ablehnte, den sie für einen Angriff auf Sweaborg entwickelt hatten.«

»Hm! Ich hoffe, daß die *Saint Jean d'Arce* und die *Princess Royal* im Frühling zu mir stoßen«, sagte der Admiral nachdenklich. »Ich hoffe, daß Harry Keppel und Lord Clarence genügend Gelegenheiten für ihre heiß ersehnten Taten finden, aber«, resignierend streckte er seine Hände aus, »um ehrlich zu sein, Jack, ich glaube nicht, daß das der Fall sein wird.«

Jack sah ihn mit erhobenen Brauen ungläubig an. »Unter Ihrem Kommando, Vater? Doch sicherlich!«

»Ja, unter meinem Kommando. Du bist noch nicht sehr lange hier, aber du hast vermutlich genug gehört und gesehen, um zu wissen, daß ich kein unabhängiges Kommando habe.« Und als Jack protestieren wollte, fuhr er fort: »Oh, damit meine ich nicht, daß ich Befehle von Lord Raglan entgegennehmen muß. Weit gefehlt. Selbst wenn – er ist einer der rücksichtsvollsten Männer, immer bereit, seine Strategie zu diskutieren und seine Probleme mit mir zu teilen. Ich mag ihn und bewundere ihn unendlich. Unsere Beziehung könnte nicht besser sein. Doch sein Hauptproblem ist das selbe wie meines – nämlich die Unterstützung und volle Kooperation der Franzosen zu gewinnen. Das ist ein Problem, das – vertraulich gesagt, mein lieber Jack – noch keiner von uns gelöst hat.«

Jack sah reichlich verblüfft aus. »Aber es wird sich doch, was Sie angeht, von allein lösen, wenn Admiral Bruat französischer Marinebefehlshaber wird. Sie haben mir doch in Ihren Briefen immer wieder geschildert, daß Sie und Bruat die Lage gleich beurteilten. Und nur Hamelin sich immer quer stellte.«

»Ja, das stimmt«, gab der Admiral zu. »Aber das französische Marinekommando untersteht dem Heereskommando, und Canrobert weigert sich, irgend etwas anderes auch nur zu bedenken – außer der Belagerung und den unmittelbaren Erfordernissen seiner Landtruppen. Er scheint überzeugt zu sein, daß Sewastopol nur durch eine andauernde Bombardierung mit schweren Geschützen zur Aufgabe gezwungen werden kann. Ich habe immer wieder versucht, und wurde von Lord Raglan dabei voll unterstützt, ihn von einem kombinierten Angriff von Marine und Heer aus Kertsch zu überzeugen – aber er will partout nicht hören. Damit ein solcher Angriff Erfolg hat, brauchen wir Truppen, aber er kann von der Belagerung niemanden abziehen. Sieh mal«, Sir Edmund trat an seinen Schreibtisch und entnahm ihm eine aufgerollte Karte, die er auf dem Tisch ausbreitete, »du erinnerst dich sicher, daß ich auf die feindlichen Versorgungslinien hinwies, als wir unseren Plan besprachen für einen Marinevorstoß ins Asowsche Meer im Frühling. Die sogenannte Belagerung von Sewastopol ist der reinste Witz, solange diese Versorgungslinien nicht angegriffen werden. Der Norden von Sewastopol ist gänzlich offen, und Menschikoff kann in Bakshi-Serai ständig Truppenverstärkungen empfangen, neue Waffen und Munition und Verpflegung. Das alles schickt er je nach Bedarf nach Sewastopol. Und genauso hat er im Tal der Tchernaya eine große und gut ausgerüstete Streitmacht stehen, die – wann immer sie will – Balaklava angreifen und nehmen kann. Die einzige Möglichkeit, ihn zu besiegen und Sewastopol zu nehmen, liegt in Angriffen auf die Versorgungslinien. Das habe ich immer wieder gesagt. Hier und hier und hier ...« Seine Zeigefinger senkte sich auf die Ortsnamen auf der Karte. »Solche Angriffe erwartet er nicht, er ist nicht auf sie vorbereitet. Die Garnisonen der Festungen sind ausgedünnt, und er müßte sie verstärken.« Der Admiral erhob seine Stimme, als er fortfuhr, die Strategie zu erläutern, die Lord Raglan und er so dringend umsetzen wollten. Dabei zeigte er auf die Enge von Perekop, mit der die Krim-Halbinsel mit dem russischen Festland verbunden war.

Jack hörte schweigend, doch mit stetig steigendem Entsetzen zu. Sie hatten schon oft über den Plan einer Marineexpedition mit flachen Dampfschraubenfregatten ins Asowsche Meer gesprochen, und ihm war auch das Kommando zugesagt worden. Doch sein Vater hatte bisher niemals seine Enttäuschung ausgedrückt oder ihm einen vernünftigen Grund genannt, warum es der Marine bisher nicht gelungen war, die Verbindungslinie des Gegners mit dem Festland zu kappen, die – jedenfalls auf der Karte – so verletzlich aussah.

»Weil ich darauf bestand, hat Kapitän Spratt mit der *Spitfire* vor drei Wochen den Golf von Perekop erkundet«, fuhr Admiral Lyons fort. Er klang jetzt müde. »Das hatte ich dem Oberkommandierenden empfohlen, seit wir das Belagerungsgerät an Land geschafft haben. Spratts Bericht bestätigte, was ich gehört hatte. Der Golf ist vierzehn Meilen vor der Straße über die Enge zu flach für Schiffe, selbst für

Kanonenboote. Der Isthmus ist also unangreifbar von See her.« Wieder bohrte sich sein Zeigefinger ungeduldig auf die Karte. »Aber wenn Truppen hier an Land gesetzt werden könnten, sähe alles ganz anders aus. Lord Raglan hat, ehrlich gesagt, keine Truppen, die er entbehren kann. Alle unsere Seesoldaten und auch die Marinebrigade werden für die Belagerung gebraucht. Aber General Canrobert ...« er seufzte, »Canrobert könnte uns leicht fünftausend oder sechstausend Mann geben, ohne seine Position zu gefährden, jedenfalls nicht innerhalb der kurzen Zeit, in der wir die Truppen brauchen. Aber er will nicht. Selbst für einen Versuch hat er keine Verstärkung versprochen. Ich habe allen Grund anzunehmen, daß der Erfolg brächte. Die Tscherkessen haben uns ihre Unterstützung zugesagt. Sie werden Anapa einnehmen. Canrobert scheint nur einer einzigen Marineoperation zuzustimmen, nämlich einer zweiten Beschießung von Odessa im Frühling. Meiner Meinung nach wäre das reine Verschwendung von Kugeln und Pulver. Odessa hat längst alle Vorräte und Verstärkungen geschickt, die Prinz Menschikoff haben wollte, und zwar unter unseren Augen, schon im letzten Sommer. Wir haben also ein Patt und der Winter steht vor der Tür. Mich schaudert es, wenn ich daran denke, wie viele arme Kerle auf dem Hochland an Krankheiten oder an Erschöpfung zugrundegehen werden, ehe es wieder Frühling wird. Es werden bestimmt mehr sein, als durch den Feind fallen. Und all das nur, weil General Canrobert sich weigerte, nach Sewastopol vorzustoßen, als die Alliierten nach ihrem Sieg an der Alma hätten hineinspazieren können, ohne daß ein Schuß gefallen wäre. Und wir hätten es nehmen können, ehe Korniloff seine Schiffe quer über dic Hafeneinfahrt auf Grund setzte.«

Jack unterdrückte eine erste Bemerkung und fragte dann: »Hat nicht Sir George Brown sich gemeldet, der die Stadt allein mit seiner Vierten Division einnehmen wollte, und hat Lord Raglan sich nicht für ihn eingesetzt?«

Der Admiral neigte den Kopf. »Das hatten sie vor, aber vergebens. St. Arnaud lag im Sterben, und Canrobert war gerade zum französischen Oberbefehlshaber ernannt worden. Also war seine Vorsicht damals vielleicht verständlich. Aber später doch nicht mehr! Er hat sich immer geweigert, Lord Raglan bei einem Angriff auf Sewastopol zu unterstützen. Selbst wenn Canrobert sich nicht weigerte, hat er seine Zusagen nie eingehalten. So zum Beispiel bei unserem verunglückten Angriff auf die Hafenbefestigungen, der nach Abstimmung unter den verbündeten Befehlshabern das Vorspiel zu einem Angriff von Land her sein sollte. Natürlich hat er immer Entschuldigungen vorgewiesen, manchmal sogar akzeptable für seine Maßstäbe, aber ich gehe soweit zu behaupten, daß Lord Raglan die nie geäußert hätte. Canrobert ist ein seltsamer Mann, er scheint immer aufgeregt und unsicher, und seine Vorstellung von einem Krieg ist ganz anders als unsere. Er läßt sich niemals auf einen Angriff ein, es sei denn, seine Truppen bekommen sichere und massive Artillerieunterstützung. Dabei fehlt ihm nicht etwa persönlicher Mut. Aber eine gewisse Furcht, die er bei seinen Truppen vermutet, und gewisse Zweifel an den Soldaten unter seinem Kommando führen ihn dazu, seine Pläne zu ändern und den gemeinsamen Zeitplan umzuwerfen, selbst wenn er sich vorher auf feste Verabredungen eingelassen hat.« Der Admiral hob die Schultern. »Das alles macht ihn, sagen wir, zu einem Verbündeten, den ich mir niemals ausgesucht hätte.« Er unterbrach sich, als fürchte er, seinem Sohn gegenüber viel zu offen gesprochen zu haben. »Was ich dir gesagt habe, bleibt unbedingt unter uns, Jack. Es darf auf keinen Fall weitergetragen werden!«

»Natürlich nicht, Sir. Doch ich bin Ihnen sehr dankbar dafür.« Jacks Hand ruhte einen Augenblick auf der seines Vaters. »Ich verstehe langsam Ihre Sorge. Hoffen wir, daß General Canrobert uns keinen Stein in den Weg legt bei unserer Operation im Asowschen Meer. Was meinen Sie?«

»Ich fürchte, wir können diese Möglichkeit nicht gänzlich beiseite schieben«, antwortete der Admiral knapp. »Obwohl er unseren vorläufigen Plänen zugestimmt hat. Wie du weißt, sehen die mindestens sechstausend Franzosen als Landungstruppe vor – und das ist wirklich die Mindestzahl. Sonst erreichen wir gar nichts!«

»Ja, Sir«, stimmte Jack zu. »Aber würde uns Omar Pascha nicht türkische Truppen geben können, wenn die Franzosen uns nicht helfen? Oder vielleicht überläßt uns Lord Raglan zu diesem Zweck für kurze Zeit Marinesoldaten ...«

»Nein«, antwortete sein Vater. »Lord Raglan beharrt darauf, daß wir französische Unterstützung brauchen, und er hat recht. Aber wenn wir weiter versuchen, Canrobert zu einer festen Zusage zu bewegen, antwortet er mit dem Gegenvorschlag, daß die Frühjahrsoffensive gegen Odessa gerichtet sein müsse. Wenn ich ihn doch bloß überzeugen könnte, daß Odessa nichts mehr für diesen Krieg liefert!« Er seufzte. »Du siehst also, mein lieber Sohn, daß ich kein Cochrane bin. Als Befehlshaber werde ich mehr dem armen Charlie Napier gleichen, auch wenn ich das gar nicht will.«

»Niemals«, widersprach Jack. »Sie haben immer etwas von Nelson an sich gehabt, Sir. Waren Sie nicht der Admiral, der Schlagzeilen in der *Times* machte, als er seine Schiffe in flaches Wasser direkt unter den Kanonen von Fort Constantine führte? Ja, und da blieben Sie und duellierten sich mit dem Feind und hatten dabei keine zwei Fuß Wasser unter dem Kiel. Also sperren Sie sich nicht dagegen. Ein gutes Dutzend Leute hat mir Zeitungsausschnitte geschickt, und Tante Catherine zeigte sie mir, als ich sie zu Hause besuchte. Ich könnte Ihnen den ganzen Bericht auswendig vortragen!«

»Um Gottes willen!« Die Stimme des Admirals klang

rauh, was er sofort bedauerte. Und so fuhr er mit einem Unterton von Humor fort: »Das haben wir Canrobert zu verdanken, glaub's mir. Ich hatte den ursprünglichen Plan entwickelt, aber Canrobert beharrte darauf, daß statt dessen einer ausgeführt wurde, den er selbst entwickelt hatte. Stell dir das vor, Jack – ein seemännischer Angriffsplan, den ein Soldat entwickelt hat. Bruat und ich nahmen am 16. Oktober morgens an einer Konferenz an Bord der *Mogador* teil und redeten uns heiser, als wir dagegen argumentierten. Admiral Dundas war entsetzt über den gänzlich verunglückten Plan, und auch Admiral Hamlin mochte ihn nicht, aber er gestand mir mit Tränen in den Augen, daß er nicht gegen Canrobert sprechen könnte. Er untersteht ihm ja. Und General Canrobert machte allen klar, daß er der französischen Flotte die Teilnahme verbieten und auch den Angriff von Land her nicht unterstützen würde, falls man seinen Plan nicht akzeptierte. Wir hatten also gar keine Wahl. Es kam einem Ultimatum gleich.«

»Das ist ja unglaublich, Vater«, antwortete Jack wie betäubt.

»So ist es«, stimmte sein Vater zu. Er griff nach Papier und Feder und skizzierte etwas mit raschen Strichen. »Hier kannst du sehen, daß Canrobert wie immer seiner Obsession nachgab, seine Truppen mit Artillerie zu unterstützen. In diesem Fall mit Schiffskanonen, auch wenn der ganze Angriff von See her auf die Forts keinen Sinn mehr machte. Er hatte die französische Flotte aufgereiht von der Streletska-Bucht bis zur Hafeneinfahrt – bis hierhin, wo die Russen all ihre Linienschiffe versenkt haben. Der ganze Zweck war, einen Angriff an Land zu unterstützen, der dann überhaupt nicht stattfand. Damit Hamelin diesen Befehl ausführen konnte, mußten wir nach Süden laufen.« Er deutete auf die Skizze. »Wir haben also die französische Spitze nach Norden hin verlängert. All unsere Linienschiffe waren an Dampfschiffen festgemacht, die sie in Position brachten. Und die Position entsprach genau Canroberts Plan. Wir hatten die Forts auf eine Entfernung von achtzehnhundert Yards anzugreifen. Achtzehnhundert ... ein extremer Schußwinkel. Einer der französischen Strategen plazierte die *Britannia* hier«, er deutete auf die Position des Flaggschiffs, »und hier lag sie im Feuer mehrerer Batterien oben auf den Klippen. Nur die Kanonen vom Unterdeck reichten bis dorthin.« Wieder klang der Admiral bitter und enttäuscht, als sich die Erinnerung an die unsinnige und teure Operation mit herzzerbrechender Klarheit lebhaft meldete. »Wäre der Plan ausgeführt worden, wie er ihn ursprünglich entwickelt hatte, hätte er sein Ziel ruhmvoll erreicht. Doch so hatte die Operation die vereinte britische, französische und türkische Flotte über fünfhundert Tote und Verwundete gekostet und nichts erreicht. Denn General Canrobert hatte es abgelehnt, den Angriff von Land her zu befehlen, über den er sich mit Lord Raglan geeinigt hatte und den der britische Oberbefehlshaber allein nicht ausführen konnte. Canrobert hatte diesen Entschluß gefällt, ehe die verbündeten Flotten ihre Position einnahmen, doch den französischen Marinebefehlshaber hatte man nicht informiert. Der französische Oberbefehlshaber hatte sein Versprechen gebrochen, als auf dem Hochland eine Granate im Hauptmagazin explodiert war.« Edmund Lyons atmete tief und seufzend aus. Was hätte an seiner Stelle der berühmte Cochrane – Lord Dundonald – getan? Wie wäre er mit Canrobert fertig geworden?

Jack studierte die Gefechtsskizze konzentriert mit gerunzelter Stirn und murmelte: »Hier fehlt noch etwas.«

Sein Vater nahm die Skizze und punktete eine geschwungene Linie auf das Papier, die der Küste nördlich von Fort Constantine folgte.

»Da ist die Untiefe«, erklärte er. »Sie war der Anlaß, daß ich mich in das stürzen mußte, was der Korrespondent der

Times in seinem Bericht ins Heroische übertrieb. Er ist Zivilist und versteht nichts, aber auch gar nichts von Marine- oder Militärtaktik. Aber du siehst, mein Junge, daß das sicherste und effektivste Manöver darin bestand, mein Küstengeschwader so nahe an das Fort zu führen, daß seine Kanonen uns nicht bestreichen konnten. Und das hieß gleichfalls, daß unsere Kanonen nur dann eine Chance hatten, Mauern von wenigstens sechs Fuß Dicke zu beschädigen, wenn unsere Breitseiten auf kürzeste Entfernung abgefeuert wurden.« Er erging sich in weiteren technischen Einzelheiten. Jack nickte, aber runzelte immer noch die Stirn, als er den Erklärungen des Admirals auf der Skizze folgte.

»Du hast Fort Constantine ja gesehen«, fuhr sein Vater fort. »Es ist dreißig Fuß hoch und hat die Form eines Hufeisens. In den Kasematten sind zwei Reihen von Kanonen, und zusätzlich stehen Kanonen als Batterien oben. Alle zusammen etwa einhundert, von denen die Hälfte die Reede und die Einfahrt bestreichen kann. Nördlich hinter dem Fort erhebt sich ein Kamm mit einer Klippe von einhundertfünfzig Fuß Höhe.« Er lehnte sich vor und markierte auf der Skizze die Stelle. »Hier plazierte der Feind eine Batterie von acht Kanonen, um die Annäherung von See her zu bestreichen, wo die Untiefe im Norden einknickt und das Wasser einigermaßen tief ist. Man hatte uns beobachtet, als wir die Tiefe ausloteten, und sie wußten also ganz genau, daß sich ein Linienschiff Fort Constantine nur so nähern konnte. Wir haben die Batterie da oben Wasp-Batterie, also nach einer Wespe, getauft, wie man leicht verstehen kann. Oben auf der Klippe in Richtung Hafen haben sie weitere Batterien eingegraben, hier und hier, zwischen dem Fort und der Telegraphenstation. In meinem Plan hatte ich den Angriff im frühen Morgen vorgesehen, weil ich mit dem üblichen Seenebel rechnete und mich dem Feind unbeobachtet nähern wollte. Ich rechnete auch damit, daß die Kanonen auf der Klippe wegen ihrer erhöhten Position die Rohre nicht so tief herunterdrücken könnten, um das Wasser unmittelbar unter sich zu bestreichen. Aber ...« Wieder seufzte er.

»Aber ...?« Jack sah fragend von der Skizze auf. »Was passierte dann, Sir?«

»Aber General Canrobert hielt es für richtig, nicht nur meinen Angriffsplan zu ändern, sondern die ganze Operation um vier Stunden zu verschieben«, antwortete sein Vater rauh.

»Und Sie haben immer noch angegriffen, Vater?«

Der Admiral neigte bedauernd den Kopf. »Ja, wir haben trotzdem angegriffen. Wir nahmen an, daß der Angriff von Land her auf Sewastopol und die Eroberung gefährdet würden, wenn wir nicht attackierten. Dieser Angriff auf Sewastopol, erinnere dich, war im letzten Augenblick bereits von General Canrobert abgeblasen worden.« Er machte eine verzweifelte Geste. »Wir wurden aber nicht darüber informiert, daß er den Befehl aufgehoben hatte – auch Admiral Hamelin wußte davon nichts. Man hatte kein Signal vereinbart für diesen Fall, weil kein Mensch ihn je für möglich gehalten hatte. Canrobert hatte schließlich sein Wort gegeben, alle seine Truppen in den Angriff zu führen. Aber so ... Die Franzosen und wir griffen an, überzeugt, die Truppen an Land zu unterstützen.«

»Das ist ja ... lieber Gott, Vater, das kann man ja kaum glauben.« Entsetzt und verwirrt sah Jack seinen Vater an. »In den Berichten der englischen Presse stand davon kein Wort, die ...«

»Es ist dennoch wahr«, versicherte ihm sein Vater.

»Ich bin entsetzt, Sir«, gestand Jack. Schweigend lauschte er dem kurzen, bitteren Bericht über die Geschehnisse beim Angriff. »Der wahre Held war Mr. Codrington Ball, Zweiter Master der *Circassia*, der uns führte und dabei die Tiefe lotete. Wir erreichten unsere Position, ohne daß uns ein Haar gekrümmt wurde, zusammen mit der *Sanspareil*, die Steuerbord achteraus ankerte. Der Rest des Geschwaders hatte weniger Glück. Die Schiffe wurden von der Wasp-Batterie und den Telegraphen-Batterien heftig beschossen, ehe sie dicht genug unter Land in geschütztes Wasser laufen konnten. Die *Albion* fing Feuer und mußte gezwungenermaßen ablaufen. Eine Stunde später folgten ihr die *London* und die *Arethusa*, beide brannten in Folge von Treffern mit glühenden Kugeln. Auf der *Albion* allein fielen achtzig Mann oder wurden verwundet. Auch wir gerieten in schweres Feuer, als die Kanonen von Fort Alexander auf der Südseite des Hafens uns ins Visier nahmen und beharkten ... Du hast ja die Berichte in den Zeitungen gelesen. Was das Ende der Operation angeht, sind sie einigermaßen genau, also muß ich nichts wiederholen. Du weißt, daß mein Kammerdiener, der arme Jope, dabei einen Arm verlor?«

»Ja, Tante Catherine hat es mir erzählt. Sie sagte mir, Sie hätten ihn nach unten schicken wollen, aber er weigerte sich, von Ihrer Seite zu weichen.«

Der Admiral entspannte sich sichtlich. »Ja, armer Kerl. Er hat meinen Befehl nur sehr zögernd zur Kenntnis genommen und wurde dann getroffen. Dennoch hatten wir Glück, wir hatten nur dreißig Ausfälle. Von den Kanonen an Deck konnten wir nur die im Bug einsetzen, die meisten Kanoniere sind ja bei der Marinebrigade an Land.« Detailliert beschrieb er die Beschießung. Seine Lippen wurden schmal, als er sich an alles erinnerte und zugab, daß seine Männer die Kanonen von Fort Constantine nur für zehn Minuten zum Schweigen bringen konnten – trotz drei Stunden heroischen Kampfes. Ein Glückstreffer hatte an Land Munition in die Luft gejagt.

Jacks Bedrückung wuchs, als er hörte, wer alles gefallen war, wie viele gute Männer verwundet worden waren, wie viele schöne Schiffe entmastet oder in Brand geraten waren

... und all das nur, weil wieder einmal Canrobert aus keinem ersichtlichen Grund seine Zusage gebrochen hatte.

»Wir hätten auch fast die *Rodney* verloren«, fuhr der Admiral fort, und der Ärger verklang. »Graham führte sie überaus mutig zu unserer Unterstützung heran, als wir und die *Sanspareil* durch vier Batterien auf den Klippen schwer drangsaliert wurden und unser Deck brannte. Im entscheidenden Augenblick schob sich die *Sanspareil* vor uns. Graham war fest entschlossen, Feuer von uns weg auf sich zu ziehen. Er ließ sich nach achtern treiben und verschwand hinter der *Agamemnon*. Als der Bug der *Rodney* parallel zu uns lag, ließ Graham den Anker ausrauschen. Aber das Schiff war mit dem Heck jetzt ein paar Yards näher am Fort als wir. Sie fiel auf die Untiefe zurück. Der Rauch war so dicht, daß ich nicht sehen konnte, wie sie auf Grund lief. Ich fürchtete nur, daß sie auf uns zu treiben könnte. Also ließ ich die *Agamemnon* achteraus warpen, um ihr Raum zu geben. Und weil ich von Grahams Zustand immer noch nichts ahnte, drehte ich, um die beiden Batterien, die uns den ganzen Tag unter Feuer genommen hatten, einzudecken. Dazu mußten wir unseren Buganker slippen, weil die *Rodney* quer über der Ankerkette lag. Einen gefährlichen Augenblick berührten sich unsere Bugsprits. Kynaston von der *Spitfire*, der die *Rodney* schleppte, war gezwungen, unserem Beispiel zu folgen und achteraus zu warpen und verlor dabei auch seinen besten Buganker. Hätte er das nicht getan, wäre er wie Graham auf Grund gelaufen, wie er mir später berichtete.

»Ja, das hat er mir auch erzählt«, bestätigte Jack.

»Natürlich berichteten die Zeitungen ausführlich. Aber wenn du mit Kynaston gesprochen hast, erzähle ich dir nur, was du wahrscheinlich schon weißt.« Der Admiral blickte auf und sah lächelnd seinem Sohn in die Augen. »Aber wußtest du, daß unser junger Freund Phillip Hazard die *Trojan* führte, die zusammen mit der *Spitfire* und der *Lynx* tapfer eine wichtige Rolle spielte, als es darum ging, die *Rodney* von der Untiefe zu holen?«

»Nein, das wußte ich nicht.« Jack lächelte zurück. »Ich habe Phillip ein paarmal getroffen, aber davon hat er nie etwas gesagt. Ich weiß, daß er zeitweise das Kommando über die *Trojan* hatte, so, als wir uns im frühen November in Konstantinopel trafen. Seither habe ich ihn nicht mehr gesehen. Sie haben ihm die *Huntress* gegeben, sagte mir Algy. Das freut mich, Sir. Phillip ist einer der besten Leute.«

»Er hat seine Beförderung verdient«, antwortete Admiral Lyons. »Er hat die *Trojan* fast unbeschädigt durch den Orkan gebracht und war auf See, als der über uns her zog. Das war Seemannschaft vom besten. Und dann hat er sich kürzlich beim Angriff auf Eupatoria hervorgetan. Kapitän Brock schrieb einen glühenden Bericht über sein Verhalten dabei. Ich konnte ihn also nur für dieses Kommando empfehlen. Wie es kam, hatte die *Huntress* ihren Kommandanten, Francis Willoughby auf der Reise von England verloren. Der unglückliche Mann ertrank bei einem Unfall. Also konnte ich Phillip das vakante Kommando geben. Nicht ganz mit Zustimmung von Admiral Dundas, wenn ich das vertraulich sagen darf, Jack. Er hätte lieber einem seiner Protegés das Kommando übergeben. Doch in diesem Fall gelang es mir, meinen Willen durchzusetzen.«

»Ich bin von Herzen froh, daß Ihnen das gelungen ist, Sir«, sagte Jack mit großer Wärme. »Phillip wird sich hervorragend machen, davon bin ich überzeugt. Ich denke doch, Sie werden die *Huntress* zu meinem Geschwader abordnen, wenn wir, oder sollte ich sagen, falls wir im Frühling ins Asowsche Meer vorstoßen. Im Augenblick transportiert sie doch Türken nach Eupatoria, nicht wahr?«

Der Admiral nickte. »Ja. Ich dachte, damit hat Phillip Gelegenheit, seine Mannschaft zu drillen. Denn nur wenige sind ausgebildete Seeleute. Die *Huntress* wird irgendwann heute hier vor Anker gehen. Es ist die reinste Verschwendung, eine Dampffregatte als Truppentransporter einzusetzen, wir haben viel zu wenige. Aber habe ich eine andere Wahl? Die Türken müssen aus Bulgarien hierher gebracht werden.« Er hob die Schultern. »Ich hörte von Sir James Graham, daß die *Royal Albert* hierher unterwegs ist als mein Flaggschiff. Hat Willie Mends dir davon berichtet?«

»Ja, er hat es erwähnt, Sir. Er sagte auch, er wird Sie begleiten, wenn Sie Ihre Flagge auf ihr setzen. Er ist überglücklich – und das darf er gewiß auch sein.« Jack lächelte seinen Vater an. »Ich habe die *Royal Albert* auf der Werft in Woolwich gesehen, als wir für die Ostsee ausrüsteten. Einer der Schiffszimmerleute sagte mir ungeheuer stolz, sie sei in ihrer Klasse das beste Schiff der Welt. Und ich habe nichts gesehen, das dem Urteil entgegen steht. Ja eigentlich ...« er verlor sich begeistert in Einzelheiten, bis ein Klopfen an der Tür ihn unterbrach.

Der Admiral seufzte. »Herein«, rief er unfroh, und als Antwort betrat sein Neffe und Flaggleutnant Algernon Lyons die Kajüte. Ganz formell meldete er, daß der Befehlshaber seine Anwesenheit auf dem Flaggschiff verlangte.

»Ach!« Sir Edmund Lyons sah seinen Sohn verschmitzt an. »Ist das alles, Algy? Bin ich nicht zum Essen eingeladen?«

Der Flaggleutnant erlaubte sich ein deutliches Schulterzucken. Er war Nachfolger des kürzlich beförderten Cowper Coles, nachdem er sich bei dem Angriff in der Sulina der Donaumündung ausgezeichnet hatte, als sein Kommandant, Kapitän Hyde Parker von der *Firebrand* gefallen war. Entschuldigend meinte er dann: »Nun, Sir, die *Furious* ist bereits unter Dampf und scheint bereit, Anker auf zu gehen, also, da weiß ich nicht, Sir ...«

»Sie nehmen also nicht an, daß mein Abschied vom Befehlshaber sehr lange dauern wird?« schlug der Admiral vor und blickte wieder in Jacks Richtung. Seine blauen Augen blitzten nur einen Moment, als wolle er widersprechen. »Also gut, Algy, du kannst meine Barkasse rufen.« Der Steward erschien, brachte Dreispitz und Bootsmantel, und der Admiral erhob sich steif, um den Mantel anzulegen und den Hut aufzusetzen. »Du kannst doch hoffentlich bleiben, bis ich wiederkomme, Jack?«

»Ja, natürlich, Sir.« Jack half ihm in den Mantel und ließ einen Augenblick liebevoll seine Hand auf der Schulter des Vaters ruhen. Und dann sagte er leise: »Dies ist der Tag, auf den wir alle in der Flotte gewartet haben, glauben Sie mir. Und ich nehme an, auch Admiral Dundas weiß das!«

»Hoffentlich weiß er das nicht. Nun Algy, worauf wartest du? Den Befehlshaber darf man nicht warten lassen, am wenigsten darf das sein Nachfolger.«

»Zwei Dampffregatten nähern sich dem Ankerplatz, wurde gemeldet, Sir«, informierte ihn Algy Lyons unbewegt. »Bei der Sicht kann man nicht ganz sicher sein, doch es scheint, als ob eine die *Huntress* ist. Ich habe von Kapitän Mends erfahren, Sir, daß Ihnen jedes Schiff gemeldet wird, das aus Eupatoria ankommt.«

»Ja, das ist richtig.« Der Admiral lächelte jetzt freundlich, als er sich seinem Sohn zuwandte. »Also, bewirte Phillip Hazard bitte hier an Bord, Jack, mein Sohn. Du bist Gastgeber, bis ich zurückkehre.«

»Das werde ich mit großem Vergnügen tun, Sir«, stimmte Jack freudig zu.

»Gut. Ich nehme an, die zweite Fregatte ist die *Inflexible*. Wir haben sie schon gestern erwartet. Ich möchte gern, daß beide Kommandanten zum Essen mit mir eingeladen werden, sobald die Schiffe vor Anker liegen. Bitte sorge dafür, Algy!«

»Aye, aye, Sir!« Der Flaggleutnant verschwand mit dem Auftrag und nachdenklich fuhr Admiral Lyons fort: »Die

Ankunft der *Huntress* ist genau richtig – ich habe einen besonderen Auftrag für sie, sobald wir sie beim Transport der Türken entbehren können.«

»Sicher einer, der bestens zu ihrem Kommandanten paßt, Sir?« fragte Jack neugierig.

»Einen, für den er ganz besonders geeignet ist.« Der Admiral antwortete nur knapp und lächelte, als er sich den Hut fest auf den Kopf drückte und sich in Richtung der Tür der Tageskabine bewegte, die der Steward für ihn offen hielt. »Phillip Hazard und sein Bruder waren im letzten Sommer Kriegsgefangene in Odessa. Falls also General Canrobert einen Beweis sucht, daß es für unsere Frühjahrsoffensive ein besseres Ziel gibt, dann nehme ich an, daß sie den erbringen können, wenn man ihnen die Möglichkeit dazu bietet.« Er verschwand im Gang und erwiderte den Gruß des Postens, der dort Wache schob. »Sag ihm schon mal, Jack, mein Sohn, daß ich ihm die zwei Offiziere von der *Trojan* geben werde, um die er gebeten hat, und die beiden Fähnriche ... aber im Augenblick kann ich den Ersten Offizier nicht ersetzen. Aber sag ihm auch, daß ich ihm seinen Bruder geben werde, als diensttuenden Master.«

»Seinen Bruder ... doch nicht Graham Hazard, Sir?« Jacks dunkle Brauen schoben sich überrascht in die Stirn. »Hat der nicht die *Comet* in der Mündung des Rio de la Plata auf Grund gesetzt? Vor zehn oder elf Jahren? Wenn mein Gedächtnis mich nicht trügt, wurde er angeklagt wegen Pflichtverletzung und aus der Marine entlassen, stimmt's?«

»Ja, das stimmt«, bestätigte sein Vater. »Seither ist er, soweit ich weiß, als Offizier auf Handelsschiffen gefahren. Bei Kriegsausbruch hat er sich als Matrose gemeldet und hat als einfacher Mann in der Marine gedient, bis er befördert wurde – wegen seiner Verdienste, wie man mir versicherte. Er wurde Zweiter Master auf der *Tiger*. Er wurde wegen Tapferkeit belobigt, als die *Tiger* vor Odessa brannte und aufgebracht wurde. Das tat der Erste Offizier, nicht etwa Phillip, der natürlich auch dabei war. Die beiden Hazards wurden Kriegsgefangene in Odessa – Phillip, der bei der Sache mit der *Tiger* schwer verwundet wurde, als Gast des Gouverneurs, Baron Osten-Sacken. Seine Wächter haben ihn wieder hergestellt.« Ein bezeichnendes, plötzliches Blitzen erschien in seinen Augen, und Jack nickte verständnisvoll.

»Sieht es also so aus, daß Graham Hazard sein Patent zurück erhält, Sir?«

Der Admiral hob die Schultern und bewegte sich in Richtung Relingspforte, wo das Kommando bereits angetreten war, um ihn mit allen gebührenden Ehren von Bord in seine wartende Barkasse zu pfeifen.

»Diese Sache können nur Ihre Lordschaften entscheiden ... Aber ich fürchte, sie werden meine Empfehlung nicht sehr wohlwollend prüfen. Ich habe sie abgegeben, weil ich meine, daß Hazard eine zweite Chance verdient hat. Doch was daraus wird, weiß ich nicht. Also schicke ich ihn bis dahin als Master auf die *Huntress*. Mehr kann ich nicht tun.« Die schmale Hand des Admirals ruhte kurz auf der Schulter des Sohnes. »Ich muß jetzt los, mein Sohn, aber wir sehen uns ja gleich wieder.«

»Aye, aye, Sir!« Jack Lyon trat zur Seite, um seinem Cousin Platz zu machen, und das Kommando nahm Haltung an.

Der neue Befehlshaber der Schwarzmeerflotte trat unter dem schrillen Trillern der Pfeifen in seine Barkasse. Plötzlich waren Hurrarufe von der diensthabenden Wache zu hören. Trotz der bitteren Kälte sammelten sich beide Wachen an Deck, und die Rufe wurden lauter und lauter, bis die Barkasse in einer wirbelnden Wolke Schnee außer Sicht war.

1

Phillip Hazard verließ stillvergnügt die *Agamemnon*, um zu seinem eigenen Schiff zurückzukehren. In der sehr kalten, pechschwarzen Nacht zitterte er, als er im Heck der Gig der *Huntress* Platz nahm. Er zog den Bootsmantel enger um sich und nickte dem Bootsführer zu abzulegen.

Der Admiral hatte ihn wie immer großartig bewirtet, und er hatte den vierstündigen Aufenthalt an Bord überaus genossen – vor allem wegen der unerwarteten Gelegenheit, ausführlich mit seinem Freund und einstigen Kommandanten Jack Lyons zu plaudern. Gemeinsam mit den anderen Gästen hatte er an der reich gedeckten Tafel auf das Wohl des neuen Befehlshabers getrunken. Vom Achterdeck der *Agamemnon* hatten sie den Abschied seines Vorgängers beobachtet, dessen Flagge zum letztenmal auf der Dampffregatte *Furious* auswehte. Er hatte den höflichen Austausch von Signalen zwischen den beiden Admirälen beobachtet, die ihre früheren Meinungsverschiedenheiten, die die ganze Flotte kannte, vergessen hatten. Jeder wünschte dem anderen alles Gute mit bunten Signalwimpeln, die man im wehenden Schnee nur schwer ausmachen konnte. Dann dampfte die *Furious* von ihrem Ankerplatz mit Kurs auf Konstantinopel. Als Phillip später aß, hörte mit wachsendem Interesse von den ganz anderen Marineoperationen, die der neue Befehlshaber eifrig seinen Gästen und seinem Stab erläuterte. Die

Pläne sollten, wenn es nach Sir Edmund Lyons ging, unverzüglich ausgeführt werden, sobald der fürchterliche Krim-Winter dem Frühling gewichen war.

Diese Pläne würde Sir Edmund bestimmt ausführen – trotz Canrobert, sagte sich Phillip, nachdem Admiral Dundas den Kriegsschauplatz verlassen hatte. Wie Sir Edmund gerade eben erläutert hatte, konnte Sewastopol der Belagerung unendlich lange widerstehen, solange jedenfalls die Verbindungslinien ungestört blieben und Verstärkungen und Nachschub aus dem weiten Rußland mit seinen gewaltigen Reserven an Menschen und Kriegsmaterial in die Stadt fließen konnten.

Die Belagerungskanonen auf dem Hochland, an die die Franzosen ihre Hoffnung geheftet hatten, könnten weiter Tag um Tag die Wälle der Stadt und die Forts beschießen, ohne die Verteidiger einen Schritt näher zur Aufgabe zu bringen. Die Verteidiger hatten Häuser, wurden gut ernährt und litten nicht unter den grausamen Entbehrungen des Winters in ihren Zelten wie die verbündeten Landstreitkräfte.

Auf der anderen Seite waren die verbündeten Flotten unbeschränkte Herren der See, wie der Admiral seinen Gästen erläuterte. Wenn die erzwungene Winterträgheit endlich ihr Ende gefunden haben würde und wenn die Kriegsschiffe aus ihrer unrühmlichen Rolle als Transporter endlich entlassen wären, dann könnten und würden sie einen entscheidenden Beitrag zum erfolgreichen Ende der Belagerung von Sewastopol leisten. Sie würden die Versorgungslinien des Gegners angreifen und kappen und die Stadt so aushungern. Wenn das vereiste Asowsche Meer endlich wieder befahrbar wäre, würde er ein Geschwader flachgehender Schiffe wie sein eigenes abstellen, um den Krieg in das Hinterland des Feindes zu tragen. In der Zwischenzeit ... Phillip erlaubte sich ein kleines, flüchtiges Lächeln.

Seine eigenen Befehle hatte er vertraulich und privat vom

Admiral persönlich erhalten, kurz bevor er das Flaggschiff verließ. Er hatte viel über sie nachzudenken.

»Es kann sein, daß ich diese Aufgabe nicht von Ihnen gelöst haben möchte«, hatte der Admiral gesagt. »Wenn ich General Canrobert mit den Informationen, die ich bereits habe, überzeugen kann, dann werde ich es tun, seien Sie da sicher. Wenn ich das aber nicht schaffe, erhalten Sie versiegelte Befehle, deren Inhalt Sie mit niemand anderem besprechen dürfen als mit Ihrem Bruder. In der Zwischenzeit bereiten Sie sich bitte vor, sofort Segel zu setzen, um die *Highflyer* in der Bucht von Odessa abzulösen.«

Phillip runzelte die Stirn. Das sah ganz so aus, als würde er eine ungeliebte Aufgabe gegen eine andere ungeliebte Aufgabe eintauschen. In Zukunft würde die *Huntress* vor dem Hafen von Odessa einsamen Blockadepflichten nachkommen, statt zwischen Eupatoria und Warna randvoll mit seekranken türkischen Truppen hin und her zu segeln, deren Disziplin, verglichen mit den Standards der Königlichen Marine, viel zu wünschen übrig ließ. Aber es gab wenigstens Hoffnung auf ein paar interessante Momente, wenn er die Informationen beschaffte, die der Admiral von ihm erwartete. Er war zufrieden und würde endlich frei von Passagieren sein. Natürlich hatte man ihn gewarnt. Wenn es so weit war, müßte er seinen Auftrag erfüllen ohne unnötiges Risiko für das Schiff und seine Besatzung. Doch solch eine Warnung war überflüssig, denn das Schicksal der *Tiger* würde er nie vergessen können.

Er freute sich, als er hörte, daß sein Bruder Graham als Master an Bord kam und daß auch der junge Cochrane auf die *Huntress* abkommandiert worden war. Schade nur, daß Cochrane noch so jung war, sonst hätte er ihn als Ersten Offizier einsetzen können. Die beiden Fähnriche, die ihm versprochen worden waren, Grey und O'Hara, würden seine Offiziere auf volle Stärke bringen. Endlich wäre die spürbare

Unterbesetzung beendet, mit der er sich seit der Übernahme des Kommandos herumplagen mußte.

Phillip entspannte sich. Nur noch ein wichtiger Grund für seine Unzufriedenheit blieb: sein Erster Offizier Ambrose Quinn. Dennoch ... Admiral Lyons war mehr als entgegenkommend gewesen, als er seinen Wunsch nach Abkommandierung des Bruders von der *Trojan* erfüllte, ebenso wie den nach Cochrane, und als er ihm die beiden Fähnriche zugestand. Mehr konnte er wohl kaum erwarten, ja er hätte auch mit sehr viel weniger zufrieden sein müssen.

Er hob den Kopf und schaute sich um. Es schneite immer noch enorm, wie er bemerkte, als die Gig aus dem Schutz der gewaltigen *Agamemnon* kam und ein beißender Wind von Land her ihm Schnee ins Gesicht wirbelte. Neben ihm rief eine schrille junge Stimme den Männern an den Riemen zu, noch kräftiger zu pullen. Er identifizierte überrascht den Tonfall, obwohl er die eingemummelte kleine Gestalt neben sich zuerst kaum wahrgenommen hatte.

Der Bootsführer spürte wohl den Blick des Kommandanten und nahm die Antwort auf die erwartete Frage vorweg, indem er ruhig meldete: »Ich bin's, Sir – O'Hara, bis vor kurzem auf Ihrer Majestät Schiff *Trojan* und jetzt ...«

»Und jetzt, wie mir scheint, wieder einmal Führer meiner Gig als Fähnrich. Ich bin sehr froh, daß Sie an Bord sind, Mr. O'Hara!« Phillip reichte ihm die Hand, die der Fähnrich begeistert schüttelte. »Wie geht es Ihnen?«

»Gut, Sir. Und wenn Sie mir das erlauben, sage ich, Sir, daß ich überaus froh bin, wieder unter Ihrem Kommando zu dienen!«

Phillip stellte sich das Grinsen vor, das er im Dunkeln nicht sehen konnte, und erlaubte sich ein kurzes Lächeln. »Ich habe Sie angefordert, wissen Sie ...« sagte er erklärend.

»Wirklich, Sir? Danke. Ich ... ich bin Ihnen dafür sehr dankbar.« Die Stimme des Jungen zitterte ergeben.

Phillip wußte, daß der junge Fähnrich das Zeug zu einem erstklassigen Offizier hatte. Er war verläßlich und voller Eifer, und weil er sich immer den Respekt der Männer verdiente, die er führte, konnte er auch Verantwortung übernehmen. Verglichen mit den willigen, aber unerfahrenen jungen Männern, mit denen Phillip sich bisher herumgeplagt hatte, waren O'Hara und Grey für die *Huntress* nicht in Gold aufzuwiegen.

»Wann sind Sie an Bord gekommen?« wollte er wissen.

»Vor einer Stunde, Sir«, antwortete Fähnrich O'Hara wie aus der Pistole geschossen. »Sobald die Nachricht vom Flaggschiff kam. Mr. Grey kam gleich mit. Mr. Cochrane und Mr. Hazard werden gleich folgen, Sir. Und, hm, ich habe ...« er zögerte, »ich habe auch den Vollmatrosen O'Leary mitgebracht, Sir. Irgendwie hat er Wind bekommen vom Befehl des Admirals und hat darum gebeten, auch auf die *Huntress* versetzt zu werden. Kapitän Crawford hat den Wunsch erfüllt, und so saß er in meinem Boot, als wir ablegten.«

»O'Leary!« rief Phillip. Er fühlte plötzlich, wie ihm die Kehle eng wurde. Er und O'Leary hatten einiges zusammen durchgemacht. Dem großen, grobknochigen Iren verdankte er viel in der Schlacht von Balaklava und später auf den Inkermann-Höhen. Er war seine Ordonanz gewesen. »Ist er wieder ganz gesund und kann er wieder voll Dienst tun, Mr. O'Hara?« fragte er zweifelnd, weil er sich an dessen schwere Verwundung erinnerte, als die *Trojan* unter seinem kurzen Kommando den schweren Orkan unterwegs nach Eupatoria auf See abgewettert hatte. »Denn als ich ihn das letztemal sah, wußte der Doktor nicht, ob er ihm das Bein abnehmen müßte.«

»Also, Sir, der Arzt hat ihm das Bein erhalten, aber einfach war das nicht«, antwortete O'Hara ernst. »Aber ich kann Ihnen sagen, daß er wirklich wieder Dienst tut. Kapitän Crawford wollte ihn nach Therapia ins Marinelazarett schicken, aber er schaffte es, dem auszuweichen. Ich kann mir gut vorstellen, Sir, daß der Kommandant ganz froh gewesen wäre, ihn los zu sein. Er hat eben ab und an Probleme gemacht, Sir, also ...« der Fähnrich zuckte mit den Schultern, »Sie kennen ihn ja, Sir.«

In der Tat, das mußte sich Phillip eingestehen. Der Vollmatrose O'Leary war immer ein Querkopf gewesen. Wie viele andere seines Charakters war er am besten, wenn es hart her ging oder beim Kampf. Wenn nichts anlag, trank er gern, und dann gab es Probleme. So war er nach achtzehn Dienstjahren statt Unteroffizier immer noch Vollmatrose. Phillip konnte sich also gut vorstellen, wie froh Kapitän Crawford, der seine Männer streng führte, war, ihn loszuwerden. Und dann lächelte er. Fähnrich O'Hara hatte eine Schwäche für seinen grobknochigen Landsmann O'Leary – genau wie Phillip selbst. Hoffentlich gab es auf der Patrouille genug für O'Leary zu tun, um ihn ruhig zu halten. Vielleicht würde auch sein Rang ihm helfen. Weiß der Himmel, die Männer waren schon recht ruppig.

»Sir?« Zögerlich meldete sich O'Hara wieder. »Es macht Ihnen doch nichts aus, Sir?«

»Ausmachen, was meinen Sie damit, Mr. O'Hara?«

»Ich meine, daß ich O'Learys Wunsch nach Versetzung bei Kapitän Crawford unterstützte«, gestand der Fähnrich. Gekonnt legte er Ruder und rief einen knappen Befehl, als vor ihnen die *Huntress* auftauchte – wie ein gespenstischer Schatten im Schneetreiben. »Ich habe mir nämlich die Freiheit genommen, Sir, dem Kommandanten zu versichern, wie sehr Sie sich freuen würden, O'Leary wieder zu haben. Für den aktiven Dienst ist er noch nicht ganz gesund, muß ich sagen. Ich fürchtete, Sie würden meine Eigenmächtigkeit ... Aber O'Leary hat mich gebeten, ein Wort für ihn einzulegen. Wir kommen ja beide aus Cork, Sir. Da konnte ich doch nicht ablehnen.«

»Ich bin sehr froh, daß Sie ein Wort für ihn eingelegt haben, aus welchen Gründen auch immer«, versicherte Phillip. »O'Leary ist ein guter Mann, und ich freue mich, daß er wieder da ist, wie dienstfähig auch immer. Die Mannschaft meines neuen Schiffes ist unerfahren, die Männer haben noch viel zu lernen, und das betrifft leider auch ein paar Offiziere. Nicht alle. Die beiden, die Sie und Mr. Grey ersetzen, sind Kadetten, die in ihrem jungen Leben zum erstenmal auf See sind. Auf einem Linienschiff sind die viel besser aufgehoben. Da gibt es einen Pfarrer, einen Schulmeister und ein halbes Dutzend Maate, die sich um ihre Ausbildung kümmern können.«

Und die armen Jungs wären auch außer Reichweite der Quälereien des sadistischen Ersten Offiziers, vor denen er sie – trotz aller Aufmerksamkeit – nicht immer hatte schützen können …

Ambrose Quinn war umsichtig, und er hatte Erfahrung. Er hatte seine Opfer und die passenden Gelegenheiten stets punktgenau gewählt. Die beiden Kadetten, noch Kinder mit ihren zwölf und dreizehn Jahren, hatten Angst und waren unterwürfig. Sie hatten die rohe Behandlung, die ihnen zuteil wurde, ohne Klagen erduldet. Phillip war mit sich nicht zufrieden. Weil die Jungen allzuoft schwiegen und stoisch die Strafen auf sich nahmen, die man ihnen wegen Mangels an Disziplin aufbrummte, hatte er nicht eingreifen können, so sehr er es auch gewollt hatte. Er haßte rohe Behandlung.

Doch Patrick O'Hara und der kluge Robin Grey waren Burschen aus anderem Holz. Der Krieg hatte sie geformt, und sie konnten es mit den Männern aufnehmen, die sie führten. Sie wußten genau, wie man mit einem Ambrose Quinn umging. Um das sicherzustellen, würde er Grey zum diensttuenden Offizier machen, dafür war er schon alt genug. Er würde dann die beiden Kadetten unter seine Fittiche nehmen. Mit dieser Entscheidung entspannte sich Phillip etwas. Doch dann beunruhigte ihn ein zweiter Gedanke und er wandte sich wieder an Fähnrich O'Hara.

»Sagen Sie mal, Mr. O'Hara, wie haben Sie's geschafft, so schnell wieder mein Bootsführer zu werden? Ich habe keinen derartigen Befehl gegeben, weil ich nicht wußte, ob mein Wunsch erfüllt würde, bis ich mit dem Admiral sprach. Bis dahin war Mr. Lightfoot für die Gig verantwortlich. Und den habe ich nicht von seiner Pflicht entbunden.«

»Ja, Sir«, antwortete O'Hara ziemlich unbestimmt. Als fähiger Bootsführer beobachtete er genau, wie sie sich dem Schiff näherten. Er schätzte die Geschwindigkeit und die Entfernung exakt ein und befahl knapp: »Riemen ein. Klar zum Festmachen.«

Dankbar gehorchte die Mannschaft. Er legte Ruder und nickte dem Bugmann zu.

Er klang bewußt nichtssagend, als er nun erst Phillips Frage beantwortete. »Mr. Lightfoot erregte den Unwillen des Ersten Offiziers. Ich weiß nicht, weswegen, Sir, das hat man mir nicht gesagt. Ich kann Ihnen nur sagen, mir wurde befohlen, dies Boot zu führen.«

»Vom Ersten Offizier?« fragte Phillip kühl. Ihm war nicht entgangen und ganz bestimmt auch nicht O'Hara, daß niemand sie vom Deck der *Huntress* angerufen hatte. Und auch als der Bugmann seinen Haken in die Rüsten schlug, gab es keinerlei Anzeichen, daß sich oben ein Kommando sammelte, um Phillip zu begrüßen. Quinn hatte die Wache ... Phillips Mund wurde schmal.

»Ja, Sir«, bestätigte O'Hara einsilbig. »Vom Ersten Offizier.« Und dann sah er überrascht hoch auf die Relingspforte über seinem Kopf. »Soll ich das Deck anrufen, Sir?«

Das Laufen nackter Füße oben verriet jetzt das verspätete Antreten des Kommandos, und Phillip schüttelte den Kopf. Mit gewohnter Leichtigkeit stieg er auf die eisbedeckte Leiter und kletterte in die Relingspforte, wo ein rotgesichtiger

Bootsmannsmaat die Pfeife an die Lippen setzte. Von Quinn war auf dem Achterdeck nichts zu sehen, als er dort ankam. Ärgerlich stellte er fest, daß die Ankunft des Kommandanten seine Anwesenheit dort erfordert hätte, Hafenwache hin, Hafenwache her. Statt seiner erschien einer der Kadetten, über den er sich noch vor kurzem mit O'Hara unterhalten hatte, und grüßte ihn nervös.

»Es tut mir leid, Sir«, stotterte der Junge und sah mitleiderregend aus. »Ich habe Ihr Boot weder gehört noch gesehen, bis Sie festmachten. Ich bitte sehr um Entschuldigung, Sir, aber ...«

Phillip unterbrach ihn schnell. »Haben Sie die Wache an Deck, Mr. Finch?« fragte er nicht unfreundlich. »Wo ist der Erste Offizier?«

»Er, er ist nach unten gegangen, Sir.« Ein paar braune Augen sahen ihn bittend an, und Phillip entdeckte Tränen. »Er ging nach unten, um sich um Johnny zu kümmern, ich meine, Mr. Lightfoot, Sir. Ich fürchte, er wird es nicht mehr lange machen. Er wurde zerschmettert, als er von oben stürzte. Er konnte nicht reden, und auch nicht mit mir, als ich zu ihm rannte. Er erkannte mich nicht mehr ...«

»Ruhig, mein Junge«, tröstete Phillip ihn und traute seinen Ohren nicht. Der Junge schluchzte jetzt ganz unverhohlen, und Phillip legte einen Arm um seine schmalen Schultern, hielt den kleinen, zitternden Körper fest gegen sich gedrückt. »Versuchen Sie, sich zusammenzunehmen und berichten Sie mir bitte genau, was geschehen ist. Wie kam es, daß Mr. Lightfoot auf Deck stürzte? Er ist doch nicht etwa aufgeentert, oder?«

»Ja, Sir, ja, doch. Und da ist er heruntergestürzt. Oh, es war schrecklich. Ich hörte ihn schreien und ...« Finchs Schluchzen wurde noch lauter.

Phillip blickte nach oben in den fallenden Schnee und konnte von hier noch nicht einmal die unterste Saling des

Großmastes ausmachen. Die Rahen, das Rigg und die Wanten und Stagen waren dick mit Eis überkrustet. Er erinnerte sich, daß aus diesem Grunde Admiral Dundas befohlen hatte, bei seinem Abschied nicht, wie es sonst üblich war, die Rahen zu bemannen. Offensichtlich war Lightfoot dennoch aufgeentert ... Doch sicherlich nicht aus eigenem Wagemut? Für einen halb ausgebildeten, ängstlichen Dreizehnjährigen war ein Klettern in die Mastspitze selbst bei Tageslicht ein gefürchtetes und gefährliches Unterfangen. Und dann erst bei Dunkelheit und in einem Schneesturm ... Er holte tief Luft, und das Bild, das sich in seiner Phantasie bildete, machte ihn krank. Hatte Quinn etwa ... War es möglich, daß Quinn den unglücklichen Jungen derart bestraft hatte?

O'Hara hatte davon berichtet, wie Lightfoot das Mißfallen des Ersten Offiziers erregt hatte ... Doch er kam zu vorschnellen Schlüssen, schalt Phillip sich, und er konnte sich irren. Unter gar keinen Umständen dürfte er seiner Abneigung und seinem Mißtrauen gestatten, sein Urteil über den Ersten Offizier zu beeinträchtigen.

Midshipmen in die Mastspitze zu scheuchen, war seit mehr als zwanzig Jahren in der Königlichen Marine offiziell verboten. Nur ein paar alte Kommandanten, die nichts mehr dazulernen wollten, erlaubten es sich dennoch. Aus eigener bitterer Erfahrung wußte er, daß der erste Kommandant der *Trojan*, Kapitän North, mehr als einmal zu diesem Mittel gegriffen hatte – aber niemals unter Bedingungen wie diesen.

»Mr. Finch«, sagte er leise, »beruhigen Sie sich bitte und berichten sie mir, warum Mr. Lightfoot nach oben kletterte. Ist er aus irgendeinem Grund dorthin befohlen worden? Verstehen Sie, ich ...«

»Mr. Lightfoot hat sich einen Spaß erlaubt, Sir.« Die knarrende Stimme von Ambrose Quinn ertönte hinter ihm.

Phillip drehte sich, um ihn anzusehen und unterdrückte seine Wut und seinen Unglauben nur knapp. In einer Haltung vorgeblichen Respekts stand der Erste Offizier dort, die Mütze in der Hand. Doch der Ausdruck in seinem runden, roten Gesicht war alles andere als respektvoll. Er war ein großer Mann mit ausgedünntem dunklen Haar, gute zehn Jahre älter als Phillip. Und er neigte trotz seiner Kraft und seiner Muskeln jetzt ein wenig zum Fettwerden. Quinn hatte sich aus der Handelsmarine freiwillig gemeldet. Er war als Erster Offizier auf einem Handelsschiff auf der Ostindienroute gefahren, dessen Kapitän, alt und schwächlich, seinem zweiten, sehr erfahrenen Mann alle Tagesgeschäfte beim Führen eines Schiffes überlassen hatte. Und Quinn war sehr erfahren, das mußte Phillip zugeben. Er hatte es bisher nur mit wenigen Seeleuten zu tun gehabt, die besser als Ambrose Quinn waren. Aber auch nur mit wenigen, auf die er sich so wenig verlassen konnte.

Von dem Augenblick an, da er das Kommando über die *Huntress* übernommen hatte, hatte Phillip die feindselige Einstellung des Ersten Offiziers gespürt. Er nahm an, daß sie in Quinns enttäuschter Erwartung gründete, selbst das Kommando übernehmen zu können. Phillip war also bereit, ihm wegen dieser Enttäuschung einige Zugeständnisse zu machen. Doch als er jetzt den angriffslustigen Blick des Mannes entdeckte, wurde ihm klar, daß er zuviel geduldet hatte, viel mehr, als er sonst je erlaubt hatte. Zuviel, denn Quinn hatte keine Gelegenheit ausgelassen, ihn zu beleidigen und, wo immer möglich, sogar Phillips Autorität zu untergraben. Das machte er nicht offen. Nach außen hin tat und sagte er, was sein Kommandant erwartete. Schnell nahm er Befehle an, doch nicht immer führte er sie aus, oder häufig auf seine Weise, was noch schlimmer war. Denn dann schikanierte er Menschen.

Phillip richtete sich zu seiner vollen beeindruckenden Größe auf und fragte kühl: »Wie geht es dem Jungen, Mr. Quinn?«

Der Erste Offizier zuckte mit den Schultern. »Nach meiner Meinung wird er sterben, Commander Hazard. Das hat der verrückte Kerl sich selber zuzuschreiben.« Er zuckte wieder mit den Schultern, und seine Gleichgültigkeit gegenüber dem Leiden des armen Lightfoot wurde in Stimme und Geste deutlich. »Aber so ist es nun mal, Jungen bleiben Jungen, oder sollte ich vielleicht besser sagen, junge Herren bleiben junge Herren?«

Phillip riß sich sehr zusammen. Die beiläufige Bemerkung »junge Herren« sollte ihn angreifen, das spürte er, aber er weigerte sich, darauf einzugehen. Ambrose Quinn kam aus ziemlich kleinen Verhältnissen und war einst als Schiffsjunge in die Königliche Marine eingetreten. Zehn Jahre hatte er vor dem Mast gedient. Daraus hatte er kein Geheimnis gemacht und hatte immer wieder in seinen Reden und durch sein Auftreten deutlich darauf hingewiesen. Er verachtete unverhohlen den Dienst, der die Offiziere nur aus privilegierten höheren Klassen rekrutierte und bei der Beförderung mehr Wert auf ihre gesellschaftlichen Verbindungen als auf ihre Verdienste legte. Da konnte er sogar recht haben, gestand Phillip sich zynisch ein, aber wenn, dann stellte Quinn keinen Grund dar, an diesem System etwas zu ändern. Phillip drehte sich um, erinnerte sich, daß der junge Finch noch immer in Hörweite war und schickte ihn nach unten.

»Legen Sie sich schlafen, mein Junge«, riet er ihm. Und als er Quinns erstaunten Blick sah, sagte er betont: »Mr. Quinn hat die Wache, und er wird es ohne Sie schaffen. Sie haben dienstfrei bis morgen früh!«

Quinn schien einen Einwand äußern zu wollen und änderte dann doch seine Meinung. »Sie sagten es, Sir. Es ist meine Wache. Ist das alles, Sir? Kann ich weitermachen?«

»Das ist noch nicht alles, Mr. Quinn.« Phillips Stimme klang messerscharf. »Ich habe ein paar Fragen an Sie wegen der unglücklichen Angelegenheit. Aber zuerst mal ... Sie haben doch einen Arzt rufen lassen?«

»Das war nicht nötig«, begann der Erste Offizier und konnte wie immer seine Provokationsabsicht kaum verschleiern. Doch ein Blick auf Phillips entschlossenes Gesicht veranlaßte ihn sofort zu einer Änderung. Er begann mit etwas sanfterem Ton eine Erklärung. »Wie's der Zufall will, hatten wir glücklicherweise einen Arzt an Bord, als der Unfall geschah. Den Arzt von Ihrem ehemaligen Schiff, Sir, der *Trojan*, Fraser. Er war an Bord gekommen, um Ihnen seine Aufwartung zu machen und ...«

»Und er ist jetzt bei dem Jungen?« warf Phillip erleichtert ein. Er wußte, daß der Junge in keinen fähigeren Händen als denen von Angus Fraser sein konnte.

»Ja, Sir«, bestätigte Quinn. »Doch ich bezweifle, daß er viel für ihn tun kann, außer ihm den Abgang zu erleichtern. Wir haben ihn natürlich nach unten getragen, aber er war bewußtlos. Wie auch immer, Sir, ich denke mir, Sie wollen ihn so bald wie möglich sehen.«

Fraser würde ihn sicher rufen, wenn er gebraucht würde, dachte Phillip. Er ging hinüber zum Kartenhaus und gab seinem Stellvertreter ein Zeichen, ihm zu folgen, ohne auf seine Andeutung einzugehen. Für Lightfoot konnte er nichts tun, aber die Frage, wie der Junge verunglückt war, mußte sofort geklärt werden, solange Quinn davon noch nervös beeinträchtigt war und ehe er sich eine einleuchtende Ausrede für das Geschehene ausdenken konnte.

»Treten Sie bitte ein, Mr. Quinn«, lud er ihn ein und öffnete die Tür zum Kartenhäuschen. Er klang gleichmütig. Zwar war der Kartenraum klein und eng, aber er bot Schutz vor dem treibenden Schnee, Abgeschlossenheit und die Gelegenheit, Quinns Gesicht im Schein der Laterne zu studieren, die dort hing.

»Ich kann Ihnen nicht viel mehr erzählen, Commander

Hazard«, warf der Erste Offizier ein, als Phillip hinter ihm die Tür schloß und sich an den Kartentisch setzte. »Es war ein Unfall. Der Junge machte sich einen Spaß, und dabei fiel er – es war die unverantwortliche Tat eines Verrückten, und zu seinem Pech hat Mr. Lightfoot den unausweichlichen Preis für solchen Übermut bezahlt.«

»Erwarten Sie ernstlich, daß ich Ihnen das glaube?« griff Phillip ihn eiskalt an.

Im Kartenhäuschen gab es nur einen Hocker, und Quinn war gezwungen, unter der Laterne stehen zu bleiben, denn der kommandierende Offizier saß auf dem Hocker. Quinns Gesichtsausdruck verriet, wie unbequem er stand, und wie sehr er Hazard ablehnte.

»Ich habe Ihnen die Wahrheit gesagt, ob Sie das nun einsehen oder nicht«, bestätigte er mit allen Zeichen des Ärgers.

Doch seine Worte klangen trotz ihrer Heftigkeit nicht überzeugend. Phillip beobachtete ihn und schwieg absichtlich und berechnend, ehe er sehr sanft fortfuhr: »Wie ich gehört habe, haben Sie Mr. Lightfoot als Fähnrich meiner Gig heute abend abgelöst. Stimmt das, Mr. Quinn?«

»Ja, Sir«, gab Ambrose Quinn ohne Zögern zu. Seine Stimme klang immer noch ablehnend, doch seine Blicke waren wachsam. Er befand sich jetzt auf festerem Boden und fuhr fort, Mr. Lightfoots kürzliche Verfehlungen aufzuzählen. Die Liste, wiewohl lang, war kaum mehr als eine Sammlung von Übertretungen, die ein quicklebendiger Dreizehnjähriger angerichtet hatte, der die strenge Disziplin auf einem Kriegsschiff noch nicht kannte. »Ich wußte von Anfang an, daß er ein widerborstiger, böser kleiner Teufel war«, erläuterte der Erste Offizier weiter. »Er war verzogen und dickköpfig ... ich kenne seinesgleichen. Aber ich hatte in ihm keinen Dieb vermutet.«

»Einen Dieb, Mr. Quinn?« Phillip sah ihn an und runzelte die Stirn. »Haben Sie Beweise dafür?«

Quinn neigte den Kopf. »Natürlich, Sir. Ich erwischte ihn beim Rauchen, zusammen mit ein paar anderen jungen Herren, kurz nachdem Sie von Bord gegangen waren. Sie ließen eine Zigarre von einem zum andern gehen. Mir sind aus meiner Kabine ein paar Zigarren abhanden gekommen, und als ich fragte, gab Lightfoot zu, sie genommen zu haben. Er ...«

»Und darum haben Sie ihn bestraft?« Phillip klang immer noch sehr ruhig.

»Natürlich tat ich das, Sir. Ich kann doch kaum annehmen, daß Sie von mir erwarten würden, solche Diebstähle an Bord durchgehen zu lassen.« Wieder sah Leutnant Quinn ihn wachsam an, als er Phillips kühlen Blick spürte. »Ich hielt ihn für bestraft genug, als ich Mr. O'Hara das Kommando über Ihre Gig gab. Der junge Lightfoot war sehr stolz darauf, Fähnrich Ihrer Gig zu sein, wie Sie ganz sicher wissen.«

O ja, stellte Phillip bitter fest, Quinn wußte sehr genau, wie stolz der Junge auf sein erstes Kommando gewesen war. Der arme Kerl hatte noch viel zu lernen, aber weil er sich solche Mühe gab, hatte die Mannschaft der Gig, weil sie ernstes Bemühen spürte, seine Fehler vertuscht und gut gelaunt erduldet, was er aus Mangel an Erfahrung falsch machte. Ihn durch O'Hara zu ersetzen, war eine mehr als ausreichende Strafe gewesen für die kleinen Vergehen, die er sich hatte zuschulden kommen lassen. Aber war das wirklich die einzige Strafe, die über ihn verhängt worden war? Oder hatte man ihm Schlimmeres angedroht, eine so schlimme Vergeltung, daß der arme Lightfoot schon bei der Drohung an den einzig sicheren Ort geflohen war, den er kannte? Eine gefährliche Freistatt bei Wetterbedingungen wie diesen selbst für einen erfahrenen Toppsgasten! Für den unglücklichen Kadetten, der blind floh, war es lebensgefährlich. Aber Lightfoot mußte das Risiko gekannt haben! Doch warum war er es dann eingegangen? Etwa, weil er plötzlich seinen Verstand verloren hatte, wie Quinn meinte? Nachdenklich runzelte Phillip die Stirn und hatte immer noch Zweifel. Oder ... War er etwa nach oben befohlen worden? Nein, nein, das war undenkbar. Selbst ein Ambrose Quinn, der sadistische Freude am Schikanieren der jungen Herren hatte, hatte sich bisher immer in den Grenzen des Gesetzes bewegt.

Doch Phillip mußte alles herausbekommen, er mußte ganz sicher sein. Zwar mochte er die notwendigen Fragen nicht, doch er mußte sie stellen und dabei darauf achten, daß sie nicht wie eine Anklage Quinns klangen. Der würde schlichtweg verneinen, weil er wußte, daß Phillip keine Beweise hatte. Phillip seufzte. Als er noch nach den rechten Worten suchte, bemerkte der Erste Offizier sein Zögern.

Er nahm das Schweigen als Zeichen einer eigenen starken Position und meinte mehr als nur ein bißchen zufrieden: »Ich habe mir nichts vorzuwerfen in der Sache, das kann ich Ihnen versichern, Commander Hazard. Überhaupt nichts!«

»Ich freue mich, das zu hören.« Phillip hielt den älteren Mann mit seinen Blicken fest. Und der ältere Mann wurde unter den suchenden Augen rot. »Ich darf also annehmen, daß die Strafe, Mr. Lightfoot das Kommando über die Gig wegzunehmen, die einzige war, die Sie verhängt haben?«

»Das stimmt«, antwortete der Erste Offizier wie aus der Pistole geschossen. »Wie ich Ihnen schon sagte, war ich überzeugt, daß dies im Fall von Mr. Lightfoot reichen würde. Natürlich drohte ich ihm an, was er erwarten könne, wenn er sein Verhalten nicht änderte und ...«

»Und daraufhin kletterte er aus reinem Vergnügen mitten im Schneesturm in den Mast, wo er nur ein paar Fuß Sichtweite hatte?« unterbrach Phillip scharf. »Wie erklären Sie mir das, bitte?«

»Das kann ich nicht erklären. Aber man kann mich auch nicht dafür verantwortlich machen, wenn der Junge sich wie ein Verrückter benimmt. Er deutete nicht an, was er vorhatte

... hätte er das getan, hätte ich ihn daran gehindert.« Quinn hob unbewegt die Schultern. Doch er schien jetzt nicht mehr so selbstzufrieden zu sein wie vorher.

Phillip ergriff die Gelegenheit beim Schopf. »Ich kann also annehmen, daß Sie ihn nicht in den Mast geschickt haben, Mr. Quinn? Und nicht einmal damit gedroht haben, es einmal zu tun?«

»Ihn in den Mast schicken, Commander Hazard!« rief Quinn erregt und war blaß vor unterdrückter Wut. Die Farbe wich aus seinem sonst so roten Gesicht, und er suchte nach Worten. »Sie haben kein Recht, mir das vorzuwerfen, überhaupt kein Recht, auch wenn Sie zufällig dieses Schiff führen. Ich verlange, daß Sie den Vorwurf zurücknehmen ...«

»Ich habe Ihnen keinen Vorwurf gemacht. Ich habe Ihnen eine Frage gestellt ... Eine, die ich stellen muß, ehe ich den Unfall ins Logbuch eintrage. Und ich erwarte eine Antwort, die ich dann eintragen kann!« Phillip erwiderte seine wütenden Blicke ganz ruhig. »Das geschieht um Ihretwillen, Mr. Quinn, und um meinetwillen und um des Jungen willen. Wenn er stirbt, besteht die Möglichkeit, daß wir vor einen Untersuchungsausschuß kommen. Das wissen Sie ganz genau. Der Ausschuß würde keinen Augenblick zögern, Ihnen die Frage zu stellen, also beantworten Sie sie klugerweise schon jetzt!«

Er hatte leise und verständnisvoll gesprochen, und Leutnant Quinn kam endlich zu Verstand und riß sich sichtbar zusammen. »Die Antwort ist natürlich nein, Commander Hazard. Kategorisch nein, und ich wäre Ihnen verbunden, wenn Sie diese Antwort so ins Logbuch eintragen.«

»Das werde ich«, versicherte ihm Phillip. Er war fast überzeugt. Quinns erregte Ablehnung schien echt. Er fühlte sich unwohl und erleichtert zugleich und sagt ganz formell: »Danke, Mr. Quinn. Das ist alles für den Augenblick. Kehren Sie wieder in Ihren Dienst zurück, bitte!«

Diese plötzliche Wendung und die Entlassung in den Dienst hatte den Mann offenbar überrascht. Der Erste Offizier zögerte einen Augenblick, die Farbe kehrte langsam in sein brutales Gesicht zurück. Und dann brach es aus ihm heraus: »Ich möchte, daß Sie begreifen, daß ich immer meine Pflicht tue, ganz bewußt und mit all meinen Fähigkeiten. Ich bin deutlich länger zur See gefahren als Sie, Sir. Bei aller Hochachtung, Sir, ist dies für Sie ein neues Kommando ...« Er schwieg plötzlich, verstand Phillips Gesichtsausdruck offensichtlich als Warnung, nicht zu weit zu gehen. Er legte eine kurze Pause ein und nahm einen neuen Anlauf. »Vielleicht sind wir beide nicht gleicher Meinung, was die Disziplin angeht und wie man sie einbleut, das gebe ich gern zu. Aber ich habe jetzt eine Mannschaft von Stoppelhopsern und Erntehelfern, ein paar Küstenwächter und Fischer, die von Muttersöhnchen von Offizieren geführt werden, von denen einige, wie Mr. Lightfoot, noch nicht einmal trocken hinter den Ohren sind. Ich habe als Erster Offizier die Pflicht, Seeleute aus ihnen zu machen ... und genau das versuche ich, Commander Hazard, und ich weiß, daß Sie das von mir erwarten, so schnell und so gut wie ich es schaffe. Wie ich schon sagte, ich habe genügend Erfahrung, diese Neulinge zu einer Mannschaft zusammenzuschweißen, und ich werde Ihnen ein funktionierendes Schiff präsentieren – wenn Sie mir freie Hand lassen.«

So freimütig hatte Ambrose Quinn noch nie seine Gedanken geäußert. In der Hoffnung, ihn auf halbem Wege zu treffen, ließ Phillip ihn ohne Unterbrechung reden. Aber diese schwache Hoffnung verglomm, als Quinn sein Schweigen mißverstand und es für Schwäche hielt. Mit wachsender Überheblichkeit redete er weiter. Nein, die Friedenspalme würde zwischen ihnen nicht grünen, die er jetzt auf seine Weise anbot.

Phillip hörte weiter seinen endlosen Beschwerden zu, doch

seine Geduld wurde auf eine harte Probe gestellt. Mit einem Mann wie Quinn gab es keine Kompromisse, wie mit niemandem, dessen Integrität man nicht vertrauen konnte. Er konnte seinem Stellvertreter unter diesen Umständen die freie Hand nicht erlauben, jedenfalls nicht, solange der junge Lightfoot noch um sein Leben kämpfte und der Grund für den Unfall noch nicht geklärt war. Und dann, das spürte er voller Verachtung, war die Art und Weise, in der Quinn für Disziplin sorgte, eine, die er immer für falsch erachtet hatte. Sie erinnerte ihn zu sehr an die Methode des verstorbenen Henry North – und die würde er niemals zulassen auf einem Schiff, das er führte. Vielleicht war die Disziplin im Augenblick noch nicht vollkommen. Die Mannschaft der *Huntress* bestand in der Tat – wie Quinn bemerkt hatte – zum größten Teil aus Männern, die den Dienst auf See nicht gewohnt waren. Und bisher hatten sie auch kaum Gelegenheit gehabt, ihn richtig zu lernen. Die Verwendung des Schiffes als Truppentransporter hatte ihnen nicht besonders gut getan, auch die jungen, unerfahrenen Offiziere waren nicht gerade hilfreich gewesen, doch jetzt …

»Nun, Commander Hazard?« unterbrach Quinn seine Gedanken. Der Erste Offizier hatte seine Augen schmal und forschend auf ihn geheftet, als versuche er, die Wirkung seiner Worte einzuschätzen. Er entschied, daß er wohl offensichtlich sein Ziel erreicht hatte und fuhr mit sicherem Tonfall fort: »Ich kann mit Männern umgehen, wenn man mir Freiheit gibt … Aber seit Sie das Kommando über dieses Schiff führen, haben Sie verhindert, daß ich meine Pflicht tun konnte, wie es sich gehört. Ein guter Offizier kann seine Mannschaft nicht mit Samthandschuhen anfassen. Man respektiert ihn dann nicht. Die Männer sind Abschaum, Sir, jedenfalls die meisten. Und man muß ihnen beibringen, wer hier Herr und Meister ist. Ich weiß das, ich habe schließlich vor dem Mast gedient, vergessen Sie das nicht, Sir. Und ich …«

Phillip unterbrach ihn. Langsam und sehr überlegt erhob er sich. »Ich habe auch meine Erfahrung, wie man Neulinge zu einer Mannschaft zusammenschweißt, Mr. Quinn«, betonte er freundlich. »Und was dieses Schiff betrifft, ziehe ich es vor, die Mannschaft zusammenzuschweißen ohne viel Zwang!«

»Zwang, Sir? Ich verstehe Sie nicht, oder?«

»Dann lassen Sie es mich ganz deutlich sagen, Mr. Quinn. Ich halte nichts von unnötig scharfen Strafen für kleinere Übertretungen, besonders nicht, wenn sie die Folge von jugendlichem Übermut sind. Wir wissen beide, daß Disziplin nötig ist. Aber ich glaube nicht an Strafen für Taten, die oft reine Fehler oder Irrtümer aus Unerfahrenheit sind.«

»Ich habe beobachtet, daß Sie auch nichts vom Auspeitschen halten, Sir!« Im Ton des Ersten Offiziers klang leise Verachtung mit. »Doch das liegt zweifelsohne daran, daß Sie das Kommando erst kürzlich übernommen haben. Sie ...«

Phillip blickte ihn kalt an. »Ich lasse nur für schwere Verbrechen auspeitschen, Mr. Quinn, oder wenn ich überzeugt bin, daß der Täter durch keine andere Maßnahme korrigiert werden kann. Und ich wäre Ihnen verbunden, wenn Sie sich auch daran hielten. Und was mein neues Kommando angeht, das Sie zweimal zu erwähnen geruhten, haben Sie offensichtlich übersehen, daß ich zeitweise Kommandant einer Fregatte mit 31 Kanonen war, und zwar auf diesem Kriegsschauplatz, und zwar drei Monate lang, bis ich dieses Schiff übernahm.«

»Sie haben doch nicht etwa die *Trojan* geführt?« Quinn klang nicht länger verächtlich und schien ehrlich überrascht.

»Doch, ich habe die *Trojan* geführt«, bestätigte Phillip. Er gab dazu keine weiteren Erläuterungen, sondern fuhr fort: »Ich sehe sehr wohl, daß diesem Schiff erfahrene Offiziere fehlen, aber ich versichere Ihnen, das ändert sich sofort. Der Befehlshaber hat meinen Wunsch erfüllt. Vier Offiziere der

Trojan werden vier unserer jungen Leute ersetzen, die morgen ganz früh auf die *Agamemnon* übersetzen werden. Zwei der neuen Offiziere sind Fähnriche; Mr. Grey, den ich an Stelle von Mr. Coterell als diensttuenden Offizier einsetzen werde, und Mr. O'Hara. Die beiden, habe ich gehört, haben sich schon an Bord gemeldet, die anderen werden es bald.«

Der Erste Offizier nickte mit steinernem Gesicht und deutlich verblüfft. »Zwei Offiziere der *Trojan* haben den Arzt begleitet«, sagte er. »Aber mir war nicht klar, daß sie auf dieses Schiff kommandiert wurden. Ich hatte noch keine Gelegenheit, mit ihnen zu reden. Sie waren gerade an Bord gekommen, als der junge Lightfoot aus dem Großmast fiel und ich ... Ich dachte mir, Sie wollten Ihnen nur ihre Aufwartung machen. Wie der Arzt.« Er unterbrach sich und fügte dann wie in einem verspäteten Versuch, seine Autorität wieder zu gewinnen, hinzu: »Ich werde dafür sorgen, daß sich beide sofort bei Ihnen melden, Sir!«

»Nein, machen Sie sich die Mühe nicht«, bat Phillip ihn. »Ich gehe nach unten und werde sie selber zu mir bitten lassen, nachdem ich Mr. Lightfoot gesehen habe. Aber bitte informieren Sie Mr. Coterell, Mr. Jones, Mr. Finch und den Gehilfen des Masters, daß sie sich darauf vorbereiten, morgen früh auf das Flaggschiff überzusetzen. Und laden Sie sie bitte auch für morgen früh zum Frühstück bei mir ein. Danke, Mr. Quinn. Machen Sie bitte weiter.«

»Aye, aye, Sir!« bestätigte Quinn zögernd. Er trat zur Seite, damit Phillip vor ihm das Kartenhäuschen verlassen konnte. Sein Mund war ein harter, böser Strich. »Wenn ich mir das erlauben darf, Sir: Ich denke, es ist schade, daß Sie sich entschlossen haben, Mr. Coterell gehenzulassen – er hat das Zeug zu einem guten Offizier.«

Ein Offizier nach deinen Vorstellungen, dachte Phillip. Er war sicher Quinns Informant gewesen und vermutlich ein eifriger Vollstrecker von Strafen, wann immer der Übermut der jungen Kadetten und Fähnriche zu kindlichen Disziplinarvergehen geführt hatte oder wie in Lightfoots Fall zu gedankenlosem Übermut. Vielleicht würde Coterell dennoch ein guter Offizier werden, wenn er erst einmal Quinns Einfluß entzogen war. Die Zeit und gute Vorbilder konnten für ihn arbeiten. Er war intelligent und von Natur aus kein kleiner Tyrann, genausowenig wie Lightfoot ein Dieb war.

Phillip nickte knapp, antwortete aber auf die letzte Bemerkung Quinns nicht. Nachdenklich ging er langsam über das schneebedeckte Deck und stieg den achteren Niedergang nach unten. Stirnrunzelnd ließ er noch einmal passieren, was da eben geschehen war. Müde stellte er fest, daß er dem Ersten Offizier klargemacht hatte, daß er als Kommandant der *Huntress* vorhatte, sie zu führen und seine Autorität niemandem abzutreten, bis er sicher sein konnte, daß man sie nicht mißbrauchte.

Quinn seinerseits hatte die erstbeste Gelegenheit ergriffen, um seine Gefühle und seine unterdrückten Klagen zu äußern. Und dabei klargemacht, daß von ihm keine Loyalität zu erwarten war und man sich auf seine Unterstützung nicht verlassen konnte. Offensichtlich sehnt er sich auf seinen Ostindienfahrer zurück und nach dem Leben, das er dort genossen hatte. Lange Monate auf See unter einem Kapitän, der nur so hieß und entweder zu krank oder zu gleichgültig gewesen war, um irgend etwas anzuzweifeln, was der Erste tat, und der damit zufrieden war, wenn jede Reise pünktlich und ohne Probleme beendet wurde. Doch wie konnte Ambrose Quinn hoffen, in Kriegszeiten in der Königlichen Marine so ein Leben unter einem Kapitän zu führen? Er hatte nie vom ersten Kommandanten der *Huntress* gesprochen, dem ehrenwerten Francis Willoughby, der das Schiff aus England hierher gebracht hatte und kurz vor Erreichen Konstantinopels gestorben war. Nach allem, was Phillip wußte, war Willoughby einige Jahre älter als Quinn und führte mit ziemlich harter Hand. Der hatte sicher nichts durchgehen lassen. Doch Quinn überschätzte schlichtweg seine Chance, selbst das Kommando zu übernehmen. Vielleicht hoffte er immer noch darauf ... Phillip atmete hörbar aus.

Wenn es so war, war diese Auseinandersetzung unvermeidlich gewesen. Das Ergebnis mußte man abwarten. Es hatte jedenfalls die Atmosphäre gereinigt, und vielleicht konnte jeder den anderen jetzt besser einschätzen. Mehr war sicherlich nicht dabei herausgekommen und auch das nur, mußte Phillip sich bedauernd eingestehen, wegen Lightfoots tragischem Sturz. Er hatte am armen Lightfoot versagt, indem er Quinn zuviel Freiraum zugestanden und ihn mit zuviel Rücksicht und mit Samthandschuhen – Quinns Ausdruck – behandelt hatte. Phillip riß sich zusammen und spürte plötzlich kalte Wut. Samthandschuhe würde es nicht mehr geben im Umgang mit seinem Stellvertreter, entschied er. Ambrose Quinn war am Ende, auch wenn ihm das noch nicht klar war.

2

»Ach, da sind Sie endlich, Commander Hazard! Ich wollte gerade zu Ihnen, um Ihnen über meinen Patienten und seine Fortschritte zu berichten.«

Phillip erkannte die vertraute, kräftige Gestalt von Angus Fraser, der auf ihn zukam. Dankbar schob er alle Gedanken an Ambrose Quinn weit weg und begrüßte den schottischen Arzt herzlich. »Es war ja ein überaus glücklicher Zufall, daß Sie gerade an Bord waren, Doktor. Ich muß Ihnen nicht sagen, wie sehr ich mich über Ihre Anwesenheit freue und für die rechtzeitige Hilfe danke, die Sie dem armen kleinen Kadetten angedeihen lassen. Kommen Sie doch bitte in meine Kajüte und sagen Sie mir, wie es ihm geht. Sicher besser als ich fürchtete, wenn man Ihrem Gesichtsausdruck folgen kann.«

»Nun ja, vielleicht bringen wir das kleine Kerlchen durch.« Der Schiffsarzt nickte, als er Phillip in die Tageskajüte folgte, einen Stuhl annahm und für ein volles Glas Whisky dankte. »Dies ist ein großartiges, angenehmes Schiff«, fuhr er fort und hob lächelnd das Glas zum Gruß. »Ich gebe zu, ich hätte nichts dagegen, wenn ich hierher übersetzen könnte, denn auf der *Trojan* ist es für mein Gefühl ein bißchen zu eng geworden. Aber ...« er hob seine kräftigen Schultern, »aber nun zu Ihrem Burschen da. Der hat eine bemerkenswerte Konstitution und mehr Mumm in den Knochen als mancher Mann, der doppelt so alt ist. Es wäre voreilig zu behaupten, daß er wieder ganz gesund wird, aber er hat mehr als nur eine gute Chance. Er hat ziemlich viele Verletzungen, wie man sich denken kann. Ein gebrochenes Bein, einen gebrochenen Arm, zwei oder drei gebrochene oder schwer geknickte Rippen und eine riesige Beule am Hinterkopf. Ich habe seine Brüche geschient und ihn verbunden. Aber er ist noch schwer im Schock, und ich rate nicht, ihn heute zu verlegen.«

»Wir haben Befehl, morgen früh Anker auf zu gehen«, sagte Phillip. »Und wir haben nur einen Assistenzarzt an Bord, zu jung, um solchen Aufgaben voll gewachsen zu sein.«

»Also, dann bleibe ich heute hier«, bot Angus Fraser an. »Wenn Sie einverstanden sind. Morgen früh können wir ihn dann auf die *Trojan* verlegen, wo ich ihn unter meinen Fittichen habe, bis er nach Therapia verlegt werden kann, falls das überhaupt noch nötig wird. Junge Knochen heilen schnell, und wie ich Ihnen schon gesagt habe, hat dieser junge Kerl eine beneidenswerte Konstitution und viel Mumm. Er wird vielleicht so schnell wieder gesund wie der junge Durbanville, aber hoffentlich beide Beine behalten. Wie auch immer, Commander, er ist wieder bei Bewußtsein und möchte mit Ihnen sprechen.« Der Arzt leerte das Glas und sah Phillip fragend über den Rand an. »Ich kann mir gut denken, daß das Bürschlein irgend etwas auf dem Gewissen hat, für das es sich bei Ihnen entschuldigen will.«

»Bei mir?« wiederholte Phillip. »Dann soll er das, wenn er will, der arme Kerl ... Aber zwischen uns, Doktor, der Hund ist wahrscheinlich ganz woanders begraben.«

Er wollte aufstehen, aber Angus Fraser schüttelte sein graues Haupt. »Das hat noch ein bißchen Zeit. Commander Hazard. Der Junge schläft gerade. Und ich würde auch gern mit Ihnen reden.«

»Natürlich.« Phillip nahm wieder Platz. »Wollen Sie mir noch irgend etwas wegen des Jungen sagen?«

»Eher etwas fragen«, verbesserte der Arzt. »Verzeihen Sie bitte meine Neugier. Und vielen Dank.« Er erlaubte seinem Gastgeber, das Glas wieder zu füllen. »So was brauche ich in dieser scheußlichen Nacht. Die armen Kerle in den Batterien und den Gräben vor Sewastopol haben's noch schlimmer getroffen als wir. Jedenfalls sag ich mir das immer, wenn ich mit meinem Schicksal hadere. Aber verdammt noch mal, ich bin wirklich kein junger Mann, Hazard, und diese Kälte dringt mir bis ins Mark. Das glauben Sie sicher nicht, wenn Sie sehen, wie gut bepackt ich bin, aber es ist so, ich schwör's Ihnen. Der Teufel hole diesen verdammten Krieg. Wenn's nicht nach Desertion ausähe, würde ich um meine Versetzung in die Heimat nachkommen«. Er trank bedrückt von seinem Whisky und geduldig wartete Phillip ab, der den Mut des Arztes und seinen Nutzen gut einschätzen konnte. Angus Fraser knurrte immer mal – ziemlich häufig sogar –, aber er schonte sich nie und unter gar keinen Umständen.

»Und was macht Ihr Bein?« fragte er nach einer kurzen, nachdenklichen Pause. »Also, Commander Hazard, die Wahrheit bitte!«

»Es macht mir kaum noch Kummer, Doktor, danke«, versicherte ihm Phillip nicht ganz der Wahrheit entsprechend.

»Das ist kein Verdienst von Ihnen«, entgegnete Fraser trocken. »Sie vernachlässigen die alte Wunde auf gefährliche Weise, und ich sehe doch, daß Sie noch hinken.« Er setzte das Glas ab und schüttelte den Kopf, als Phillip ihm Nachschub anbot. »Nein, das reicht. Ich habe noch einiges zu tun, aber ich möchte mir erst Ihr Bein ansehen, ehe ich gehe.« Als er spürte, daß Phillip widersprechen wollte, wechselte er das Thema. »Was den kleinen Lightfood angeht ... Wissen Sie, was ihn dazu brachte, in einer Nacht wie dieser nach ganz oben in den Großmast zu entern? Der Bursche hat doch einen klaren Verstand, oder?«

»Ja, das hat er. Er ...« Phillip unterbrach sich.

»Ihr Erster Offizier, Quinn, wenn ich richtig gehört habe, besteht darauf, daß er einen Streich spielen wollte.« Der alte Arzt runzelte die Stirn. »Aber ich habe da so meine Zweifel. Denn einer seiner Messekamderaden verriet mir, daß er Höhenangst hat und vorher noch nie allein da oben war. Glücklicherweise war er nur bis zur Hälfte gekommen, als er stürzte. Die ganze Angelegenheit ist reichlich seltsam, meinen Sie nicht auch?«

Es gab keinen Grund, seinen Verdacht vor dem alten verläßlichen Freund und Arzt zu verbergen. Also nickte Phillip mit schmalen Lippen. »Ja, das stimmt«, gab er zu. »Ich habe Mr. Quinn sofort ausgefragt, als ich an Bord kam. Aber er schwört, er hat den Jungen nicht nach oben befohlen. Und er sagt auch, er habe den Jungen weder bestraft noch gedroht, ihn zu bestrafen. Außer ihm das Kommando über meine Gig wegzunehmen.« Er wiederholte kurz das Wichtigste aus dem Gespräch mit seinem Stellvertreter und fragte dann unsicher: »Ich nehme mal an, Lightfoot hat nichts gesagt?«

»Nein, kein Wort. Der ist kein Schwätzer, denke ich mir. Wenn man ihn beim Rauchen erwischt hatte, vielleicht ...« Der Arzt sah Phillip wieder fragend an. Dann hob er die Schultern und fuhr fort: »Ich halte nicht viel von diesem Ersten Offizier, wenn ich das offen sagen darf. Das und die Tatsache, die Kapitän Crawford erwähnte, daß Sie um Leutnant Laidlaws Versetzung auf dieses Schiff gebeten hatten, zusätzlich zu Ihrem Bruder und dem jungen Anthony Cochrane, ließ mich nachdenken, um es mal vorsichtig auszudrücken.«

»Ich werde Laidlaw nicht bekommen«, informierte ihn Phillip mit Bedauern.

»Ja, das habe ich gehört. Schade, denn das wäre ein wohlverdienter Aufstieg für ihn gewesen. Er ist immer noch nur der dienstälteste Wachhabende auf der *Trojan*. Ich nehme an, Sie hatten gehofft, daß Duncan Laidlaw Ihren jetzigen Ersten Offizier ersetzen würde, weil Ihre Lordschaften sich ja wohl nicht in der Lage sahen, Ihrem Bruder das Patent zurückzugeben.«

»Ja«, gestand Phillip, »das hatte ich gehofft. Mir fehlen erfahrene Offiziere sehr, verstehen Sie, denn Cochrane kann ich nicht zum Offizier machen, er ist noch zu jung. Dennoch freue ich mich über ihn an Bord. Aber ich muß Ihnen nicht sagen, daß der einzige, für den ich alles gäbe, Martin Fox wäre.« Er seufzte und dachte wie so häufig an den Mann, der sein Erster Offzier gewesen war, während er die *Trojan* geführt hatte, und der seit gemeinsamen Fähnrichstagen sein bester Freund gewesen war. Aber Fox war tot, hatte sein wertvolles Leben zur Verteidigung Eupatorias weggeworfen, der Tartarenstadt, die jetzt den Türken übergeben wurde. Armer Martin. Sein Opfer schien, wie die Ofer so vieler Männer in diesem Krieg, vergeblich gewesen zu sein.

Mitfühlend knurrte Fraser, und als habe er seine Gedanken erraten, erhob er sich schnell für einen Mann seiner Stärke und machte Phillip ein Zeichen, sein Hosenbein hochzuziehen. »Ich will mir gerade mal eben Ihr Schienbein ansehen«, sagte er, »da ich gerade hier bin. Ich mag Ihr Hinken nicht, Commander Hazard, und wenn Sie morgen früh Anker auf gehen, sollte ich die Sache gesehen haben, meinen Sie nicht auch.«

Phillip hob resignierend die Schultern und ließ dann willfährig die Unterschung über sich ergehen.

»Ich sehe, Sie verbinden das Bein noch«, bemerkte der Arzt mit suchendem, sanften Fingerdruck.

»Nun ja, gelegentlich kommt noch ein Splitter raus, aber ...«

»Das merke ich gerade. Aber dafür sieht es nicht schlecht aus. Sie hatten Glück, daß Sie das Bein behalten konnten,

Commander. Der russische Chirurg hat die Sache gut operiert, glauben Sie's mir.« Fraser lehnte sich auf seine Hacken zurück und nickte bestätigend. »Haben Sie frisches Material oder soll ich nach meiner Tasche schicken? Ich würde das hier gern richtig verbinden!«

»Ich habe etwas in meiner Nachtkajüte, Doktor«, gab Phillip zögernd zu. »Aber machen Sie sich die Mühe nicht. Ich kann mein Bein selber verbinden, das bin ich schließlich gewöhnt. Außerdem sollte ich mir endlich mal den jungen Lightfoot ansehen. Sagten Sie nicht, er hat nach mir gefragt?«

»Ja, das ist wahr!« gab der Arzt beruhigt zu. »Aber ich sagte Ihnen auch, daß er schläft. Und das ist für den armen Kerl wirklich das beste. Mit seiner Entschuldigung kann er bis zum Morgen warten.«

»Natürlich, wenn Sie meinen. Ich hoffe nur ...«

»Daß unser junger Freund Ihnen sagt, was er mir verheimlicht hat?« legte Fraser nahe. »Das könnte sein, aber ich erlaube mir Zweifel. Er hat kein Wörtchen gesagt, als ich seine gebrochenen Knochen richtig legte und schiente und also ...« er lächelte. »Seien Sie so nett und lassen Sie mir die Bandagen holen, Commander Hazard. Was auch immer, ich muß Ihnen noch etwas sagen – etwas Wichtiges in der Angelegenheit, die Sie gerade wieder ganz beschäftigt. Als ich mit Ihrem Bruder und Mr. Cochrane die *Trojan* verließ, war ich mir nicht ganz klar, ob ich eher Schlimmes oder Gutes tue, wenn ich Ihnen die Sache vorlege – worum ich gebeten worden bin. Das Treffen mit Ihrem Ersten Offizier und dieser Unfall machten mir dann die Entscheidung leicht.« Er seufzte. »Ich meine, es ist etwas, was Sie wissen müssen, falls es Ihnen nicht schon längst bekannt ist.« Sein Ton war ungewöhnlich ernst, und Phillip dachte einen Augenblick lang nach, holte selbst die Bandagen und nahm wieder seinen Platz ein.

»Nun?« fragte er neugierig. »Um was geht es? Was weiß ich Ihrer Meinung nach nicht? Nach Ihrer Einleitung kann es sich nur um Mr. Quinn handeln, direkt oder indirekt. Habe ich recht?«

Angus Fraser nahm eine Binde und begann seine Arbeit. »Ja«, bestätigte er. »Es betrifft Mr. Quinn und Ihren Vorgänger, Commander Francis Willoughby. Aber was ich Ihnen erzählen kann, habe ich nur aus zweiter Hand, obwohl ich keinen Grund habe, die Wahrheit zu bezweifeln, und Sie wissen vielleicht schon alles, genauer als ich.«

»Über Commander Willoughby weiß ich kaum etwas«, antwortete Phillip. »Nur daß er auf der Reise nach England starb und Quinn das Kommando übernehmen mußte. Er brachte das Schiff nach Balaklava und war zeitweise Kommandant, bis ich ernannt wurde. Und diese Ernennung, sage ich Ihnen streng vertraulich, hat er überhaupt nicht begrüßt.«

»Dann wissen Sie also nicht, unter welchen Umständen Willoughby sein Ende fand?« Angus Fraser war jetzt sehr mit dem Verband beschäftigt, sein Gesicht war nicht zu erkennen, da er sich über das Bein beugte, aber seine Stimme hatte einen ungewohnten, fast anklagenden Ton, als er hinzufügte: »Und Sie haben nicht danach gefragt?«

»Nein!« Phillip starrte auf den kahler werdenden Schädel des Arztes und runzelte überrascht die Stirn. »Nein, Doktor, davon sprach niemand, und ich muß zugeben, ich habe mich auch nicht danach erkundigt. Nachdem hier so viele an Krankheiten sterben, hielt ich es für gesichert, daß er sich irgendeine Infektion zugezogen hat ...«

In der Tat hatte niemand von der Mannschaft oder von den Offizieren über den Verstorbenen geredet, erinnerte er sich. Unter einander hatten sie sicher davon gesprochen. Niemand hatte Willoughbys Tod ihm gegenüber erläutert. Aber die *Huntress* war auch ständig auf See gewesen, seit er das Kommando übernommen hatte. Sie war immer randvoll mit türkischen Truppen gewesen und Phillip hatte nie Gelegenheit gefunden, sich mit seinen Offizieren zu unterhalten, ausgenommen Quinn. Es ging immer nur um den Schiffsbetrieb oder um das Wohlergehen ihrer viel zu vielen Passagiere. Auch die Seesoldaten, die sie aus Eupatoria mitgebracht hatten, waren wie Vieh zusammengepfercht worden. Und er erinnerte sich, daß die wenige Zeit, die er für seine jüngeren Offiziere gefunden hatte, mit Instruktionen vergangen waren oder indem er sie auf ihren Wachen beobachtete. Er hatte keinen je zum Frühstück eingeladen, die übliche Art und Weise, in der ein Kommandant soziale Nähe zu seinen Untergebenen aufbaut. Seine eigenen Mahlzeiten hatte er hastig eingenommen oder ganz ausgelassen, weil anderes seine gesamte Zeit beanspruchte. Er holte jetzt scharf Luft.

»Worauf wollen Sie hinaus, Doktor?« fragte er. »Wie starb Commander Willoughby wirklich?«

»Nach dem Spruch des Untersuchungsausschusses war sein Tod ein Unfall«, berichtete Fraser. Er hatte den Verband angelegt, sah auf, traf Phillips erstaunten Blick und blieb ganz unbewegt. »Offensichtlich ging er im griechischen Archipel bei Dunkelheit vor Kap Kafiveres über Bord, als das Schiff sich der Doro-Passage näherte. Niemand sah ihn verschwinden.«

»Die Ecke ist bekannt für plötzliche Böen und drehende Winde«, erinnerte ihn Phillip. »Wir sind bei der Ausreise mit der *Trojan* selber in solches Wetter hineingelaufen. Das haben Sie doch bestimmt nicht vergessen. Ich gebe zu, nach dem letzten Erlebnis würde ich es mir zweimal überlegen, nachts unter Segeln durch die Doro-Enge zu laufen. Sie ist bei Tag schon schwierig genug, weiß Gott.«

»Es gab keine Bö, als Commander Willoughby sich der Enge näherte, sagen Zeugen, und das Schiff lief mit Maschine. Leutnant Quinn versuchte, das Gericht zu überzeugen, daß ein plötzlicher heftiger Wind das Schiff traf, aber ...« der Arzt erhob sich schwerfällig, »niemand sonst hat sich daran erinnert, und im Logbuch war auch nichts Entsprechendes eingetragen. Also nahm Quinn seine Aussage zurück. Als das Gericht ihn in die Zange nahm, muße er schließlich zugeben, daß Willoughby heftig trank. Das Gericht lobte ihn wegen seiner Loyalität gegen seinen verstorbenen Kapitän und fällte als Spruch Tod durch Unfall. Damit bewahrte man die Fassade angesichts Commander Willoughbys ruhmreicher Karriere in der Marine.« Wieder klang die Stimme des älteren Mannes seltsam, und Phillip drehte sich fragend zu ihm, nachdem er Platz genommen hatte.

»Sie sagten, Sie haben diese Information aus zweiter Hand? Ich habe nichts dergleichen gewußt! Darf ich erfahren, wer Ihnen das sagte?«

Fraser holte Luft. »Zwei Männer, die zum Gericht gehörten«, erwiderte er ernst. »Einer war Kapitän Jonathan Clark von der *Rockhampton* – er hat mir das alles als erster erzählt. Ich war neugierig, denn Sie hatten gerade das neue Kommando übernommen.«

»Ich verstehe.« Eine verläßlichere Informationsquelle gibt es kaum, dachte Phillip, und unter den Umständen auch kein bedachtsameres Urteil. Und Quinn, an dessen Loyalität er zweifelte, hatte es an Loyalität gegen seinen früheren Kommandanten nicht fehlen lassen? Quinn war mit allen Ehren aus der Untersuchung entlassen worden, auch wenn sein Versuch, die Ehre von Francis Willoughby zu retten, gescheitert war. Sein Schweigen über die Angelegenheit rechnete man ihm auch hoch an. Und dennoch sah es so aus, als habe der Arzt noch mehr zu berichten.

»Sie haben doch am Spruch des Gerichts keine Zweifel, Doktor?« fragte er ungläubig. »Meiner Meinung nach war er großzügig, und Mr. Quinn scheint sich sehr richtig verhalten zu haben.«

»Ich hätte den Spruch und seine Begründung genauso akzeptiert wie Sie, Commander Hazard. Aber«, Angus Fraser lächelte ihn etwas gequält an, »ich saß zufällig zum Dinner an Bord der *Queen*, ehe sie nach England auslief, neben einem anderen Mitglied des Gerichts. Henry Lucas war das jüngste Mitglied und gerade erst befördert worden. Ich nehme an, Sie kennen ihn?«

Phillip nickte mit dem Kopf. »Ja, ich kenne ihn. Er ist ein überaus angenehmer Zeitgenosse.«

»In der Tat. Und er hat in China drei Jahre unter Commander Willoughby gedient. Und er sagte mir ehrlichen Herzens, daß Willoughby während der ganzen Zeit nie getrunken habe. Der arme Mann litt unter irgendeinem Verdauungsproblem, für das Alkohol in jeder Form das reinste Gift war.« Der Arzt schwieg und sah ihn erwartungsvoll an.

»Aber«, Phillip blieb immer noch skeptisch, »wenn Henry Lucas Mitglied des Gerichts war, warum hat er dann die anderen nicht überzeugt?«

Fraser zuckte mit den Schultern. »Er versicherte mir, er habe alles Menschenmögliche getan, aber die Tatsache, daß er Willoughby seit einem Jahr nicht mehr gesehen hatte, schwächte seine Argumente. Und dann war er auch noch der Jüngste in der Gruppe. Über einen bestimmten Punkt hinaus konnte er seine Sache nicht vertreten. Er sagte mir, er hätte gehofft, daß seine Versuche das Urteil bis zu einem gewissen Maße beeinflussen würden. Aber er war insgesamt sehr unglücklich über die Art und Weise, wie die Untersuchung geführt und wie die Zeugen befragt wurden.«

»Und kannte er die Zeugen?«

»Ja. Es gab offenbar nur drei, Leutnant Quinn, den Steuermann der Wache und einen jungen Mann, an dessen Namen ich mich nicht mehr erinnere. Könnte es Cotton gewesen sein?«

»Eher Cotrell, denke ich«, warf Phillip ein.

Der Arzt nickte. »Das war der Name. Weder er noch der Steuermann hatten viel zu sagen; Quinn redete die meiste Zeit, und Henry Lucas war überzeugt, daß Quinn aus irgendeinem Grunde durchgehend log. Er konnte allerdings keinen Grund dafür finden und hat sich vielleicht auch geirrt.«

»Aber Sie glauben nicht daran, Doktor?«

»Ich kann das überhaupt nicht beurteilen«, gab Fraser ganz sachlich zu. »Aber aus welchem Grund sollte jemand so lügen? Weil die Wahrheit ihm schadet, nehme ich mal an. Oder weil die Lüge dem, der sie erzählt, ein paar Vorteile bringt. Sie kennen Mr. Quinn besser als ich. Glauben Sie seiner Wahrheitsliebe?«

Das, fragte sich Phillip auch. Kannte irgend jemand an Bord der *Huntress* Ambrose Quinn wirklich? Für die Offiziere und Seeleute war er ein Tyrann, den die meisten nur fürchteten – vielleicht mit Ausnahme von Coterell. Seine Wahrheitsliebe ... Phillip atmete seufzend aus. Der Mann konnte lügen, und Phillip hegte immer noch den Verdacht, daß er heute abend wie gedruckt gelogen hatte in der Angelegenheit des armen Lightfoot. Doch das war kaum ein Beweis, daß er auch in Sachen des verstorbenen Willoughby gelogen hatte. In der Tat konnte man bei allem, was Fraser ihm mitgeteilt hatte, seine Zweifel haben, zu viele, auch wenn er Quinn gegenüber fair bleiben wollte. Und er mußte fair bleiben, wenn auch aus keinem anderen Grund als dem, daß er seinen Stellvertreter aus ganzem Herzen verabscheute.

Andererseits war Henry Lucas von der *Queen* ein Offizier von erwiesener Integrität. Er würde niemals einen anderen Mann anschwärzen, wenn er dafür nicht gute Gründe hatte. Gut, er war ein Freund des verstorbenen Willoughby gewesen, und ein bißchen seltsam war es schon, daß er sich ausgerechnet dem Arzt Fraser anvertraute, einem Mediziner, keinem Seemann, aber ... Als habe er seine Gedanken gelesen, antwortete Fraser auf die ungestellte Frage.

»Commander Lucas hat mir das alles nur mitgeteilt, weil er wußte, daß ich unter Ihnen gedient hatte, und weil er Sie warnen wollte, sich vor Quinn in acht zu nehmen. Das waren exakt seine Worte. Er hätte mit Ihnen persönlich gesprochen, wenn sich eine Gelegenheit ergeben hätte, versicherte er mir. Er versuchte, das Thema bei Kapitän Crawford zur Sprache zu bringen – vergeblich. Crawford ist ein Schotte wie ich, aber ein ganz trockener Bursche, der sich selten für jemanden engagiert. Und aus irgendeinem Grund gehört er nicht zu Ihren Bewunderern.«

»Ich kann mir denken, warum«, gab Phillip nüchtern zu.

Angus Fraser lächelte. »Ich auch. Um auf Henry Lucas zurückzukommen: Er beharrte darauf und nahm mir sogar das Versprechen ab, daß ich Ihnen Wort für Wort wiederhole, was er mir gesagt hatte. Aber wie ich schon erwähnt habe, war ich mir nicht ganz sicher, was ich tun sollte, als ich zu Ihnen kam, und ob ich mich strikt an mein Versprechen halten sollte. Aber dann kam ich doch zu dem Schluß, Sie mit all den Fakten bekannt zu machen, falls Sie sie nicht kennen, damit Sie sich Ihr eigenes Urteil bilden können. Weil ich unter Ihnen gedient habe«, und sein Lächeln wurde breiter, »bin ich sicher, daß Sie Mr. Quinn nach seinen Verdiensten und ohne Vorurteil einschätzen würden, was auch immer ich Nachteiliges sage.«

»Danke, Doktor«, nickte Phillip. »Glauben Sie mir, ich bin Ihnen sehr dankbar.«

Der alte Arzt wischte mit einer Handbewegung den Dank zur Seite. »Nachdem ich das gesagt habe, gebe ich zu, daß ich ein Vorurteil hege, was den Vorfall von heute abend angeht. Und außerdem mag ich diesen Mr. Quinn überhaupt nicht. Sie sind also gut beraten, wenn Sie ihn immer im Blick haben, Commander Hazard.«

»Ich beobachte ihn wie ein Falke, machen Sie sich keine Sorgen.«

Phillip wollte das Glas seines Gastes wieder füllen, aber wieder schüttelte Angus Fraser den Kopf. »Nein, vielen Dank. Ich muß jetzt nach meinem Patienten schauen. Kommen Sie mit, wenn Sie wollen, obwohl ich vermute, daß der Junge noch immer schläft.« Er erhob sich. »Wenn man darüber nachdenkt, ist es eine Tragödie, daß Kapitän Crawford sich weigerte, Ihnen Mr. Laidlaw zu geben. Aber lassen Sie uns die guten Seiten betrachten. Sie haben Anthony Cochrane und Ihren Bruder, die Sie von jetzt an unterstützen werden, von Mr. Grey und Mr. O'Hara ganz zu schweigen, die – im Gegensatz zu Kapitän Crawford – zu Ihren glühenden Verehrern gerechnet werden können. Und der Ihnen am meisten gewogene ist der Vollmatrose Patrick O'Leary. Ein bißchen habe auch ich dazu beigetragen, daß er wieder seinen Dienst tun kann.«

»Sogar sehr viel, mein lieber Freund«, fügte Phillip hinzu. »Ich habe nie gedacht, daß O'Leary je wieder gehen könnte.«

»Für anderes als leichte Aufgaben ist er noch eine ganze Zeit lang nicht geeignet«, schränkte Angus Fraser ein. »Da er aber eben O'Leary ist und den Posten ergattert hat, den er haben wollte, bezweifle ich nicht, daß er sich in irgendeiner Nische nützlich machen wird, die Sie für ihn finden. Wenn Sie nichts anderes haben, würde er keinen schlechten Arzthelfer abgeben, ob Sie's glauben oder nicht. In meinem Lazarett hat er das praktisch schon bewiesen.« Er lachte. »Aber achten Sie auf Ihren Whisky. Für O'Leary ist das ein Allheilmittel.«

Phillip stimmte in sein Lachen ein. Sie machten sich zusammen auf den Weg in die Kajüte, die zu einer Krankenstube für den kleinen Lightfoot umgemodelt worden war. Der verletzte Junge lag bandagiert in seiner Koje. Ein Bein und ein

Arm waren geschient. Ein Tampen hielt das Bein hoch, der über einen Block laufend mit der Wand verbunden war. Wie Angus Fraser vermutet hatte, schlief Lightfoot. Der süßliche, Übelkeit erregende Geruch von Laudanum hing über seinen Kopf. Er bewegte sich, und es schien, als habe er durch die Nebel seiner Bewußtlosigkeit Phillip erkannt. Er öffnete die Augen.

»Sir«, seine Stimme war nur ein krächzendes Wispern, aber Phillip verstand es und beugte sich über die Koje, »bitte, Sir ...«

»Ja, Mr. Lightfoot«, antwortete Phillip sanft. »Wollen Sie mir irgend etwas sagen?«

Alle Probleme wären gelöst, wenn Lightfoot zugeben würde, daß Quinn ihn in den Mast gescheucht hatte, dachte er. Selbst die Androhung einer solchen Strafe würde ausreichen, den Ersten Offizier unter Arrest zu stellen und ohne ihn zu segeln. Eine Untersuchung würde auf ihn warten und vielleicht ein Kriegsgericht. Aber alle Hoffnung zerschlug sich, und Phillip schämte sich, daß er sie überhaupt gehegt hatte, als der Junge unter Schmerzen antwortete: »Ja, Sir, ich gebe zu, daß ich die Zigarren des Ersten Offiziers genommen habe. Aber das, aber das war nur ein Streich. Ich wollte sie nicht wirklich stehlen, Sir!«

»Ich glaube Ihnen, Mr. Lightfoot«, versicherte ihm Phillip. Er wollte ihn wegen der Strafe befragen, aber das schmale blasse Gesicht leuchtete mit einem erleichterten Lächeln, die hellen Augen schlossen sich, und einen Moment später war der Junge wieder in den Schlaf zurückgesunken.

»Er wird jetzt sehr erleichtert schlafen, Sir, machen Sie sich keine Sorgen.«

Nicht ganz überrascht erkannte Phillip den Vollmatrosen O'Leary, der ihn mit seiner Zahnlücke breit anlächelte, als er sich in das Licht einer Laterne begab, die von der Decke hing.

»Willkommen an Bord, O'Leary«, antwortete Phillip und

streckte ihm seine Hand entgegen. »Ich bin überaus froh, daß Sie hier sind.«

»Aye, aye, Sir!« O'Leary schüttelte die angebotene Hand kräftig. »Und das hab ich doch dem Kapitän Crawford immer wieder gesagt, und er wollte es mir nicht glauben. Ich wußte doch, daß Sie mich brauchen. Es ist wie in alten Zeiten, nicht wahr, Sir?« Er grinste immer noch fröhlich und wandte sich dem Arzt zu. »Tut mir leid, Sir, aber wenn Sie nach dem Bürschchen suchen, der sich selber Arzthelfer nennt, der ist nicht hier. Ich habe mir erlaubt, ihn in seine Hängematte zu schicken, denn ich sag' Ihnen, bei Gott, er taugt überhaupt nichts und würde sich nur fürchterlich aufregen, wenn er hier auch nur einen Tropfen Blut sähe. Wenn Sie sich ausstrecken wollen, Sir, dann überlassen Sie mir den kleinen Kerl hier. Ich weiß genau, was ich für ihn tun kann.«

»Danke, O'Leary«, antwortete der Arzt ernst. »Ich nehme Sie noch vor dem Ende der Nacht beim Wort. Wie auch immer, wir müssen den Kapitän nicht länger aufhalten.« Seine Augen blitzten vergnügt, als er Phillip anschaute. »Ein guter Schüler nicht wahr, dieser O'Leary? Sagen Sie mir, wie fühlt Ihr Bein sich an, jetzt, nachdem Sie ein bißchen gelaufen sind?«

»Sehr angenehm, danke, Doktor. Und Dank für alles andere auch. Glauben Sie mir, ich bin Ihnen sehr dankbar.« Der alte Arzt wollte irgend etwas sagen. »Nein, das meine ich so, und ich werde es nie vergessen. Ich nehme an, daß Sie mit O'Learys Hilfe eine einigermaßen ruhige Nacht verbringen werden. Wenn Sie irgend etwas brauchen, sagen Sie es mir. Gute Nacht, Doktor.«

Phillip verließ die Männer und ging zur Messe, wo er wie erwartet Anthony Cochrane und seinen eigenen Bruder Graham traf. Weil andere in der Messe waren, grüßten ihn beide sehr formell, doch mit offensichtlicher Freude. Sie nahmen seine Einladung an, auf einen Schluck für die Nacht in seine Kajüte zu kommen.

»Es tut mir leid, daß ich Sie so lange habe warten lassen«, entschuldigte Phillip sich. »Aber ich hatte mit Fraser zu tun, seit ich vom Flaggschiff an Bord gekommen bin. Sie haben sicherlich vom Unfall unseres Kadetten gehört. Ich war gerade bei ihm, und er hat mehr als eine gute Chance, durchzukommen. Ich freue mich, das sagen zu können.«

Beide Offiziere drückten verhalten ihre Erleichterung über die Neuigkeit aus, doch als sie in der Abgeschlossenheit von Phillips Kajüte waren, sagte Graham ernst: »Wir haben gesehen, wie der Junge abgestürzt ist, Phillip. Wir waren gerade an Bord gekommen, als er auf Deck aufschlug. Gott allein weiß, wie der arme Teufel das überlebt hat. Hast du rausbekommen, was da wirklich passiert ist und was er in einer solchen Nacht ganz allein da oben wollte? Er ...«

»Nein.« Phillip blitzte ihn warnend an. »Noch nicht. Aber sei versichert, daß ich der Sache auf den Grund gehen werde. Setzen Sie sich.« Er machte eine einladende Geste. »Ein Drink, Mr. Cochrane?«

»Danke, Sir!« Der rothaarige junge Cochrane strahlte vor Freude, als er fortfuhr: »Ich bin Ihnen sehr dankbar, Commander Hazard, und kann das kaum adäquat ausdrücken, daß Sie um mich gebeten haben und ich hier unter Ihnen dienen kann.« Er hob das Glas, das Phillip ihm gereicht hatte. »Auf Ihr spezielles Wohl, Sir!«

»Und auf Ihres, Mr. Cochrane. Whisky für dich, Graham, oder lieber ein Glas von Jack Lyons hervorragendem Madeira?«

»Madeira, wenn ich bitten darf, Phillip.« Phillip setzte sich auf einen Stuhl neben Cochrane und lächelte ebenfalls. »Ich teile die Gefühle von Mr. Cochrane. Es ist schön, wieder bei dir zu sein.«

Sein Bruder war älter geworden, dachte Phillip, als er den

Wein einschenkte und ihn dabei unbeobachtet betrachtete. Er fühlte Schmerz, als er die schwielige Seemannshand sah, in die er das Glas drückte, das er gerade gefüllt hatte. Wenn dieser fürchterliche Fehler vor elf Jahren nicht passiert wäre, als die *Comet* in der Mündung des Rio de la Plata auf Grund gelaufen war – nach Meinung des Marinekriegsgerichts wegen Grahams Pflichtvergessenheit –, dann wäre Graham jetzt sicherlich Kapitän mit vollem Rang und würde ein eigenes Schiff kommandieren.

Seine Laufbahn hatte vielversprechend begonnen. Er war mit zwanzig Jahren schon Leutnant, und mit dem Interesse, mit dem man den Sohn eines Admirals immer beobachtete, hätte Graham in der Marine eine große Karriere offen gestanden.

Doch statt dessen war er durch die Welt gezogen, hatte auf Indienfahrern und auf Sträflingsschiffen vor dem Mast gedient und war dann Zweiter Offizeir auf einem Auswandererschiff geworden, das die Australienroute segelte. Der stolze alte Vater hatte alle Verbindungen zu ihm gekappt, Grahams Name durfte in Gegenwart des Admirals nicht mehr genannt werden, und alle Briefe von ihm wurden ungelesen verbrannt. Es tat weh, sich vorzustellen, was der ältere Bruder in der Königlichen Marine erduldet haben mußte, als er sich bei den ersten Anzeichen für einen Krieg als Vollmatrose gemeldet hatte. Und noch mehr schmerzte ihn die Mißhandlung durch den verstorbenen Kapitän North, als er durch Zufall vor einem Jahr auf die *Trojan* kommandiert wurde, bestimmt für die Schwarzmeerflotte. Phillip preßte die Zähne aufeinander, als er sich daran erinnerte, wie North Graham hatte auspreitschen lassen – aus keinem anderen Grund als wegen Grahams Verwandtschaft mit dem Ersten Offizier ... eine Beziehung, die beide zu leugnen versucht hatten.

Als Graham Monate später als einer der Überlebenden der

unglücklichen *Tiger* beim Austausch von Gefangenen und Verwundeten durch den Gouverneur von Odessa freikam, hatte Kapitän North seine bösartigen Verfolgungen nicht aufgegeben. Doch Graham hatte in seiner Entschlossenheit nicht nachgelassen, von seiner kaputten Karriere zu retten, was zu retten war. Und vor allem hatte er sich nie gestattet, verbittert zu werden, wie es sicher viele andere an seiner Stelle getan hätten. Phillip bewunderte diese Haltung sehr. Graham hatte christliche Nächstenliebe, wenn auch vergeblich, in einer großartigen Weise walten lassen, als die gefürchtete Cholera seinen Peiniger niederstreckte. Nach Kapitän Norths Tod am Abend vor dem Angriff der alliierten Flotte auf die Hafenanlagen von Sewastopol war Graham Zweiter Master geworden und hatte sich gut bewährt.

Jetzt, da er als diensttuender Master auf die *Huntress* versetzt worden war, hatte er dem Titel nach wieder den Status eines Leutnants, den er schon einmal in der Königlichen Marine innegehabt hatte. Bis vor kurzem waren Master Unteroffiziere gewesen, keine Offiziere mit Patent. Er war bereits Mitglied der Messe, ging seine Wache und war für die Navigation des Schiffes verantwortlich. Seltsamerweise überstieg in seinem Fall sein Sold den eines dienstälteren Leutnants. Offiziell war Ambrose Quinn als Erster Offizier sein Vorgesetzter, doch Phillip lächelte ohne Freude. Wenn Quinn auch nur ein Fünkchen Verstand hatte, würde er den neu ernannten Master der *Huntress* zufrieden lassen, es sei denn, der suchte absichtlich Streit – und das tat er wohl nicht. Er …

Wie Anthony Cochrane hob nun auch Graham Hazard sein Glas. »Auf die *Huntress*!« toastete er ruhig. »Und auf ihren Kommandanten. Meine herzlichsten Glückwünsche, Phillip, daß du jetzt ein eigenes Schiff führst. Nach dem, was ich davon sehen konnte, werden dich viele ältere Offiziere darum beneiden. Vater wird stolz auf dich sein. Du hast ihm doch sicher geschrieben, oder?«

»Ja«, versicherte ihm Phillip, »ich habe geschrieben. Aber er konnte noch gar nicht antworten. Mein Brief wurde in Warna aufgegeben, und seit November haben wir von zu Hause keine Post mehr bekommen.«

»Post aus England ist gerade gekommen, Sir«, warf Cochrane ein. »Unsere wurde heute nachmittag übergeben. Sie werden Ihre sicher morgen früh empfangen.«

»Hoffentlich noch früh genug.« Phillip sah von einem zum anderen. »Wir müssen morgen früh Anker auf gehen.«

Beide Gäste sahen ihn fragend an. »Nach Bulgarien?« wollte Graham ohne Begeisterung wissen. »Um wieder Türken nach Eupatoria zu schaffen?«

Phillip schüttelte den Kopf. »Nein, dem Himmel sei Dank, nach Odessa. Meine Befehle sind vertraulich, aber …« Er nannte so viele Einzelheiten, wie er verantworten konnte, über die Aufgabe, Patrouillen vor der felsigen, ungastlichen feindlichen Küste zu segeln. Graham würde, ja, müßte er später sehr viel mehr erzählen, denn an ihm hing der Erfolg des Auftrags von Admiral Lyons, der mit dem Satz endete, »wenn die Umstände die Ausführung ohne übermäßige Gefahr für Schiff und Mannschaft erlauben«.

Fast volle fünf Monate hatte Graham in russischen Kriegsgefangenenlagern – vor allem in Odessa – zugebracht. Er beherrschte etwas Russisch, jedenfalls für den Tagesgebrauch, und er kannte die Stadt gut, denn die Matrosen der *Tiger* durften sich während ihrer Gefangenschaft fast völlig frei bewegen. Ihn hatte seine Wunde ans Bett gefesselt, und von Odessa hatte er kaum mehr als die vier Wände des Zimmers gesehen, das der Gouverneur Baron von Osten-Sacken ihm zur Verfügung gestellt hatte. Graham und seine nicht verwundeten Schiffskameraden hatten die Lässigkeit ihrer Wächter ausgenutzt und die überraschende Gastfreundschaft der Einwohner in vollen Zügen genossen. Phillip erinnerte sich stirnrunzelnd daran, daß der Gouverneur auf irgendeinem Wege von Grahams Schicksal erfahren hatte. In der festen Überzeugung, daß Graham nicht ablehnen würde, war er zusammen mit einigen Fähnrichen der *Tiger*, auf die Kaiserliche Marineakademie geschickt worden, um dort in Seemannschaft examiniert zu werden. Anschließend hatte man ihm das Kommando über eine russische Fregatte in der Ostsee angeboten.

Phillip wußte, daß die russische Flotte bisher gerne heimatlose britische Offiziere in ihre Reihen übernommen hatte, so wie auch deutsche Offiziere ins Kaiserliche Heer. Viele hatten es zu hohen Rängen gebracht. Ihre Loyalität zu ihrem neuen Vaterland bezweifelte niemand. So erschien das Angebot also weder Baron Osten-Sacken noch dem Marinestab in St. Petersburg unter den gegebenen Umständen unehrenhaft – doch Graham hatte abgelehnt, was ewig für ihn sprechen würde. Er hatte sich entschieden, nach Odessa und in die britische Flotte zurückzukehren. Hätte er Kapitän Norths Reaktion vorausgesehen, hätte er sich möglicherweise anders entschieden.

Wenn North nicht gestorben wäre, hätte Graham vielleicht vor einem Kriegsgericht gestanden. Angeklagt wegen ... wie hatte North das formuliert: »Wegen verräterischen Umgangs mit dem Feind in Kriegszeiten« – so lautete der Kern der Anklage, die er formuliert hatte, und eine solche Anklage wäre äußerst schwer zu widerlegen gewesen. Denn auch den Matrosen der *Tiger* hatte man nicht glauben wollen, als sie die Gastgelage in Odessa zu ihren Ehren und die vollkommene Bewegungsfreiheit beschrieben, nachdem die Ärzte sie untersucht und frei von Krankheiten befunden hatten.

Auch Grahams Bericht über die Fürsorge, die der Gouverneur ihm angedeihen ließ und die ausgezeichnete medizinische Versorgung, war auf skeptische Gesichter gestoßen, erinnerte sich Phillip. Eigentlich kein Wunder, denn vor

Balaklava und auf den Inkermann-Höhen hatte der Kampf fürchterlich getobt. Im schweren Orkan hatten Scharfschützen der Kosaken auf schiffbrüchige Matrosen gefeuert, die halb ertrunken die Küste erreicht hatten und an Land krochen. Auf den blutgetränkten Schlachtfeldern aber auch in den Gräben vor Sewastopol hatten russische Soldaten, allen voran die Kosaken, unvorstellbar grausam auf alle eingeschlagen, die ihnen in die Hände gefallen waren. Für Verwundete gab es keine Gnade, und die Kosaken, die Mitleid nicht kannten, erwarteten selbst auch keines und versuchten sogar im Sterben noch die zu töten, die sich um sie kümmern wollten.

Die Haltung der Bürger von Odessa im Mai und Juni gegen die Gefangenen war sicher auf den Gouverneur zurückzuführen, einen humanen und sehr gebildeten Autokraten. Doch jetzt stand er selbst im Feld, befehligte die Reserven von Prinz Menschikoff, und darum war die Einstellung sicher verflogen, wie sich überhaupt die ganze Art des Krieges geändert hatte. Bitter wurde sich Phillip bewußt, was ihm das Leben beigebracht hatte, daß nämlich Furcht, Haß und Mißtrauen unweigerlich das Ergebnis jedes Krieges waren. Ritterlichkeit und Respekt für einen tapferen Gegner wichen primitiver Brutalität, einer Gleichgültigkeit allem Leiden gegenüber, wenn Männer töteten und getötet wurden. Und gemeinhin konnte niemand sich mehr ein Nachdenken erlauben, wenn die Alternative lautete, das Leben des Gegners zu nehmen oder das eigene zu verlieren.

Doch wenn der Krieg das Schlimmste im Menschen enthüllte, dann förderte er bei mancher Gelegenheit auf das Edelste und Beste in der menschlichen Seele zu Tage. *»Größere Liebe hat kein Mensch, als diese, daß ein Mann sein Leben für seine Freunde geben wird.«* Von dieser Liebe hatte er auch Beispiele kennengelernt. Phillip fühlte einen Kloß in der Kehle. Er mußte wieder an das Mädchen denken, das ihm in dem kleinen Zimmer im Gouverneurspalast in Odessa in seinen Fieberträumen erschienen war, und zwang sich, die Erinnerung an ihre Güte zu verdrängen. Angesichts der vertraulichen Anweisungen des Admirals wäre es Wahnsinn, jetzt an Mademoiselle Sophie zu denken. Und ebenso umklug wäre es, lange an Prinz Narishkin zu denken, ihren Mann und seinen Gegner, der so tapfer in der Schlacht von Balaklava gefallen war und jetzt mit den Toten der 93er begraben lag, gegen deren »dünne rote Linie, mit Stahl besetzt« er den Angriff der russischen Kavallerie geführt hatte.

Wieder sah Phillip seinen Bruder an, und der sagte leichthin, als habe er seine Gedanken laut geäußert: »Ich habe an meinen Aufenthalt in Odessa sehr angenehme Erinnerungen – wie du auch, und wahrscheinlich mit noch mehr Recht. Doch vielleicht sollte man auch unter Freunden darüber nicht so viel reden!«

»Vielleicht«, pflichtete Phillip ihm bei. »Ich hatte ähnliche Gedanken. Aber wir sind im Krieg und haben unsere Befehle ...« Er hob die Schultern. »Noch ein Glas Wein, Mr. Cochrane?«

»Nein, danke Sir.« Cochrane erhob sich. »Sie wollen sich jetzt sicher mit Ihrem Bruder besprechen. Wenn es also nichts gibt, das Sie mir sagen wollen, bitte ich um Erlaubnis, mich zurückziehen zu dürfen.«

»Es gibt nichts, das nicht bis morgen früh warten könnte«, versicherte Phillip ihm. »Also bis morgen, dann sollte auch Mr. Grey dabei sein, sagen Sie ihm das bitte.« Er begleitete Cochrane zur Tür der Kajüte und nahm dann wieder seinem Bruder gegenüber Platz. Sie sprachen über Dienstliches und über Grahams Antrag, sein Patent wieder zu bekommen, und danach ausführlich über die *Huntress*. Mit viel beruflichem Enthusiasmus besprachen sie technische Einzelheiten der Konstruktion und der Ausrüstung.

Als dieses Thema erschöpft war, sagte Graham unerwartet: »Ich habe einen Brief von unserem alten Herrn bekommen, Phillip, den zweiten in elfen Jahren. Ich muß dir nicht sagen, daß er meinen ›patriotischen und opferwilligen Entschluß‹ sehr lobt, wieder in die Königliche Marine einzutreten. Und er hat mich wie den verlorenen Sohn eingeladen, in den Schoß der Familie zurückzukehren, wenn dieser Krieg zu Ende gegangen ist. Falls er je zu Ende geht.«

»Hast du schon geantwortet?« fragte Phillip und gab sich Mühe, seine Stimme ganz ruhig klingen zu lassen.

Resigniert streckte Graham seine großen narbigen Hände aus: »Noch nicht. Der Brief kam ja erst heute mit der Post. Natürlich werde ich ihn beantworten. Und dann muß man sehen, ob ich seine Einladung annehmen kann.«

»Die hätte er nie ausgesprochen, wenn er dich nicht wirklich wiedersehen wollte – und zwar mit großer Ungeduld.«

»Wirklich? Lieber Gott, dafür hat er sich aber lange Zeit gelassen.« Die Beherrschung seiner Gefühle, die sonst sehr strikt war, lockerte sich ein bißchen, und er klang bitter, als er sagte: »Elf lange Jahre, Phillip! In jedem einzelnen habe ich gespürt, daß seine Ablehnung und seine Verachtung mich erreichten, wie weit weg ich auch immer war. Elf Jahre ohne ein Wort von ihm und ohne eine Möglichkeit, auch nur einen Satz zu meiner Verteidigung zu sagen. Das ist eine sehr lange Zeit, wie du weißt!«

»Wie auch immer. Du würdest ihn sehr verletzen, wenn du seine Geste nicht beantworten würdest, die er jetzt endlich gemacht hat«, betonte Phillip. »Er ist so alt geworden, daß man ihn kaum noch erkennt, und er ist sehr gebrechlich. O ja, ich habe auch nicht vergessen, wie er früher war, dieses eiskalte, eisenharte Auftreten – wie auf dem Achterdeck –, und wie er uns mit einem einzigen Blick erstarren lassen konnte. Und dann die Geschichten, die er über die Königliche Marine seiner Tage erzählte und über seine eigene Rolle. Man wußte, das würde man nie schaffen. Und doch hat er das immer von uns erwartet, denn wir hatten einen Namen, für den wir Ehre einlegen mußten. Er hat nie vergessen, mich daran zu erinnern. Ich gebe zu, es gab Zeiten, da hätte ich gern auf den Namen Hazard verzichtet.«

»Du auch?« Graham klang überrascht. »Warum das um Himmels willen? Du warst doch immer der Augapfel des alten Herrn, Phillip!«

»Wenn das der Fall gewesen sein sollte, hat er es mich nie spüren lassen.«

»Nein, natürlich nicht, so war er eben. Aber er muß sich jetzt wohl ändern, was dich angeht jedenfalls. Du hast dich gut geschlagen, mein lieber Phillip. Du hast dem Namen Ehre gemacht, du erfüllst seine Erwartungen.« Graham lächelte warm. »Du hast jetzt ein eigenes Kommando, und ich möchte wetten, das war das Ziel, das er dir gesetzt hat.«

»Ja«, bestätigte Phillip und lächelte ebenfalls. »Und damals schien es so schwer erreichbar wie all die anderen Ziele, die er mir steckte.«

Er erinnerte sich an das letzte Gespräch mit seinem Vater, und das Lächeln verschwand plötzlich. Der Admiral hatte darauf bestanden, ihn trotz einer fiebrigen Erkältung zum Bahnhof Paddington zu begleiten. Phillip erinnerte sich, daß er sich damals, als der alte Mann mit der Droschke davonfuhr, mit der sie beide gekommen waren, fragte, ob er ihn je wiedersehen würde. Er sah krank und angegriffen aus, eine kleine Gestalt, die allein hinter dem zuckelnden Pferd in der Kutsche saß.

»Wenn du ihn jetzt sehen könntest«, sagte er zu seinem Bruder, »würdest du erschrecken, wie sehr er sich verändert hat, glaub's mir. Er ist fast siebzig und hat sich nicht gut gehalten. Graham, er ist ein kranker, stolzer und ziemlich pathetischer alter Mann, der immer noch überholten Werten nachtrauert und in der Vergangenheit lebt, weil die Gegenwart ihm nichts bedeutet. Erinnerst du dich, als wir jung waren? Da schien er uns riesengroß. Und wie haben wir ihn gefürchtet!«

Graham nickte, seine Lippen zusammengepreßt. »In der Tat.«

»Er ist jetzt viel kleiner als ich«, sagte Phillip. »Und es gibt keinen Grund, sich vor ihm zu fürchten. Man muß Mitleid haben mit ihm. Es gibt ja immer noch Mutter und die Mädchen ... die wollen dich sehen, dich wieder in die Arme schließen. Mutter hat doch Verbindung zu dir gehalten? Sie hat dir doch weiter geschrieben, trotz des Befehls des alten Herrn.«

»Ja, das tat sie, die Gute. Aber woher weißt du, daß sie mir schrieb? Ich dachte, das war ein Geheimnis, das sie vor der ganzen Familie hatte.«

Phillip schlug seinem Bruder liebevoll auf die Schulter. »Sie hat es mir anvertraut, als ich abreiste. Wahrscheinlich hat sie erraten, was du vorhattest. Und sie hat vielleicht auch gehofft, daß wir uns hier draußen begegnen – was ja auch der Fall war, viel früher allerdings, als sie angenommen hatte.«

Dann sprachen sie mit Heimweh und Erinnerungen über Familienangelegenheiten und waren sich näher als seit Jahren. Als Graham gehen wollte, nahm Phillip ihm das Versprechen ab, auf seines Vaters Einladung zu antworten. Doch auf mehr wollte er sich nicht einlassen.

»Wenn Ihre Lordschaften mir mein Patent wiedergeben, sehe ich die Angelegenheit vielleicht in einem ganz anderen Licht. Doch ich sag' dir, Phillip, unter uns, das kann ich mir kaum vorstellen. Ich werde dem alten Herrn schreiben, ehe wir Anker auf gehen, weil du so darauf bestehst, aber ich werde mich weder auf ein klares Ja noch auf ein klares Nein festlegen. Bist du damit zufrieden? Mehr find ich nicht in meinem Herzen. Ich kann auch kein Mitleid mit ihm haben –, obwohl ich das wünschte.« Er lächelte kurz. »Ehe ich mich für heute abend verabschiede, möchte ich Mr.

Cochranes Gedanken wiederholen. Ich bin dankbar, daß du mich von der *Trojan* übernommen hast und mehr als zufrieden, daß ich auf deinem Schiff dienen kann. Ich verdanke dir viel, mein lieber Phillip, nicht nur eine Beförderung. Es gibt noch viel mehr, und ich fürchte, ich werde mich dafür nicht revanchieren können. Aber ...«

»Ich brauche dich«, versicherte ihm Phillip. »Wenn ich aus diesem Schiff irgend etwas machen soll, dann brauche ich dich, Cochrane und die beiden Fähnriche sehr dringend, glaub mir das. Ich wünschte, ich hätte auch Duncan Laidlaw hier bei mir, aber offensichtlich konnte Kapitän Crawford ihn nicht entbehren.«

»Kapitän Crawford hätte ihn dir überstellen können, wenn er gewollt hätte«, bemerkte Graham nur trocken. Mit der Hand auf der Türklinke hielt er an. Seine dunklen Augen funkelten. »Noch was, ehe ich gehe. Es handelt sich um deinen Ersten Offizier, Phillip. Ich nehme an, seinetwegen hast du um Laidlaw gebeten?«

Phillip nickte mit dem Kopf. »Absolut vertraulich, ja, er ist der Grund. Aber ich will lieber nichts mehr sagen. Du mußt mit ihm arbeiten und kannst dir deine eigene Meinung bilden. Etwas spricht sehr für ihn – er ist ein ausgezeichneter Seemann. Er war wie du Offizier in der Handelsmarine. Bist du ihm nicht begegnet, als du an Bord kamst?«

»Sagen wir's mal so, ich hab' ein Stück von ihm durch den heftigen Schneeschauer gesehen. Er war viel zu sehr mit dem unglücklichen Kadetten beschäftigt, als sich um eben ernannte rangniedrige Offziere zu kümmern.« Graham klang zynisch, aber aus seinem Blick schimmerte Besorgnis, als er jetzt seinen jüngeren Bruder ansah. »Ich dachte, ich erinnere mich an etwas, als ich ihn so sah, aber ich könnte mich natürlich irren. Du sagst, daß er aus der Handelsmarine stammt? Also könnte ich ihm durchaus begegnet sein. Wie heißt er denn, Phillip?«

»Quinn«, antwortete Phillip, »Ambrose Quinn.«

»Nein.« Graham schüttelte immer noch stirnrunzelnd den Kopf. »An den Namen erinnere ich mich nicht. Wahrscheinlich waren es meine Phantasie und das Schneetreiben. Es sei denn ... Sag mal, war er schon mal in der Königlichen Marine?«

»Ja, das war er. Er fuhr zehn Jahre vor dem Mast, fing als Schiffsjunge an und endete als erster Gehilfe des Bootsmanns. Ich weiß nicht, auf welchen Schiffen er gedient hat, ich habe ihn das nicht gefragt. Aber er hat mir ziemlich deutlich gemacht, daß er die Königliche Marine nicht liebt und schon gar nicht ihre Offiziere ...« Phillip hielt inne und fragte sich, ob er seinem Bruder erzählen sollte, was Fraser, der Arzt, zum Thema Quinn zu sagen hatte. Doch dann entschied er sich dagegen. Er hatte ja schließlich eben selbst Graham bedeutet, daß er loyal mit dem Ersten Offizier arbeiten müßte. Schon aus Fairneß gegenüber Quinn war es das Beste, wenn sein Bruder sich seine eigene Meinung bildete.

Graham stellte keine weiteren Fragen, schüttelte ihm nur die Hand. »Nein, ich kann ihn immer noch nicht einordnen. Was auch immer ... wir werden ein paar gemeinsame Erfahrungen haben. Gute Nacht, Phillip, schlaf gut. Ich habe den Kurs für Odessa ausgerechnet, wann immer du ihn brauchst.«

»Danke. Und gute Nacht, mein Lieber«, grüßte Phillip zurück. »Ich will Anker auf gehen, sobald wir Fraser und den jungen Lightfoot auf die *Trojan* übergesetzt haben.«

Doch am nächsten Morgen, gerade als der Arzt mit seinem Patienten und den drei Offizieren, die abgelöst worden waren, das Schiff verlassen hatte, wurden die Befehle geändert. Statt Position vor Odessa zu beziehen, sollte die *Huntress* wieder in die Baltchik-Bucht in Bulgarien segeln und sich dort bei Kapitän Wilnot von der *Sphinx* zu melden, um erneut türkische Truppen nach Eupatoria zu transportieren.

Phillip nahm diese Befehle mit seltsam gemischten Gefühlen entgegen. Aber er fühlte zu seiner Überraschung auch eine gewisse Erleichterung. In diesem harten Winter brachten Transporte zwar keine Freude, aber auch eine Patrouille vor der feindlichen Küste brachte nicht viel. Dennoch war alles besser, als hier unendlich lange bei der Flotte zu ankern. In Bulgarien gab es reichlich Kohlen, also konnte er seine Maschinen bei der Überfahrt einsetzen. Bei der Patrouille vor Odessa hätte er wenig Gelegenheit gefunden, neue Kohlen für die *Huntress* zu bunkern. Und dann hatten Graham und er ihre eigenen Gefühle in bezug auf die Moral ihrer geplanten Aufgabe. Als er sich Zeit nahm, die genau zu analysieren, fand er, sie waren der Hauptgrund für seine Erleichterung.

»Danke, Mr. Quinn«, bestätigte er freundlich, als der Erste Offizier meldete, das Schiff liege unter Dampf und könne sofort seine Reise beginnen. »Gehen Sie Anker auf und laufen Sie unter Maschine, bitte. Unser Ziel ist die Baltchik-Bucht, um wieder türkische Truppen zu übernehmen.«

»Aye, aye, Sir!« Mit Stentorstimme gab Quinn seine Befehle, und auf das Pfeifen hin sammelte sich die Wache auf ihren Stationen. In einem Schneeschauer verließ die *Huntress* ihren Liegeplatz und lief hinaus in die graue Wasserwüste, die sie von ihrem Ziel trennte.

3

Die nächsten vier Wochen verbrachte die *Huntress* damit, daß Schwarze Meer zu durchpflügen und türkische Truppen der Armee von Omar Pascha von der Donau nach Eupatoria zu transportieren. Ungefähr vierzigtausend Mann, Veteranen der Verteidigung Silistrias, warteten mit Pferden und Kanonen darauf, auf die Krim gebracht zu werden. Weil es nur wenige Dampfschiffe für den Transport gab, hatten diejenigen, die mit der Mammutaufgabe befaßt waren, kaum eine Pause, und die erschöpften Besatzungen fanden wenig Ruhe.

Das Wetter war fürchterlich, doch unabhängig von den Bedingungen, auf die sie während der zweihundert Meilen stießen, wurden die Schiffe zurückbeordert, um neue Truppen zu holen, manchmal von Baltchik, manchmal von Warna, kaum daß sie ihre Passagiere an Land gesetzt hatten. Die Franzosen waren damit befaßt, ihre eigenen Verstärkungen aus Marseilles zu holen und konnten daher nur zwei Dampffregatten ihren englischen Verbündeten als Hilfe zur Verfügung stellen. Da auch die Hohe Pforte nur wenige Transportschiffe besaß, die keine Segler waren, lag die Hauptlast dieser Aufgabe bei der britischen Flotte.

Phillip ärgerte sich zwar immer noch und immer wieder über die Probleme auf einem überfüllten Schiff, doch er war zufrieden mit der Mannschaft und wie sie sich entwickelte.

Er wußte, daß der Einfluß seiner vier verläßlichen und erfahrenen Offiziere von der *Trojan* zu einem großen Teil die Ursache für die Verbesserung von Haltung und Motivation aller Dienstgrade war. Am deutlichsten war dieser Einfluß am Ersten Offizier abzulesen.

Ambrose Quinn erschien ungewöhnlich flexibel und war willens, die Methoden wenigstens einmal auszuprobieren, die Phillip zur Durchsetzung der Disziplin empfahl. Er gab dieses Einverständnis nicht offen zu und äußerte weiterhin seine Verachtung für die Pflüger und Stoppelhopser – wie er sie beharrlich nannte –, die das Gros der Besatzung der *Huntress* bildeten. Aber er hörte auf, sie unbarmherzig anzutreiben, und die Männer reagierten darauf dankbar. Zwar fürchteten sie ihn immer noch wie früher und hatten Angst vor seiner scharfen Zunge, aber beides war nötig, wie Phillip sehr wohl erkannte, um die gewünschten Ergebnisse zu erzielen.

Während das überladene Schiff sich durch die Winterstürme kämpfte, gab es nur wenige Gelegenheiten, die Mannschaft an Segeln oder Kanonen zu exerzieren. Doch, nachdem sie die menschliche Fracht auf dem überfüllten Anleger von Eupatoria abgesetzt hatten, wurde auf der meist leeren Rückreise jede noch so kleine Besserung des Wetters für genau diese Aufgaben genutzt. Am Ende des düstersten Januars, den die meisten je erlebt hatten, konnten die Toppsgasten der *Huntress* Rahen aufriggen und abschlagen, sie konnten Segel setzen, reffen oder ganz wegstecken. Zwar brachen sie in bezug auf die Geschwindigkeit keine Rekorde, doch sie zeigten genügend Verbesserungen, um das Herz ihres Kommandanten zu erfreuen, der alles beobachtete.

Die Mannschaften an den Kanonen, die der geduldige Joseph O'Leary befehligte, der jetzt zum ersten Gehilfen des Stückmeisters befördert worden war, luden und rannten in endlosen Wiederholungen bei Tage und bei Nacht die zwölf

32-Pfünder auf dem Oberdeck aus und bewegten die Lafetten der zwei gewaltigen 68-Pfünder. Steuerbord wetteiferte mit Backbord, Kanone mit Kanone und jede Mannschaft, vom Richtschützen bis zum Pulveraffen, warf sich bis zum Umfallen ins Zeug, als Übung auf Übung folgte. Es war immer noch ein weiter Weg bis zu der Perfektion, die O'Leary verlangte, doch ständige Verbesserungen waren der Lohn für die Mühen. Fähnrich Robin Grey, der kürzlich zum diensttuenden Maat und Artillerieoffizier ernannt worden war, zeigte für das Zielen und Treffen jetzt genau so viel Begeisterung wie früher für das Senden und Empfangen von Nachrichten.

Erleichtert beobachtete Phillip, daß seine Rolle als schützender Mentor der Fähnriche sehr erfolgreich war. Leutnant Quinn ließ seine Untergebenen in Frieden, obwohl er sie in der Freiwache kritisch beobachtete und mehr als einmal sagte, daß jemand älterer als Grey die bessere Wahl gewesen wäre. Daß die jungen Herren seine Meinung immer weniger teilten, wurde deutlich durch ihr Auftreten und ihren Diensteifer und vor allem durch den Respekt, den sie dem siebzehnjährigen Grey zollten und der jedermann an Bord deutlich wurde.

Auch in den anderen Bereichen verbesserten sich die Standards langsam, wenn auch weniger deutlich, und im Schiff wuchs ein Geist von Kameradschaft. Die Männer der *Huntress* wurden stolz auf ihr Schiff, und man spürte, wie sie sich als Mannschaft zu fühlen begannen, ein sicheres Zeichen für ein gutes Schiff. Es gab natürlich immer noch ein paar Schwachstellen wie den Dritten Offizier, Luke Williamson, einen ziemlich charakterlosen Menschen, der zuvor Maat bei der Küstenwache gewesen war. Dann gab es den Kanonenunteroffizier, Mr. Vicars, zu alt und zu faul, um O'Leary von seinen Erfahrungen lernen zu lassen. Auch der Zahlmeister war alt und nachlässig im Dienst. Phillip hegte den Verdacht, daß die beiden letzteren Männer mehr dem Ersten Offizier zugehörig waren als ihm. Und dann natürlich Ambrose Quinn, der zwar allem Anschein nach mitarbeitete, doch eine unbekannte Größe blieb und auf dessen Loyalität man sich nie ganz verlassen konnte.

Im großen und ganzen war Phillip zufrieden. Doch er wartete ungeduldig auf die Ankunft neuer Truppenschiffe aus England und aus Malta, die für Anfang Februar angekündigt waren, um die *Huntress* und ihr Schwesterschiff von ihren jetzigen anstrengenden und ruhmlosen Aufgaben abzulösen. Es gab – immer noch unbestätigte – Gerüchte, daß die sardische Armee mit mehr als fünfzehntausend Mann sich den Verbündeten anschließen würde. Sie müßte man allerdings erst aus dem Mittelmeer holen. Wahrscheinlich wieder eine Aufgabe für die britische Schwarzmeerflotte.

Die Flotte selbst wurde verstärkt durch die Ankunft von weiteren Dampfern aus England: Die *Royal Albert*, ein neues Dampfschraubenschiff, einen Dreidecker mit 121 Kanonen, auf dem Admiral Lyons seine Flagge setzen wollte, sobald der Schaden am Ruder behoben sein würde. Und die *Hannibal* mit 91 Kanonen. Beide Schiffe waren schon agekommen, erfuhr Phillip. Die *St. Jean d'Acres* mit 101 Kanonen unter ihrem alten und von Phillip sehr verehrten Kommandanten Kapitän Keppel, und die *Princess Royal*, 91 Kaonen, unter Lord Clarence Paget, wurden Ende des Monats erwartet samt anderen neu erbauten und in Dienst gestellten Dampfschraubenfregatten und Schaluppen der *Huntress*- und der *Arrow*-Klasse, die der Admiral ausdrücklich verlangt hatte. Sie alle brachten Verstärkungen für die Truppen und Seesoldaten des britischen Expeditionsheeres auf dem Hochland vor Sewastopol. So blühte die Hoffnung auf einen frühen und erfolgreichen Angriff auf die Festung im Frühjahr wieder und auch auf einen Vorstoß der Marine ins Asowsche Meer.

Phillip sah, wie diese Information bei den hart bedrängten Offizieren in Eupatoria zustimmend aufgenommen wurde und die Situation sehr entspannte. Kapitän Hasting von der *Curaçao*, einer Dampfschraubenfregatte mit 31 Kanonen, der dienstälteste Kommandant und als solcher für die ganze Organisation des Hafens verantwortlich, begrüßte ihn mit einem müden, doch optimistischen Lächeln, als Phillip sich nach seiner Ankunft mit einem neuen Kontingent von Türken aus Bulgarien meldete.

»Ich nehme an, Sie haben die Neuigkeiten schon erfahren«, sagte der Kapitän und bat ihn, Platz zu nehmen. »Und sicherlich auch, daß Omar Pascha uns vor ein paar Wochen die Ehre seines Besuchs zuteil werden ließ. Er drückte seine Genugtuung aus über diesen Platz als Basis der ottomanischen Armee und reiste mit der *Inflexible* weiter nach Balaklava, um sich mit Lord Raglan und Marschall Canrobert zu beraten.« Als Phillip bestätigend nickte, fuhr er immer noch lächelnd fort: »Als Ergebnis können wir damit rechnen, daß der Pascha in baldiger Zukunft die gesamte Verantwortung für die Verteidigung Eupatorias übernehmen wird – dem Himmel sei Dank! Und Kommandanten wie Ihnen, Hazard, die so etwas wie ein Wunder vollbracht haben beim Transport der Arme übers Meer zu dieser Jahreszeit! Mir ist klar, daß niemand diese Aufgabe sehr liebt und daß ich Sie alle stärker antreiben mußte, als mir lieb ist, aber das Ende ist in Sicht. Für Sie gibt es einen kurzen Urlaub, über den Sie sich sicher freuen werden.«

»Einen Urlaub, Sir?« wiederholte Phillip überrascht. »Ich habe nicht darum gebeten!«

»Das weiß ich wohl. Dennoch ...« Kapitän Hastings wühlte sich durch den Stapel Papier auf seinem Tisch und fand schließlich das Päckchen, das er gesucht hatte. »Die *Banshee* hat Befehle für Sie gebracht. Sie sollen sich zur Kapitän Broke auf der *Gladiator* vor dem Hafen von Odessa begeben, wo er unter neutraler Flagge die Ankündigung übergeben muß, daß die Blockade der Schwarzmeerhäfen wieder beginnen wird. Der Admiral nahm an, daß Sie noch auf See sein könnten, wenn seine Befehle hier einträfen, oder daß ich Sie und Ihr Schiff nicht entbehren könnte, also überließ er mir die Entscheidung. Für die kurze Zeit kann ich die *Huntress* entbehren. Ich habe gerade zwei Dampftransportschiffe von Kapitän Christie bekommen, auf jedem ist Platz für neunhundert bis tausend Türken. Und dann hoffe ich noch auf die *Medway*, nachdem sie Ihre Truppen in Balaklava an Land gesetzt hat.« Neugierig sah er Phillip an. »Darum werde ich meine Entscheidung zu Ihren Gunsten fällen, Commander Hazard. Der Admiral hält die Aufgabe für wichtig. Sie können also sofort aufbrechen und zu Kapitän Brokes Geschwader stoßen, das aus der *Wrangler* besteht und der französischen Dampffregatte *Mogador* und natürlich aus der *Gladiator*. Ich soll Ihnen diese versiegelten Befehle übergeben und Ihnen sagen, daß Sie sie zu erledigen haben, vorausgesetzt Sie können sie ohne unnötiges Risiko für sich und Ihr Schiff ausführen oder ohne den Waffenstillstand zu brechen, an den Kapitän Broke gebunden sein wird. Habe ich mich verständlich ausgedrückt?«

»Ja, Sir«, antwortete Phillip, und er spürte wie sein Herz schneller schlug, als er sich an das Gespräch mit dem Admiral vor fast einem Monat erinnerte. »Es ist mir alles völlig klar.«

»Also, mir nicht«, beschwerte sich Kapitän Hastings. »Aber solange Sie verstehen, was man von Ihnen erwartet, ist es ohne Zweifel in Ordnung. Kapitän Brokes Geschwader ist letzte Nacht vom Ankerplatz der Flotte los gesegelt, also brechen Sie am besten sofort auf.« Er nannte kurz Einzelheiten, wann und wo Phillip auf die *Gladiator* treffen würde und streckte ihm seine Hand entgegen. »Also, au revoir und viel Glück, Commander Hazard. Und ich erwarte hier Ihren Bericht, sobald Sie können.«

»Aye, aye, Sir!« Phillip steckte die Befehle ein und schüttelte die dargebotene Hand. »Danke, Sir.«

Nachdenklich nahm er ein paar Augenblicke später im Heck seiner Gig Platz, und Fähnrich O'Haras Mannschaft ruderte ihn gekonnt auf die Reede zurück, wo die *Huntress* zwischen der *Valorious* und der *Viper* ankerte, in deren Gesellschaft sie am Vortage Baltchik verlassen hatte. Alle Schiffe lagen unter Dampf. Phillip fühlte sich einen Augenblick unsicher, als er an den niedrigen Stand der Kohle in seinen Bunkern dachte. Kohle wurde gewöhnlich in Warna oder Baltchik übernommen, und er hatte alles gebunkert, was das Schiff tragen konnte, als er seine Passagiere an Bord nahm. Doch die Reise war ruppig gewesen bei stetem Gegenwind. Ein längeres Warten vor Odessa würde seine Vorräte gefährlich niedrig werden lassen, aber ... Phillip seufzte. Sein Befehl lautete, sofort Anker auf zu gehen, und es war kaum Zeit genug, mit dem Geschwader von Kapitän Broke Kontakt aufzunehmen. Also hatte er keine Alternative.

»Gehen Sie Anker auf und laufen Sie unter Motor auf See, sobald meine Gig an Bord ist, Mr. Quinn«, sagte er dem Ersten Offizier. Als er auf dem Achterdeck seinen Bruder Graham entdeckte, rief er ihn zu sich. »Wir haben Befehl für Odessa. In zehn Minuten bin ich bei dir im Kartenhäuschen. Sei so gut, und zeichne den Kurs ein.«

Er sah Überraschung in Ambrose Quinns Gesicht, doch er bot keine Erklärung an und nach deutlichem Zögern bestätigte der Erste Offizier pflichtgemäß »Aye, aye, Sir!« und gab die Befehle weiter an den Bootsmannsmaat der Wache. Die Pfeife schrillte, als die Gig geschickt nach oben gehievt, eingeschwungen und gesichert wurde. Phillip lächelt zufrieden und ging nach unten, um sich umzuziehen und die versiegelten Befehle zu lesen.

Sein Bruder wartete schon im Kartenhäuschen, als Phillip zehn Minuten später eintrat, in Wachmantel und Seestiefeln.

»Da bist du also, Phillip.« Graham drehte sich mit dem Zirkel in der Hand um. Die Karten lagen ausgebreitet auf dem kleinen Tisch vor ihm. Als Master hatte er Anrecht auf eine Kabine auf dem Hauptdeck, die vor der Messe lag, aber nach altem Brauch schlief er auf See im Kartenhäuschen in einer Hängematte, die achtern aufgeriggt war. So konnte er sofort im Dienst sein, wenn ein Kurswechsel befohlen wurde oder die Position des Schiffes überprüft werden mußte. Er wollte sich von seinem Hocker erheben, aber Phillip bedeutete ihm, sitzen zu bleiben, trat näher und lehnte sich über seine Schulter, um die Karte zu studieren.

Sie besprachen das Treffen mit Kapitän Brokes Geschwader und einigten sich auf einen Kurs und eine Geschwindigkeit, die geeignet waren, die *Huntress* in einem genau bezeichneten Gebiet in Sichtweite der drei Fregatten zu bringen. Dann schickte er einen Fähnrich mit den nötigen Instruktionen an den wachhabenden Offizier. Graham legte sich in seine Hängematte und überließ seinem Bruder den Hocker.

Ganz nüchtern fragte er: »Phillip, gehe ich recht in der Annahme, daß der geheime Befehl jetzt vorliegt, den man uns anvertraute, ehe wir den Flottenankerplatz verließen?«

Phillip nickte mit dem Kopf. »Ja«, bestätigte er. »Der Admiral legte größten Wert darauf, aktuelle und genaue Informationen über die gegenwärtige Lage in Odessa zu bekommen. Ich glaube den Hauptgrund für diese Information zu kennen. Eine zweite Beschießung von See aus soll auf dringenden Wunsch von General Canrobert stattfinden – als Ouvertüre für die geplante Frühjahrsoffensive der alliierten Flotten.«

Graham runzelte die Stirn. »Sollen wir zu diesem Zweck etwa an Land spionieren?«

»Nein, zu einem ganz anderen Zweck«, antwortete Phillip. »Unser Admiral und Admiral Bruat sind überzeugt, daß eine solche Beschießung Verschwendung von Zeit und Kraft ist, womöglich auch von Leben. Sie glauben beide, daß Odessa nicht mehr viel zum Krieg beizutragen hat. Nicht mehr heißt, unsere Blockade des Hafens und der Bucht von Perekop kann das verhindern. Sie sind gemeinsam der Meinung, daß Nachschub und deutliche Verstärkungen Sewastopol von Taganrog und vom Don her erreichen, über das Asowsche Meer und von Arabat. Admiral Lyons ist überzeugt, daß das gesamte russische Heer auf der Krim auf diesen Verbindungswegen versorgt wird und sich ganz sicher fühlt. Die Straße von Kertsch ist der einzige Eingang ins Asowsche Meer. Sie ist gut geschützt durch starke Festungen und Landbatterien und auch durch versenkte Schiffe, ähnlich denjenigen, die uns vor dem Hafen von Sewastopol halten. Sehen wir's uns mal an ... Hast du Karten von der Gegend?«

»Ja, natürlich.« Graham erhob sich und suchte unter seinen ordentlich gestauten Karten. Die gewünschte breitete er sorgfältig aus. Phillip erläuterte alle Einzelheiten und rief sich dabei genau ins Gedächtnis zurück, was Jack Lyons ihm erklärt hatte.

»Beide Admiräle sind der festen Überzeugung, daß die Frühlingsoffensive gegen Kertsch gehen muß, wenn Sewastopol je genommen werden soll«, erklärte er. »Und zwar sofort, nachdem das Eis aus der Enge verschwunden ist und der Feind keinen Angriff erwartet. Jack Lyons hat bereits einen Plan erarbeitet für ein Dampfgeschwader, das ins Asowsche Meer einlaufen wird. Es besteht aus flach gehenden Fregatten und Kanonenbooten. Die sollen die Nachschublinien des Gegners kappen, hier, hier und hier ...« Sein Finger fuhr Verbindungslinien entlang, die über die flache Inlandsee auf die Küste der Krim zuliefen. »Er hat sogar einen Plan entwickelt, wie er die Barriere versenkter Schiffe in der Straße durch Unterwasserexplosionen wegräumen kann. Taucher, die darin geübt sind, sind aus England schon unterwegs zu uns, hat er mir gesagt.«

»Guter Gott!« Graham spitzte die Lippen zu einem unhörbaren Pfiff. »Die Pläne sind also schon so weit gediehen!«

»In der Tat«, bestätigte Phillip, »und zwar mit dem vollen Einverständnis Ihrer Lordschaften und wie erwartet auch mit dem Einverständnis von Lord Raglan. Er ist offenbar genau der gleichen Überzeugung wie unser Admiral. Sewastopol wird solange nicht fallen, solange es versorgt und verstärkt wird. Aber ich habe gehört, daß General Canrobert gegen diesen Plan ist, und zwar deswegen, meinte der Admiral, weil das keine reine Marineoperation sein würde. Er müßte sechs- oder sogar siebentausend Mann französische Truppen dafür abstellen, und er haßt es, sie auch nur für begrenzte Zeit von der Belagerung abzuziehen. Lord Raglan selbst könnte höchstens ein paar tausend Männer zur Verfügung stellen. Damit die Operation Erfolg hat, braucht man Truppen. Städte und Festungen müßten genommen und besetzt werden, Kanonen müßten entfernt, Munition und Vorräte vernichtet werden, beginnend in Kertsch und vielleicht sogar in Kaffa. Und dann ...«

»Ja, ich verstehe«, warf Graham ein. »General Canrobert argumentiert für Odessa als Ziel, nicht für Kertsch und das Asowsche Meer. Die Beschießung von Odessa wäre eine reine Marineoperation, für die man keine Truppen bräuchte. Richtig, Phillip?«

»Das scheint so zu sein. Am Tisch des Admirals wurde die Lage beim Dinner besprochen, als ich dabei war, vertraulich natürlich. Canroberts Einwände wurden nicht ganz so deutlich geäußert, aber ...« Phillip zuckte mit den Schultern, »zum Schluß meinte man, dies sei der einzige Einwand und den müßte man irgendwie ausräumen, wenn die Operation im Asowschen Meer Realität werden soll.«

»Dann wäre also ein aktueller und genauer Bericht über die gegenwärtige Lage in Odessa, von der du gerade sprachst, nötig, um seine Einwände zu entkräften«, schlug Graham nachdenklich vor. »Natürlich müßte dadurch die Annahme des Generals widerlegt und ihm bewiesen werden, daß Odessa nicht länger Versorgungsbasis für den Feind auf der Krim ist und ganz besonders nicht für Sewastopol!«

»Ja, so begreife ich die Lage.« Phillip rollte die Karte auf und schob sie in ihr Fach zurück.

»Das dürfte doch nicht schwer zu beweisen sein«, sagte sein Bruder sinnierend. »Als die Verbündeten Sewastopol nicht einnahmen, was sie nach dem Sieg an der Alma leicht hätten tun können, hatte Prinz Menschikoff alle seine Reserven in den Kampf geworfen und brauchte dringend Verstärkung. Die einzig verfügbaren Truppen lagen in Odessa, und darum schickte Baron Osten-Sacken alles, was er hatte, über die Enge von Perekop in einem langen und erschöpfenden Marsch und übernahm selber das Kommando. Als ich vor knapp drei Monaten Odessa verließ, war er noch nicht zurückgekehrt. Damals waren die einzigen Verteidiger eine Garnison aus Pensionären und Männern, die nicht in der Lage waren, nach Simpheropol oder Bakshi-Serai zu marschieren – außer natürlich den Kanonieren an den Hafenbatterien. Ich kann mir nicht vorstellen, daß die Lage sich geändert hat. Reisen sind in Rußland selbst zu besten Zeiten immer schwierig. Im Winter sind sie praktisch unmöglich. Aber wenn General Canrobert Beweise haben will, müssen wir sie herbeischaffen. Das ist unser Auftrag, nicht wahr?«

Phillip nickte, und Graham legte ihm die Hand auf den Arm. »Hast du schon entschieden, wie wir's angehen?«

»Als ich den Admiral verließ, habe ich ein bißchen darüber nachgedacht, aber dann wurden ja unsere Befehle geändert ...« Phillip schnitt eine Grimasse. »Und das war's dann. Ich gebe zu, ich habe mir nicht vorgestellt, daß wir auf ein Geschwader stoßen und bestimmt nicht auf eins, das unter einer Waffenstillstandsflagge segelt. Aber es gibt sicher einen Grund dafür. Die französische Fregatte soll uns wohl auf die Finger sehen, falls Canrobert unseren Bericht anzweifelt.« Er erläuterte die Aufgaben des Geschwaders und fuhr fort: »Ich nehme an, daß Kapitän Broke seine Meldung über die Wiederaufnahme der Blockade machen wird und sich dann zurückzieht, um auf eine Antwort durch neutrale Konsuln zu warten. Er liegt dann in Sichtweite des Hafens. Ich habe so etwas ähnliches schon mal auf der *Trojan* gemacht. Gewöhnlich schickt man ein Boot, zu dem nach einer gewissen Wartezeit ein Boot aus dem Hafen stößt. Der Waffenstillstand wird genauestens beachtet, von den Russen und von uns.«

»Aber von unserem Boot darf niemand an Land gehen?« fragte Graham.

»In der Regel nicht. Man bleibt im Boot, manchmal stundenlang.«

»Aber ich nehme doch an, daß wir an Land und in die Stadt gehen müssen, wenn wir dem Admiral einen genauen Bericht geben wollen, nicht wahr?« Graham lächelte. »Also sind du und ich die Landungstruppen. Hast du das vor, Phillip?«

»Ja, wenn du mitmachst.« Phillip sah auf, traf den Blick seines Bruders und brauchte auf eine Zusage nicht zu warten. »Du bist mit der Stadt vertraut und kannst genügend Russisch, um zu verstehen, was man so redet ... und wohl auch genug, um uns rauszureden, falls wir Probleme kriegen.«

»Das hoffe ich. Die Sprache ist nicht leicht, und so gut sprechen ich sie nicht!«

»Ein paar Stunden in der Stadt müßten reichen, wenn wir Augen und Ohren offen halten. Wir werden mehr erfahren als tagelange Beobachtungen vom Deck eines Schiffes bringen würden«, sagte Phillip.

Plötzlich erregte ihn die Aussicht sehr, heimlich in Odessa an Land zu gehen. Wieder einmal wanderten seine Gedanken zu Mademoiselle Sophie. Es war natürlich äußerst unwahrscheinlich, daß er auch nur einen Zipfel von ihr sehen würde, aber er würde durch Straßen gehen, durch die sie gegangen oder gefahren war, an Häusern vorbei, die ihr Blick gestreift hatte, und er würde Szenen, Menschen und Plätze sehen, die ihr vertraut waren. Er erinnerte sich daran, was Andrei Narishkin ihm gesagt hatte, und fragte sich, ob das Kind schon auf der Welt war, und wenn ja, ob es der Sohn war, den dieser sich so sehr gewünscht hatte. Ein Sohn würde alles erben, was sein Vater besessen hatte: seinen stolzen Titel, den großen, ausgedehnten steinernen Palast, der sich hinter einer hohen Wand am Rande der Stadt verbarg ... Phillip unterdrückte ein Seufzen.

Über das Kind würde er wahrscheinlich nie etwas hören, sagte er sich, und wie lange er auch in Odessa bleiben würde, die Prinzessin Narishkin würde von seiner Anwesenheit nichts erfahren. Selbst wenn er sie durch irgendein Wunder – aus der Ferne vielleicht über die Köpfe anderer hinweg – sehen würde, müßte er schweigen. Er würde weder ihren Namen nennen noch ihr zurufen dürfen, um keine unerwünschte Aufmerksamkeit auf sich zu lenken. Seine kurze Erregung versikkerte, als Graham, der sich jetzt über die Karte von Odessa und Umgebung beugte, einen Landeplatz zu finden suchte, nahe genug an der Stadt, um sie zu Fuß zu erreichen, und weit genug weg, damit die Landung eines Bootes nicht auffiel.

»Es ist da häufig neblig«, sagte er und rollte endlich die Karte auf. »Erinnere dich, wie dick der Nebel war, als die *Tiger* auf Grund lief. Ich hätte nie geglaubt, daß ich mir je wieder einen so dicken Nebel wünschen würde, aber der würde uns sicher helfen, unbeobachtet an Land zu gehen.« Er zögerte. »Sag mal, Phillip, muß Kapitän Broke über unseren Auftrag informiert werden?«

Phillip erhob sich und streckte seine verkrampften Glieder. »Ich nehme an, er ist informiert worden, aber ich weiß es erst, nachdem ich ihn getroffen habe.« Er unterdrückte ein Gähnen. »Ich nehme an, genauer können wir in diesem Augenblick nicht planen?«

»Ja, du hast recht«, bestätigte sein Bruder. »Nur noch eine Kleinigkeit, die den Ersten Offizier betrifft.«

Phillip hob erstaunt die Brauen. »Ach, den Ersten Offizier, Graham?«

»Wieviel soll er über unseren Auftrag wissen?«

»Nun ...« Phillip dachte über die Frage nach und runzelte die Stirn. »Darüber habe ich noch nicht nachgedacht«, gab er schließlich zu. »Er muß nur erfahren, glaube ich, daß wir an Land gehen und ein paar Stunden mit der Erkundung Odessas verbringen. Er wird in meiner Abwesenheit natürlich das Schiff führen, also muß er auch wissen, was wir tun. Mehr nicht, keine Gründe und keine Ziele. Immerhin sind meine Befehle vertraulich, und ich habe keine Erlaubnis, sie irgend jemanden zu eröffnen, dich ausgenommen. Ich werde Quinn informieren, wann er wohin ein Boot schicken soll, das uns aufnimmt, wenn die Sache klar ist ... aber ehe ich nicht mit Kapitän Broke gesprochen habe, werde ich nichts bekannt geben.«

Graham nickte zustimmend, bot aber keinen Kommentar an. Phillip sagte ihm gute Nacht, verließ das Kartenhäuschen und wanderte eine Stunde lang tief in Gedanken versunken über das Achterdeck. Es war eine kalte, bedeckte Nacht mit wenig Wind. Die Luft roch feucht und kalt, und er fragte sich, als er schließlich in seine eigene Kajüte zurückkehrte, ob Grahams Wunsch nach Nebel sich erfüllen würde. Nebel würde ihnen einerseits helfen, andererseits dachte Phillip an das Los der *Tiger* und hoffte, daß der nächste Tag hell und klar beginnen würde.

Seine Hoffnung erfüllte sich, und im wässrigen Sonnenlicht des frühen Nachmittags am 18. Januar trafen sie auf das Geschwader von Kapitän Broke. Doch kaum eine Stunde später, nachdem die drei Schiffe in Sicht gekommen waren, fiel dicker Nebel und hüllte sie alle ein. Auf ein Signal der breitbäuchigen Korvette *Gladiator*, einem Raddampfer, gingen alle vorsorglich vor Anker. Phillip ließ mit gleicher Sorgfalt die *Huntress* in Rufweite des Geschwaders ankern, an Backbord hinter der *Gladiator*. Der Einladung ihres Kommandanten folgend setzte er sofort über und wurde an der Relingspforte durch Kapitän Broke und Leutnant Risk begrüßt, der das Dampfschrauben-Kanonenboot *Wrangler* führte, und dessen Gig wenige Minuten vor ihm an den Steuerbordrüsten der *Gladiator* festgemacht hatte.

»Wir werden den Franzosen bald auffordern, zu uns zu kommen«, sagte er. »Aber ich denke, vorher halten wir besser einen rein britischen Kriegsrat, um zu entscheiden, wie wir Ihnen bei Ihrem Auftrag am besten helfen können, Commander Hazard. Ohne indes den Erfolg unserer eigenen Aufgabe zu gefährden.« Er machte eine einladende Geste, bat Platz zu nehmen, und sein Steward bot Wein und Zigarren an.

Der Kriegsrat, den er gut gelaunt leitete, begann sofort. Man vereinbarte, daß das Geschwader sich im Morgenlicht nähern würde, die *Huntress* würde dabei sein, die *Gladiator* mit der Waffenstillstandsflagge voraussegelnd. Sobald die Flagge bestätigt worden war, würde ein Boot, das Leutnant Risk führte, in Sichtweite der kaiserlichen Mole gerudert werden und dort auf das russische Boot warten, das man schicken wollte. Seinem Kommandanten würde man die Note mit der Ankündigung der Blockade formal überreichen. Das Geschwader würde dann gerade außerhalb der Reichweite der Küstenbatterien ankern und warten, bis auf die Note eine Antwort überbracht würde.

Kapitän Broke bemerkte: »Wenn dieser infernalische Nebel bleibt, werden die Kanoniere an Land hoffentlich trotzdem eine Waffenstillstandsflagge erkennen, ehe sie das Feuer auf uns eröffnen. Sie waren doch bei der Beschießung im letzten April dabei, Commander Hazard? Sagen Sie mir mal, wie gut die Leute in Odessa zielen können. So gut wie die Burschen in Kinburn?«

»Wir fanden, sie schossen zu genau. Wir fühlten uns überhaupt nicht wohl, Sir«, berichtete Phillip. »Aber wir haben es Ihnen auch, so gut wir konnten, zurückgegeben.«

»Dann wird uns Vorsicht gut anstehen«, antwortete sein Gastgeber und lachte traurig. »Bei Kinburn haben Sie mir den Vortoppmast weggeschossen. Meine Kanoniere sind ein bißchen außer Übung. Manchmal muß ich mich wirklich fragen, ob ich ein Kriegsschiff befehle oder einen Pferdetransporter. Aber zurück zu unserem Problem. Meiner Ansicht nach ist es ziemlich schwierig zu bestimmen, wieweit ich Sie bei der Ausführung Ihrer Befehle unterstüzen kann, ohne den Waffenstillstand zu gefährden, an den ich gebunden bin. Um ganz ehrlich zu sein, Hazard, ich ziehe es vor, so wenig wie möglich von Ihren Unternehmungen zu erfahren – jedenfalls offiziell. Aber wenn wir vertraulich darüber reden können, dann nehme ich an, daß Sie Ihre eigenen Vorbereitungen treffen, um an Land zu kommen.«

»Das habe ich vor«, versicherte ihm Phillip. »Meine Gig setzt uns an Land und holt uns wieder ab.«

»Ausgezeichnet«, lobte Kapitän Broke. »Dick Risk hatte schon Sorge, daß Sie mit ihm an Land übersetzen wollten. Aber Sie sprachen eben von uns ... Also werden Sie nicht allein sein?«

»Nein, Sir, ich nehme meinen Master mit, der fast fünf Monate in Odessa kriegsgefangen war.« Phillip erklärte kurz das Wichtigste, und wieder nickte der Kommandant der *Gladiator* zustimmend.

»Eine großartige Idee, Hazard. Wenn er Russisch spricht,

wird das Ihre Aufgabe sehr erleichtern. Leicht wird das alles aber auch dann nicht, fürchte ich, und gebe zu, daß ich Sie nicht beneide, mein Lieber Freund, bei meiner Seele nicht. Und sie, Risk? Was für Namen Sie beide haben! Risk und Hazard, Risiko und Glücksspiel. Wenn das nicht gute Vorzeichen sind! Aber man kann ja ohnehin seine Befehle nicht anzweifeln, sondern muß sie ausführen. Ich nehme mal an, der Admiral hat gute Gründe, Sie nach Odessa zu schicken, Commander Hazard! Wie lange planen Sie, dort zu bleiben – vertraulich behandelt?«

»Ich weiß nicht genau«, gab Phillip zu. »Es hängt alles von Umständen ab, die ich noch nicht einschätzen kann. Aber ein Tag gibt uns alle Zeit, die wir brauchen.«

»Und wenn nicht?« fragte Broke ganz direkt.

Phillip lächelte entschuldigend. »Dann fürchte ich, müssen wir länger bleiben, Sir. Was den Zeitrahmen angeht, habe ich meine Pläne flexibel gehalten. Wenn der Nebel steigt, müssen wir vor dem ersten Licht an Land sein, wenn er bleibt, können wir uns mehr Zeit lassen. Wir haben uns eine Stelle ausgesucht, die mir gut geeignet erscheint, eine kleine, geschützte Bucht westlich der Stadt...«

Er erklärte die Lage kurz, und beide Kommandanten hörten interessiert zu. Nur Risk sah sehr ernst aus, als habe er Sorgen. Phillip war sich nicht klar, ob dies seine Fürsorge um ihn und Graham war oder ob der Kommandant der *Wrangler* sich nur sorgte, Teil eines Vorhabens zu sein, das einen Waffenstillstand verletzte, den einzuhalten ihm sein Gewissen vorschrieb. Doch er äußerte offen keinen Widerspruch, folgte Kapitän Broke, dessen frühere Bedenken um die Sache offenbar ausgeräumt worden waren. Erst als Phillip den Teil des Planes erläuterte, wie er nach Ende seines Auftrags auf die *Huntress* zurückzukehren gedachte, stellte Risk eine Frage.

»Wann haben Sie vor, Ihr Boot kommen zu lassen, das Sie

aufnehmen soll, Sir?« fragte er schüchtern. »Sie können sich doch wohl kaum auf eine feste Zeit einlassen?«

Phillip drehte sich um und sah ihn an. »Nun, ich halte es für wahrscheinlich, daß wir wenigstens die Dunkelheit abwarten werden, um an unseren Landeplatz zurückzukehren, Mr. Risk. Auf den Nebel können wir ja wohl nicht setzen. Also werde ich meiner Gig befehlen, zwei Stunden nach Beginn der Dunkelheit vor der schmalen Bucht zu warten und zwar zehn bis fünfzehn Minuten lang. Wenn wir dann nicht auf ihn treffen, werde ich den Bootsführer instruieren, zum Schiff zurückzurudern und eine Stunde vor Sonnenaufgang wieder vor die Bucht zurückzukehren. Wieder soll er nur zehn bis fünfzehn Minuten warten, für den Fall, daß sie entdeckt werden. Sollten wir auch dieses zweite Treffen verpassen, wird das dritte am folgenden Abend stattfinden müssen.«

»Und wenn Sie das Boot auch dann verpassen, Sir?« beharrte Richard Risk.

Phillip zuckte mit den Schultern. »In dem Fall, Mr. Risk«, sagte er trocken, »fürchte ich, heißt das, daß wir dem Feind in die Hände gefallen sind. Es hätte also keinen Sinn, das Boot ein viertesmal kommen zu lassen. Wie ich schon sagte, ein Tag müßte uns für unsere Erkundungen reichen. Zwei Tage und eine Nacht wären mehr als ausreichend, aber wenn ich mir so viel Spielraum erlaube, dann müßte ich von zu vielen unvorhergesehenen Zwischenfällen ausgehen, die uns aufhalten könnten.«

»Weise Voraussicht, Commander Hazard«, meinte Kapitän Broke. »Wenn Sie erlauben, würde ich gern noch das eine oder andere dazu vorschlagen, das uns betrifft, damit mein Geschwader nicht offiziell den Waffenstllstand bricht. Also meine ich ...« er zögerte und schaute Phillip unglücklich an.

Phillip ahnte, was der andere sagen wollte und sagte ruhig: »Für den unwahrscheinlichen Fall, Sir, daß der Feind uns gefangennimmt, Sir, wären Sie gezwungen, uns zu verleugnen, das ist doch selbstverständlich.«

Erleichtert lächelte Kapitän Broke. »Das müßte ich«, stimmte er zu. »Ich bin froh, daß Sie das verstehen, Commander Hazard. Sie haben mir einen Stein vom Herzen genommen. Die anderen Vorschläge ... Morgen früh sollten Sie sich weit achteraus dem Hafen nähern ... Sie könnten ja Maschinenprobleme vortäuschen. Dann ankern Sie weit weg von meinem Geschader, so daß meine Waffenstillstandsflagge Sie jedenfalls technisch nicht mehr betrifft. Könnten Sie dem zustimmen?«

»Gewiß, Sir«, stimmte Phillip eifrig zu.

Leutnant Risk sah ihn besorgt an, schwieg aber.

»Danke«, bestätigte Kapitän Broke und hob sein Glas. »Ich trinke auf den Erfolg Ihres Auftrags und auf Ihre sichere Rückkehr, mein Freund. Unter uns – ich werde keinen Augenblick Ruhe und Frieden finden, ehe ich nicht weiß, daß Sie sicher auf Ihr Schiff zurückgekehrt sind. Aber«, er seufzte tief und schaute von einem zum anderen, »ich glaube, wir haben alles besprochen, oder?«

Beide Offiziere murmelten Zustimmung und erhoben sich. Risk sah immer noch unglücklich aus.

»Gut, also dann laden wir den Kommandanten seiner Kaiserlichen *Frégat de Bataille Mogador* zu uns an Bord ein, damit er nicht beleidigt ist. Er ist zwar sehr charmant, aber auch leicht eingeschnappt. Sie bleiben doch und essen mit uns, Hazard?«

Phillip zögerte, »Das ist sehr freundlich, Sir, aber ich habe noch viel zu erledigen und ...«

»Unsinn, mein lieber Freund«, unterbrach ihn Kapitän Broke. »Es wird Ihnen guttun, die morgigen Pläne für ein paar Stunden zu vergessen. Und dann habe ich für diese Gelegenheit eine Lammschulter, die meine Köche gerade vorbereiten. Die läßt man doch nicht verkommen, oder?«

Es wurde ein angenehmer Abend, den ein ungewöhnlich gutes Essen beendete. Der französische Kommandant war – anders als Kapitän Broke gesagt hatte – überhaupt nicht leicht zu beleidigen, sondern ein aufgeschlossener und unterhaltsamer Gast. In seiner weitherzigen Gesellschaft vergaß selbst Leutnant Risk seine Sorgen und begann, sich zu entspannen. Phillip hatte Spaß an allem, doch er verabschiedete sich bald, nachdem das Essen abgetragen war. Er wollte schnell an Bord seines Schiffes zurückkehren, um die letzten Vorbereitungen für den nächsten Morgen zu treffen. Wenn alles nach Plan ging, würde er früh wieder auf den Beinen sein müssen.

Als seine Gig den gewaltigen Schaufelradkasten der *Gladiator* hinter sich ließ, war ihm klar, daß er vor allem bald mit Quinn zu reden hatte. Er mußte sichergehen, daß der Erste Offizier seine Befehle voll begriffen hatte und daß es nichts gab, daß mißverstanden werden konnte. Ambrose Quinn würde das Schiff führen, während Phillip und Graham an Land waren. Auf seinen Schultern ruhte also die volle Verantwortung dafür, daß die Gig zur rechten Zeit am rechten Ort war, auch für den Fall ihres Rückrufs. Die Möglichkeit, daß Graham oder er selber Verdacht erregen würden oder durch einen aufmerksamen Posten angerufen werden könnten, war nicht wahrscheinlich, aber immerhin gegeben. Also mußte auch sie berücksichtigt werden, weil sie zu Verspätungen führen konnte.

Er könnte natürlich Anthony Cochrane das Kommando über die Gig geben und damit die Verantwortung teilen, aber … Phillip preßte die Lippen zusammen, als sein Schiff wie ein gespenstischer Schatten aus der Dunkelheit auftauchte. Das Ankerlicht und die Deckslampen waren durch den Nebel kaum zü erkennen. Wenn die Bedingungen morgen so schlecht sind wie heute, dachte er, und die Suche nach zwei Männern, die sich in einer Bucht versteckt hielten so schwierig wie die sprichwörtliche Suche nach der Nadel im Heuhaufen wird, dann wurde Cochranes Erfahrung unersetzlich – ebenso wie seine erwiesene Loyalität. Doch die Verantwortung für die Organisation ihrer Rückkehr lag sicherlich bei Quinn – und Phillip mußte fair sein und sie dem Mann auch belassen. Ihm nur nominell das Kommando zu übergeben, würde seine Autorität als Erster Offizier untergraben. Und das konnte Phillip, der sich erinnerte, wie Kapitän North sich ihm gegenüber bei ähnlicher Gelegenheit verhalten hatten, nicht einmal Ambrose Quinn antun.

Vom Deck rief ein Junge mit quietschender Stimme das näherkommende Boot an, und Fähnrich O'Hara antwortete knapp: »Aye, aye – *Huntress*!« Das Begrüßungskommando war angetreten, als Phillip sich an Deck schwang, und er sah zu seiner Überraschung auch den Ersten Offizier an der Relingspforte stehen, um den Kommandanten willkommen zu heißen. Mit der Hand an der Hutkrempe grüßte er.

»Guten Abend, Mr. Quinn«, sagte Phillip und erwiderte den Gruß, eine Höflichkeit, die sein Stellvertreter mit immer neuen Ausreden zumeist zu umgehen suchte. »Ich würde gern mit Ihnen in meiner Kabine sprechen, wenn Sie erlauben!«

»Aye, aye, Sir!« entgegnete Ambrose Quinn. »Wie es so geht, hätte auch ich gern mit Ihnen ein Wort gewechselt, Sir!«

In seinen Worten schwang ein leichter Tadel mit, sein Kommandant war ihm zu lange weg gewesen. Doch Phillip überhörte den Ton und bot weder Erklärung noch Entschuldigung. Bewußt schweigend ging er voran und schloß aus dem Gesichtsausdruck seines Begleiters, daß er ihm bestimmt nichts Gutes zu melden haben würde.

»Also, Mr. Quinn?« fragte er knapp, sobald sie allein waren. »Was liegt an?«

»Es handelt sich um Mr. Cochrane. Es tut mir leid, Ihnen

melden zu müssen, daß er krank geworden ist, Commander Hazard. Ernsthaft krank, meiner Meinung nach.«

»Ach! Und wann ist das passiert?« Wenn Cochrane wirklich ernstlich krank war, war eine Entscheidung bereits gefallen, stellte Phillip für sich fest.

»Vor etwa zwei Stunden«, antwortete Quinn. »Ich habe ihn an Deck abgelöst und mir fiel auf, daß er nicht wie sonst aussah. Ich riet ihm, seine Kajüte aufzusuchen, und habe den Assistenzarzt zu ihm geschickt.« Er beschrieb Anthony Cochranes Symptome mit einer Stimme, der jeder mitfühlende Ausdruck fehlte. »Der Arzt hat ihm ein Medikament gegeben, aber wie ich höre, hat das Mr. Cochrane nicht sehr geholfen.«

Es hätte mich gewundert, wenn es anders gewesen wäre, dachte Phillip angesichts der Jugend und der mangelnden Erfahrung des Arztes. Der arme Kerl gab sein Bestes, aber er hatte gerade sein erstes Ausbildungsjahr als Mediziner hinter sich und alles, was nicht dem Üblichen an medizinischen Notfällen entsprach, machte ihn hilflos und verwirrte ihn eher.

»Sie werden ihn sich doch ansehen, Sir?« schlug Quinn vor.

»Ja, natürlich, gleich. Aber ich habe zunächst ein paar Instruktionen für Sie wegen morgen, Mr. Quinn. Sie sind wichtig und verlangen Ihre volle Konzentration. Ich werde mit dem Master an Land übersetzen, und Sie werden in meiner Abwesenheit das Schiff führen.« Phillip stellte fest, daß der Mund des Ersten Offiziers sich vor Staunen öffnete. Aber Quinn sammelte sich schnell wieder und hörte aufmerksam und schweigend, was sein Kommandant ihm mitzuteilen hatte.

Phillip neigte den Kopf. »Das sind meine Befehle, Mr. Quinn, und ich habe keine Erlaubnis, sie Ihnen zu erläutern. Aber wie ich Ihnen schon gesagt habe, wird der Master mich begleiten und wie ich Ihnen auch schon sagte, erwarte ich meine Gig, die uns zwei Stunden nach Nachtbeginn an dem angegebenen Punkt aufnehmen soll, dem gleichen, an dem wir an Land gehen. Falls wir uns verpassen, muß der Bootsführer eine Stunde vor Sonnenaufgang zurückkehren. Haben Sie das ganz und gar verstanden?«

Ambrose Quinn sah ihn weiter so an, als könne er seinen eigenen Ohren nicht trauen, doch gelang es ihm, verwirrte Zustimmung auszudrücken. »Ihre Befehle sind deutlich genug«, gab er zu. »Und ich werde sie mit all meinen Kräften ausführen, Commander Hazard, aber ...« er unterbrach sich und schüttelte den Kopf, »ich frage mich natürlich, warum ... also ganz offen gesagt, Sir, das ist alles sehr verwirrend. Sagten Sie nicht, daß das Geschwader von Kapitän Broke unter einer Waffenstillstandsflagge segeln wird, um den Hafenbehörden eine Meldung zu überbringen?«

»Ja, das ist korrekt.«

»Kennt der Kapitän Ihre Absicht, an Land zu gehen, Sir?«

»Offiziell nicht, Mr. Quinn, und offiziell gehört die *Huntress* auch nicht zum Geschwader seines Kommandos.« Phillip sprach mit ruhiger Stimme und wiederholte die präzisen Anweisungen für die *Huntress*, weit entfernt von den anderen Schiffen zu ankern, wie Kapitän Broke es verlangt hatte. »Während meiner Abwesenheit werden Sie keinesfalls mit Kapitän Broke Verbindung aufnehmen, weder durch Signale noch mit Booten«, fügte er hinzu. »Und natürlich wird es keine Signale von Ihnen an mich an Land geben. Sie ...«

»Keine, Sir?« fragte Quinn mit gerunzelter Stirn. »Nicht einmal bei einem Notfall? Ich habe verstanden, was ich zu tun habe, wenn die Gig Sie auch beim dritten Versuch nicht getroffen haben sollte, aber ...«

»In dem Fall«, unterbrach Phillip ihn ungeduldig, »muß die Gig sofort zum Schiff zurückkehren. Vielleicht verabreden Sie ein Rückrufsignal – einen Ton aus der Dampfsirene, besser als eine Rakete, die vielleicht zuviel Aufmerksamkeit erregt.«

»Sehr gut, Sir, aber ...« noch immer runzelte der Erste Offizier die Stirn, »ich möchte noch eine Möglichkeit erwähnen, die Sie vielleicht übersehen haben. Nehmen wir mal an, Sie wollen der Gig aus irgendeinem Grund mitteilen, sich nicht dem Land zu nähern, damit sie ... also, damit sie nicht entdeckt wird oder damit Kosakenpatrouillen nicht auf sie schießen oder der Feind sie gefangennimmt. Müßte man für diesen Fall nicht auch ein Signal verabreden?«

Er hatte recht, das mußte Phillip zugeben. Diese Möglichkeit hatte er in der Tat übersehen, und Quinns Vorschlag war sehr vernünftig. Aber wie sollten Graham und er aus der Bucht heraus ein Signal geben? Eine Rakete würde man von Land und von See her entdecken, selbst wenn der Nebel sich nicht hob. Er zögerte, überhaupt Signalmittel mitzunehmen und würde auch seinen Bruder darum nicht bitten. Sie wären eine schwere Last, und falls man die Brüder anhielt und durchsuchte, wäre natürlich so etwas schwer zu erklären. Dasselbe wäre bei einer Laterne der Fall, doch die könnte man leichter an Land bringen und irgendwo in der Nähe für den Notfall verstecken. Er wandte sich Quinn zu und wollte ihm gerade sagen, daß er eine Laterne mitnehmen würde, als die Stirn des Ersten Offiziers sich glättete.

»Ein Feuer, Sir, ein kleines Feuer aus Zweigen und Treibgut, könnte doch den Zweck erfüllen, denke ich mir. Wenn Sie nicht wollen, daß die Gig in die Bucht einläuft oder die Mannschaft an Land geht, dann würden Sie zur Warnung das Feuer anzünden, nicht wahr?«

»Danke, Mr. Quinn, eine blendende Idee«, stimmte Phillip zu. »Genau, das werden wir machen.« Er zog die Uhr und sah, wie schnell die Zeit vergangen war. Er mußte Cochrane aufsuchen und wollte mit seinem Bruder reden, ehe der sich hinlegte. Er sah Quinn an. »Ist noch etwas?«

Ambrose Quinn zögerte, sah auf seine Stiefelspitzen und vermied den Blick seines Kommandanten, als sei er sich nicht ganz einig, doch dann schaute er hoch und sein schweres Gesicht war noch röter als sonst. »Es gibt noch was, Sir«, antwortete er mit unerwarteter Gelassenheit. »Ich habe einen Wunsch.«

»Einen Wunsch?« Phillip sah ihn an und verbarg nur mit Mühe seine Ungeduld. »Und wie lautet der bitte?«

Der Erste Offizier richtete sich ganz auf. Seine dunklen Augen zeigten etwas, was nicht zu deuten war. »Ich wäre Ihnen sehr verbunden, Sir, wenn Sie die Befehle, die Sie mir gegeben haben, ins Logbuch eintragen würden, Commander Hazard, bitte.«

Phillip starrte ihn an und begriff nicht. »Sie bitten mich, die Befehle aufzuschreiben? Warum um Himmels willen? Sie haben sie doch richtig verstanden?«

»Ich verstehe sie ganz und gar, Sir, aber Ihre Instruktionen sind irgendwie ganz ungewöhnlich, nicht wahr? Ich muß an meine eigene Stellung denken, Sir, und Sie legen viel Verantwortung auf meine Schultern. Ich will es ja nicht mal denken, Sir, aber es könnte die Lage eintreten, in der ich – Ihren Befehlen folgend – Sie und den Master des Schiffes in Feindesland zurücklassen muß. Das könnte doch sein, Sir?«

Phillip mußte sich eingestehen, daß das eintreten könnte. Und als er so seinem Ersten Offizier gegenüberstand und ihn ansah, spürte er plötzlich eiskalte Furcht. Er hatte noch nie Ambrose Quinn völlig vertraut, war sich seiner Loyalität nie ganz sicher gewesen, und jetzt kamen all die Vorbehalte, die er diesem Mann gegenüber hegte, zu ihm zurück. Er erinnerte sich an das, was Fraser, der Arzt, ihm über den Untersuchungsausschuß zum Tode von Commander Willoughby gesagt hatte – mit den sich widersprechenden Angaben, die Quinn gemacht hatte. Alle seine Zweifel plagten ihn jetzt aufs neue. Und der Unfall des Kadetten Lightfoot ... Phillip preßte die Lippen zusammen. Wenn er seinen Wunsch erfüllte und die Befehle eintrug, würde er Quinn eine Waffe in die Hand drücken, mit denen der Erste Offizier ihn skrupellos töten konnte, wenn er wollte ... Phillip konnte nicht feststellen, was den anderen bewegte. Der Gesichtsausdruck verriet nichts, in seinen Augen flackerte vielleicht nur eine Spur Unsicherheit ... Aber der junge Leutnant Risk war auch unsicher erschienen, erinnerte sich Phillip, als er ihm seinen Plan erläuterte. Unter diesen Umständen war Quinns Wunsch eigentlich nicht unvernünftig, und so sehr Phillip sich auch den Kopf zermarterte, konnte er keine Ausrede finden, mit der er ablehnen konnte.

Wenn nur Anthony Cochrane in diesem unpassendsten Augenblick nicht gerade krank geworden wäre! Natürlich hatte er noch Grey und O'Hara, aber sie waren zu jung und hatten zu niedrige Ränge. Schon um ihrer selbst willen durfte er keinem der beiden seine Zweifel mitteilen, das war ihm klar, und Graham würde mit ihm an Land sein. So blieb also nur Cochrane, falls er noch einigermaßen klar war und ...

»Commander Hazard«, Quinn unterbrach mit seiner tiefen, rauhen Stimme seine Gedanken sehr unangenehm, »soll ich Ihnen das Logbuch holen, Sir?«

»Lassen Sie es hier«, antwortete Phillip kurz, »ich erledige die Sache, nachdem ich mit Mr. Cochrane gesprochen habe. Und dann möchte ich auch den Assistenzarzt noch sprechen. Seien Sie so freundlich und bitten Sie ihn zu mir. Danke, Mr. Quinn, das wäre alles. Machen Sie weiter.«

»Aye, aye, Sir!« Der Erste Offizier lächelte sichtlich zufrieden. Er ging zur Tür der Kajüte, öffnete sie, um Phillip vorangehen zu lassen und sagte dann, als sei ihm noch etwas eingefallen, wie plaudernd: »Ich habe gehört, Sir, Sie und der Master waren vor ein paar Monaten Kriegsgefangene in Odessa. Sie wurden von der *Tiger* gefangengenommen, nicht wahr?«

Die Frage, wie nebenher gestellt, kam doch so unerwartet, daß Phillip auf der Stelle stehen blieb und eine Bemerkung unterdrücken mußte. »Ja«, sagte er dann nur nach einer kaum wahrnehmbaren Pause. »Das stimmt, Mr. Quinn. Warum fragen Sie? Ich meine, das dürfte Sie eigentlich nichts angehen.« Er sprach brüsk und ungeduldig, weil er es eilig hatte, aber Ambrose Quinn ließ sich nicht abschütteln.

»Vielleicht nicht, Commander Hazard«, sagte er. »Ich war neugierig, verstehen Sie.« Der Posten vor der Tür nahm zakkig Haltung an, und Quinn fuhr unbeeindruckt fort und machte keinen Versuch, die Stimme zu dämpfen: »Ist es wahr, daß Ihrem Bruder, dem Master, das Kommando über eine russische Fregatte angeboten wurde, falls er in den Dienst des Feindes getreten wäre? Ich habe solche Gerüchte gehört, und deswegen wurde ich neugierig ... obwohl ich mir eigentlich nicht vorstellen kann, daß Wahrheit dahinter steckt.«

Phillip spürte, wie er bleich wurde. Woher in Gottes Namen hatte Ambrose Quinn Wind von der Sache bekommen? Doch wohl nicht von Graham? Von Cochrane? Nein, von Anthony Cochrane bestimmt nicht, der außer auf Wache, kaum ein Wort mit ihm wechselte. Die beiden Fähnriche wußten von der ganzen Sache nichts, also konnte Quinn es von ihnen nicht haben. Aber von wem dann? Er spürte kalte Wut aufsteigen, hielt sich mit Mühe unter Kontrolle und antwortete eisig: »Ich empfehle, daß Sie Ihre Neugier zügeln, Mr. Quinn – oder sie nur auf Ihre eigenen Angelegenheiten beschränken. Machen Sie bitte weiter.«

Der Erste Offizier schien seine Entlassung in Frage stellen zu wollen. Aber da erschien zu Phillips Erleichterung der Arzt, und er sagte nur: »Aye, aye, Sir!« Phillip trat in den schmalen Gang, und der junge Assistenzarzt drückte sich irgendwie erregt an ihm vorbei.

»Sir, kann ich mit Ihnen reden?« Der junge Mann wandte

sich drängend an Phillip. Er hielt ein schweres medizinisches Buch gegen seine dünne Brust gepreßt, und seine Hände zitterten deutlich, als fürchte er, es fallen zu lassen. Phillip nahm es ihm ab und trat in die Kajüte.

Dann schloß er die Tür und drückte den jungen Mann auf einen Stuhl. »Also, Mr. Brown, um was geht es?« forderte er ihn ruhig zum Reden auf.

Der junge Brown schluckte schwer. Dann riß er sich zusammen und versuchte, ruhig zu sprechen. »Es geht um Leutnant Cochrane, Sir. Ich habe die Symptome in diesem Buch nachgeschlagen und alle gefunden.« Er deutete auf den schweren Band, den Phillip immer noch hielt. »Ich habe die Seite bezeichnet, Sir. Ich fürchte, er hat die Cholera.« Wieder schluckte er. Mit angstvollen Blicken sah er seinen Kommandanten an. »Wenn Sie den Abschnitt lesen, Sir, den ich angemerkt habe, dann werden Sie sehen, daß ich recht habe.«

»Das muß ich nicht nachlesen, Mr. Brown«, antwortete ihm Phillip gelassen. »Ich habe viele Cholerafälle gesehen. Und Sie, wie viele haben Sie gesehen?«

Brown sah ihn unsicher an. »Ich? Keinen, Sir. Aber ...«

»Ich war gerade auf dem Weg zu Mr. Cochrane, als Sie sich meldeten. Also lassen Sie uns zusammen hingehen, wenn Sie sich beruhigt haben. Hier ...« Phillip goß Whisky in ein Glas und drückte es dem jungen Mann in die zitternden Hände. »Trinken Sie das, mein Junge.«

»Danke, Sir.« Brown leerte das Glas in einem Zug, und langsam kehrte Farbe in sein bleiches Gesicht mit der Brille zurück. »Tut mir leid, Sir. Ich habe irgendwie die Fassung verloren. Erst dachte ich, Mr. Cochrane habe irgendwas gegessen, was ihm nicht bekommen ist, aber als ich meine Bücher zu Rate zog, da ...« er schauderte, »ich war mir eben nicht sicher.«

»Sie werden vielleicht entdecken, daß Ihre erste Diagnose

korrekt war«, sagte Phillip ihm sanft. »Aber jetzt gehen wir mal hin und sehen ihn uns an, wenn Sie soweit sind, Mr. Brown!«

»Ich binsoweit, Sir.« Der junge Mann erhob sich, wurde wieder rot und nahm sich dann sichtlich zusammen.

Phillip ging ohne Hast voraus und gab sich dabei Mühe, äußerlich ganz ruhig zu wirken.

Im Heer und in der Marinebrigade an Land gab es immer wieder Fälle von Cholera, wie Phillip wußte, aber seit Beginn des Winters war die Flotte von der Seuche relativ verschont geblieben. Natürlich war es möglich, daß die Krankheit mit dem einen oder anderen der Passagiere an Bord gekommen war, doch seines Wissens war seit längerem kein Fall von Cholera mehr unter den türkischen Truppen gemeldet worden. Natürlich war Warna mit den umgebenden Sümpfen im letzten Jahr eine ständige Ansteckungsquelle gewesen, als die britischen und französischen Truppen dort Quartier bezogen hatten. Aus Warna hatten sie auch die letzte Ladung Türken geholt, aber ... Phillip unterdrückte ein Seufzen. Lieber Gott, betete er leise, hoffentlich ist's beim jungen Brown nur Panik. Und dann stieß er die Tür zu Cochranes Kajüte auf, bückte sich und trat ein.

Anthony Cochrane sah ein bißchen bleich, aber sonst unverändert aus, als er aus seiner Koje aufblickte. Phillip entdeckte zu seiner Erleichterung, daß O'Leary sich um den Kranken kümmerte. Er grinste mit seiner Zahnlücke wie immer freundlich und beruhigend. Als er dann den Assistenzarzt hinter dem Rücken des Kommandanten entdeckte, trat der große Ire mit einem gemurmelten »Entschuldigung, Sir« auf den jungen Mann mit den rosa Wangen zu, der sich vergeblich im Hintergrund zu halten suchte.

»Sie werden hoffentlich den Kapitän nicht mit ihren komischen Vorstellungen belästigt haben, oder? Ich habe Ihnen doch gesagt, daß Mr. Cochrane in ein paar Tagen wieder quietschfidel sein wird. Dafür könnte ich Ihnen eine langen. Sie …«

»Das reicht, O'Leary«, sagte Phillip warnend. »Mr. Brown tut sein Bestes.«

»Aye, aye, Sir!« bestätigte O'Leary zögernd. Dann kam sein Grinsen wieder. »Ich mach' aus ihm noch mal einen Arzt, bei Gott, Sir, aber er muß noch verdammt viel lernen!«

Phillip unterdrückte ein Grinsen. »Ich glaube Ihnen, O'Leary.« Dann entließ er den Arzt und dessen selbst ernannten Lehrer und wandte sich an Anthony Cochrane. »Wie geht es Ihnen?«

»Viel besser, Sir. Es muß das Bruststück gewesen sein beim Abendessen, das war wahrscheinlich schon hinüber. Morgen bin ich wieder auf den Beinen und mache Dienst, ehrlich, wenn Sie mich brauchen, Sir!«

Der junge Wachoffizier versuchte sich aufzurichten, aber Phillip legte ihm die Hand auf die Schulter und schüttelte den Kopf. »Sie bleiben, wo Sie sind, Mr. Cochrane – solange bis der verläßlichere Ihrer ärztlichen Berater Sie für gesund erklärt. Morgen werden wir es ohne Sie schaffen.«

Das werden wir müssen, dachte er mit Bedauern, als er nach ein paar höflichen Worten Cochrane verließ, der schlafen sollte, und sich etwas bedrückt zur Messe begab, um seinen Bruder zu suchen. Die Krankheit hatte Cochrane ziemlich geschwächt. Er war ganz offensichtlich nicht in der Lage, in den nächsten vierundzwanzig Stunden Dienst zu tun oder gar die schwierige Aufgabe des Bootsführers zu übernehmen. Das war schlimm, und man konnte nichts tun … außer sich auf Ambrose Quinn zu verlassen. Nach den letzten Bemerkungen seines Stellvertreters fühlte Phillip sich allerdings weniger geneigt, ihm zu trauen, doch er hatte keine andere Möglichkeit – oder seinem müden Hirn fiel keine ein.

Vor der Tür der Messe hielt er an und überlegte noch einmal, was Quinn ihm seinen Bruder betreffend gesagt und angedeutet hatte. Vielleicht war es das Beste, nichts davon vor Graham zu erwähnen, jedenfalls nicht vor morgen abend ... wenn sie, mit Gottes Hilfe, ihren Auftrag erfüllt haben würden. Der Erste Offizier hatte alles gewußt, woher auch immer, doch was er daraus machte, war ein Verdrehen der Wahrheit. Graham könnte die darin versteckte Anklage weder zurückweisen noch als Lüge entlarven, wie sehr sie ihm auch schaden mochte.

Phillip schloß die Augen, spürte Kopfschmerz und war sich klar, daß er schon viel zu lange ohne Schlaf auf den Beinen war, denn er war bereits vor Sonnenaufgang an Deck gekommen. Er griff sich an den Kopf und stützte sich dann gegen die Wand und fühlte sich plötzlich so schwach, wie Anthony Cochrane vor ein paar Minuten ausgesehen hatte. Wie lange würde es dauern, fragte er sich, bis Quinn die Geschichte ausgegraben haben würde, die seine eigene kurze Beziehung mit der russischen Großfürstin betraf, einer Nichte des Zaren? Die *Trojan* hatte sie vor der Kriegserklärung aus England mitgenommen, und er selbst hatte sie in aller Unschuld unter dem Decknamen Mademoiselle Sophie kennengelernt. Und wie lange würde sein Stellvertreter brauchen, um zu erraten, daß Mademoiselle Sophie mit hoher Wahrscheinlichkeit in Odessa weilte?

Phillip seufzte, rieb sich die Müdigkeit aus den Augen und stieß die Tür zur Messe auf. Als er eintrat, verstummten die Stimmen sofort, und die drei Anwesenden – Ambrose Quinn, Mr. Haynes, der korpulente weißhaarige Zahlmeister, und Luke Williamson, der Dritte Offizier – erhoben sich unterschiedlich schnell. Graham saß nicht bei Ihnen, und Quinn, der die Frage ahnte, sagte schnell: »Wenn Sie den Master suchen, Sir, der hat die Wache von Mr. Cochrane und ...«

Phillip unterbrach ihn. »Lösen Sie ihn an Deck ab, bitte,

Mr. Williamson«, ordnete er an. »Und bitten Sie den Master in meine Kajüte.«

»Aye, aye, Sir!« Leutnant Williamsons schmales rosa Gesicht wurde überraschend dunkelrot, und er gehorchte mit großer Eile, offensichtlich froh, verschwinden zu können. Er sah irgendwie schuldbewußt aus, als habe sein Kommandant ihn mit seinem überraschenden Eintreten dabei ertappt, als er gerade irgend etwas Schlimmes unternehmen wollte. Ambrose Quinn machte dagegen einen rundum zufriedenen Eindruck. Er lächelte erst den Zahlmeister an und sagte dann freundlich: »Ich habe das Logbuch in Ihre Kajüte gelegt, Sir, wie Sie wünschten. Ich nehme an, Sie werden alles in Ordnung finden.«

»Danke, Mr. Quinn«, antwortete Phillip. »Ich gehe davon aus. Bitte nehmen Sie wieder Platz, meine Herren!«

Sie taten es lächelnd, und Phillip verließ sie, doch wie eine Alarmglocke klang etwas unbewußt in seinem Kopf...

4

In der Nacht hob sich der Nebel, und um fünf Glasen in der Mittelwache wurde Phillip informiert, daß die *Gladiator* dem Geschwader befohlen hatte, unter Maschinen nach Odessa auszulaufen. Lange vor der Morgendämmerung drehten alle Schiffe vor dem Hafen in den Wind und gingen vor Anker, die *Huntress* eine ganze Meile achteraus und an Steuerbord hinter ihren Begleitern. Decklampen und Ankerlicht waren gelöscht.

Es wehte kein Wind, und die Luft war kalt und feucht. Vielleicht, hoffte Phillip, wird wieder Nebel fallen – es roch nach Frost, und Mond und Sterne waren seit vielen Stunden nicht mehr zu sehen. Doch er entschied, weil er auf den Nebel nicht zählen konnte, sofort an Land zu gehen. Er wandte sich an Graham und schlug leise vor: »Wir sollten aufbrechen und die Sache hinter uns bringen, was meinst du?«

Sein Bruder zog den Bootsmantel fester um sich und nickte. »Ich bin soweit, wenn du's bist. Es wird ein langer Pull werden, also hat es keinen Zweck, länger zu warten.« Sein Gesicht war im Zwielicht bleich, und er sah so aus, als fröre er etwas in der Kälte. Aber er sagte nichts weiter, und Phillip, der ihn unsicher anschaute, unterdrückte die Frage, ob er sich wohl fühle. Selbst wenn er sich nicht gut fühlte, würde er das niemals zugeben, soviel wußte Phillip von seinem Bruder.

»Lassen Sie meine Gig kommen, Mr. Quinn, wenn ich bitten darf«, instruierte er den Ersten Offizier, der die Wache hatte. »Sie haben dafür gesorgt, daß Mr. O'Hara einen Kompaß hat, nicht wahr?«

»Ja, Sir. Alles, was Sie verlangt haben, liegt in der Gig, auch eine Signallampe, und die Männer sind, wie Sie befohlen haben, mit Entermessern bewaffnet.«

»Danke, Mr. Quinn«, gab Phillip zurück. Sie traten an die Relingspforte und wurden dabei noch ganz offiziell vom Ersten Offizier begleitet. Er tat sehr dienstlich und sehr effizient und brüllte dem Fähnrich O'Hara und der Bootsmannschaft Befehle zu, welche sie schweigend und mit steinernen Gesichtern zur Kenntnis nahmen. Ein Kommando war natürlich nicht angetreten, aber als Phillip ins Boot stieg, stand Quinn mit dem Hut in der Hand da, sah ihn unerwartet ernst an und wünschte ihm Gottes Segen.

»Zugleich, Männer!« befahl O'Hara heiser flüsternd, als der Bugmann den Haken löste und seinen Platz eingenommen hatte. Eine ziemlich starke Strömung stand gegen sie, aber die Männer pullten mit aller Kraft, und die dunkle Schattenlinie, die die feindliche Küste war, kam deutlich näher. Während des Ruderns prüfte Philipp die Kompaßpeilung im Licht einer abgeblendeten Laterne und ließ dann die Blende fallen. Als seine Augen sich an die Dunkelheit gewöhnt hatten, konnte er mehr von der felsigen Küste erkennen, der sie sich näherten, und er erkannte dann auch die Einfahrt zu der Bucht, die sie als Landeplatz ausgewählt hatten und rief O'Hara leise einen Befehl zu.

Mit äußerster Vorsicht liefen sie ein, die Männer pullten ein paar Schläge und ruhten dann auf den Riemen, aber es war nichts zu hören – nur die Bewegung der Riemen in den gut geölten Dollen und das Schlappen der wechselnden Strömung gegen das starke Holz des Hecks der Gig. Die Bucht – ein schmaler Einschnitt von See her – bog leicht nach Nordost um. Im Osten wurde sie durch hohe, senkrecht abfallende Klippen begrenzt, die zur ganzen Küste gehörten. Nach einem verhältnismäßigen leichten Aufstieg über sechzig oder siebzig Fuß konnte man nach einem Fußmarsch von einer Meile über flaches Marschland auf die Küstenstraße stoßen.

Hoffentlich täuscht sich Grahams Gedächtnis nicht, dachte Phillip. Im Winter müßte das marschige Land eigentlich mit hart gefrorenem Schnee bedeckt sein, und man müßte es zu Fuß überqueren können. Deckung bot es kaum, also sollten sie vor Tageslicht auf der Straße sein. Auf der Straße würden zwei Männer, die wie Bauern in Mäntel vermummt waren, kaum Aufmerksamkeit erregen ... In der Nähe gab es einzelne Bauernhöfe, deren Besitzer sicher regelmäßig in die Stadt gingen, um ihre Waren auf dem Markt anzubieten. Wenn er und sein Bruder für solche Männer auf dem Weg zum Markt durchgehen würden, dann würde niemand sie genauer beäugen, es sei denn... Seine kalten Finger tasteten über die glatte Wolle seines Bootsmantels. Der verbarg die Uniform vollständig, die er darunter trug, aber kein Bauer würde einen so guten Mantel besitzen, wie Phillip sehr wohl wußte. Also würde es klug sein, unter allen Umständen jede nähere Untersuchung unmöglich zu machen, jedenfalls bis sie die Stadt erreicht hatten.

Die Gig lief sanft auf dem Ufer auf, und zwei Matrosen ließen sich vorsichtig ins eisige Wasser hinab, um den Bug an einem Felsen vorbei zu drücken, den O'Hara mit scharfem Blick gerade noch rechtzeitig erkannt hatte.

»Sehr gut, Mr. O'Hara!« Phillip legte dem Jungen die Hand auf die Schulter. »Sie kennen Ihre Befehle?«

»Ja, Sir!« Fähnrich O'Hara klang fest und beherrscht, als er seine Instruktionen wiederholte. Dabei fingerte er an dem Dolch an seiner Seite herum und fügte eifrig hinzu: »Sollte ich nicht besser warten, Sir, bis Sie sicher an Land sind und auf keinen Widerstand trafen?«

Phillip sah in den langsam heller werdenden Himmel und antwortete entschlossen: »Nein, das dürfen Sie nicht.« Er sah, daß Graham bereits durch knöcheltiefes Wasser zum Strand watete und erhob sich. »Wenn wir auf Widerstand treffen, werden Sie Schüsse hören«, sagte er dem Fähnrich. »Aber das ist unwahrscheinlich. Bei solchem Wetter haben sicher auch die Kosaken ihre Lust an nächtlichen Patrouillen verloren. Und es ist lebenswichtig, daß Ihr Boot nicht entdeckt wird, also los, mein Junge. Sie werden sich beeilen müssen, um vor Beginn der Dämmerung zurück zu sein.«

»Aye, aye, Sir!« bestätigte O'Hara zögernd. »Wenn Sie das sagen, Sir. Und... also, viel Glück, Sir. Wir werden zwei Stunden nach Nachtbeginn wieder hier sein.«

»Danke, Mr. O'Hara. Achten Sie auf mein Signal. Wenn Sie hier in der Bucht ein Licht sehen...«

»Dann darf ich nicht einlaufen. Aye, aye, Sir!«

»Unter gar keinen Umständen, Mr. O'Hara«, bestätigte Phillip nachdrücklich. »Und auch wenn Sie Schüsse hören sollten... Vergessen Sie nicht, Ihre Männer sind nur mit Entermessern bewaffnet.« Er schwang ein Bein über das Dollbord, und der Schlagmann griff nach seinem Arm, um ihm zu helfen. Selbst in der Dunkelheit konnte man das Grinsen im Gesicht ganz dicht vor seinem nicht übersehen, und er schimpfte leise: »Zum Teufel, O'Leary. Seit wann ist der Gehilfe des Stückmeisters einer der Ruderer in meiner Gig?«

»Nicht vor heute morgen, Sir!« erwiderte O'Leary leise kichernd. »Ich hab mich freiwillig gemeldet, könnte man sagen.« Mit seinem kräftigen rechten Arm half er seinem Kommandanten ins Wasser. »Ich bin ja nur hier, um Ihnen als Ire alles Glück zu wünschen, Sir. Aber wenn Sie meinen, ich sollte Sie begleiten, dann sagen Sie es nur und...«

»Nein«, sagte Phillip, »aber ich danke Ihnen, O'Leary!«

Das Boot pullte zurück, und Phillip watete auf Graham zu. Die Begegnung mit O'Leary hatte ihn seltsamerweise warm werden lassen. Er müßte ihn für das, was er gerade getan hatte, eigentlich degradieren, aber... Er lächelte in der Dunkelheit. Dann erinnerte er sich plötzlich, wo er war, hielt neben seinem Bruder an und lauschte gespannt.

»Ich glaube, wir sind hier ganz allein«, flüsterte Graham. »Wollen wir aufbrechen?«

Das taten sie und überwanden die niedrige Klippe ohne Schwierigkeiten, obwohl die Steine an manchen Stellen bröckelten. Oben mußten sie durch viele große Findlinge hindurch, die am Rand lagen, und erst dann erreichten sie höheren und festeren Boden. Wie sie vorausgesehen hatten, war die Marsch eine zugefrorene Wildnis, aber sie war wenigstens eben. In der Dämmerung kamen sie schneller voran und stolperten nicht mehr über verborgene Hindernisse. Jetzt konnten sie auch einen ersten Blick auf die dicht gedrängten Dächer Odessas werfen, das nordöstlich vor ihnen lag. Sie erreichten die Straße, die kaum mehr war als ein zerfurchter Wagenweg, fünfzig Minuten nachdem sie die Bucht verlassen hatten und versteckten die Lampe, die sie bis hierher mitgetragen hatten, am Wegesrand in einem Haufen Buschholz, der als Landmarke diente.

Die Sonne erhob sich über einer verlorenen, niedrigen leeren Landschaft, alle Zeichen bearbeiteter Felder waren unter einer Schneedecke verborgen und selbst die nächste menschliche Ansiedlung, eine Gruppe von Bauernhütten, erschien wie die Felder ringsum leer von jeglichem Leben.

»Die liegen im Winterschlaf«, bemerkte Graham. »Viel mehr können sie wohl auch kaum tun. Die Erde ist viel zu tief gefroren, um sie bearbeiten zu können.« Er hielt an, sah sich um, zeigte dann voraus, wo die Straße, der sie folgten, steil anstieg und sich anschließend wieder zur Bucht hin senkte, um die herum die Stadt gebaut war. »Wir müßten von hier oben das Geschwader sehen können, Phillip, wenn der Nebel nicht wieder fällt. Und das erwarte ich fast.«

Seine Vorhersage erwies sich als richtig. Als sie den Anstieg der Straße erreicht hatten, war die Sonne wieder hinter vielen grauen heranwirbelnden Wolken verschwunden, und als sie von ihrem Aussichtspunkt auf die vier ankernden Kriegsschiffe schauen wollten, da rollte der Nebel vor und verdeckte sie vor ihren Blicken.

»Die *Gladiator* muß näher vor den Hafen laufen, um sich zu erkennen zu geben«, sagte Phillip. Und als habe seine Stimme über das dazwischen liegende Wasser getragen und den Kapitän erreicht, ging die Korvette Anker auf. Während die Brüder durch den drehenden Nebel hindurch angestrengt mit den Augen ihrem Weg zu folgen versuchten, wendete sie langsam, ihre Paddel wirbelten das Wasser auf, und sie feuerte in Richtung See einen Schuß. Nach einem Zögern wurde dieser Schuß durch einen einzigen Gegenschuß aus einer Batterie aus einer Küstenfestungsanlage beantwortet. Soweit Phillip das beurteilen konnte, kam er vom Fort, mit dem sich die *Arethusa*, eine Fregatte mit 50 Kanonen, im letzten April unter Segeln so tapfer duelliert hatte.

»Sie läuft jetzt vor den Hafen«, beobachtete Graham und deutete in die Richtung. Die *Gladiator* manövrierte immer noch sehr langsam, änderte den Kurs und lief unter der weit auswehenden Flagge, die jedermann an Land Waffenstillstand signalisierte, tiefer in die Bucht und ankerte zum zweiten Mal, nachdem sie den Nebel hinter sich gelassen hatte.

»Die wird sicherlich den ganzen Morgen warten müssen, bis ihr Boot ablegen kann«, meinte Phillip stirnrunzelnd. »Aber ich denke, darauf müssen wir nicht warten, oder? Die beste Gelegenheit, die Batterien auf der Mole auszukundschaften, ist sicherlich, wenn sich eine Menge sammelt, um den Notenaustausch zu beobachten. Und das wird mit ziemlicher Sicherheit passieren. Also sollten wir uns bereit halten und dazustoßen, falls die Vorbereitungen schneller als erwartet abgeschlossen sind.«

Sein Bruder stimmte ihm zu und entschuldigte sich dann schnell. Er lief zu einem Busch in der Nähe, und Phillip hörte alarmiert, daß er schwer hustete und sich übergab. Ein paar Minuten später kam er zurück, war sehr bleich, hatte seine Lippen zusammengepreßt und versicherte, völlig in Ordnung zu sein.

»Es muß dieses angegangene Rindfleisch gewesen sein, das auch Cochrane erwischt hat«, sagte er bedrückt. »Ich hab's leider auch gegessen.«

»Cochrane hat es ziemlich schwer getroffen«, berichtete ihm Phillip. »Also laß uns besser hier noch eine Weile warten, Graham, bis du ganz darüber hinweg bist. Wir liegen ganz gut in der Zeit. Und...«

»Nein, das brauchen wir nicht. Ich fühle mich jetzt sehr viel besser«, antwortete Graham und fügte dann trocken hinzu: »Verdammt noch mal, meine Verdauung ist eine andere Klasse als die Cochranes! Ich habe jahrelang das Futter vor dem Mast genossen, mein Magen ist aus Gußeisen. Los, laß uns aufbrechen, ehe zu viele Leute da sind und wir die Batterien nicht richtig inspizieren können.«

Mit gebeugten Schultern wollte er sich wieder in Richtung Straße begeben, aber Phillip, den Grahams Blässe beunruhigte, ergriff ihn am Arm und hielt ihn zurück.

»Nein, warte. Wir können uns eine Verschnaufpause von zehn Minuten erlauben. Ich will auf alle Fälle sehen, was mit der *Gladiator* passiert. Sie hat vom Hafen noch keine Antwort bekommen und scheint immer noch zu warten.«

»Du hast das Kommando«, sagte Graham ein bißchen förmlich, lächelte kurz und legte sich auf den Boden. »Vielleicht hast du ja recht, irgendwie fühlen meine Beine sich wacklig an.«

Phillip erwiderte sein Lächeln und reichte ihm eine flache Flasche mit Brandy, die er seit der Schlacht an der Alma immer mit sich führte. »Nimm, es dürfte helfen.« Er hockte sich neben seinen Bruder und fragte ihn, um ihn abzulenken: »Wußtest du, daß O'Leary heute morgen unter den Leuten in der Gig war?«

»Natürlich wußte ich das.« Graham nahm ein paar Schlucke Brandy, schraubte den silbernen Verschluß wieder zu und reichte Phillip die Flasche dankend zurück. »Du hast dem Ersten Offizier gesagt, du suchst eine Mannschaft aus Freiwilligen, nicht wahr? Ungefähr die halbe Schiffsbesatzung hat sich um die Ehre beworben, und schließlich wurde entschieden, ich meine durch O'Hara, daß man losen müßte. Der arme O'Leary hatte Pech, er zog eine Niete. Er mußte seine Grogration für die nächsten vierzehn Tage einsetzen, um jemand anderem den Platz abzuluchsen, hab ich gehört. Und auch der junge Grey hat sich auf diese Weise in die Mannschaft gedrängt, aber ich weiß nicht, was er für das Privileg bezahlt hat. Vielleicht wird man seinen Sold kürzen, nachdem er an Bord zurückgekehrt ist und Mr. Quinn den Grund für seine Abwesenheit erfahren hat, falls er das jemals erfährt. Von niemandem aus dem Boot wird er etwas hören und bestimmt wird ihm auch niemand anders darüber berichten.« Er sprach unbewegt, doch plötzlich klang Wärme aus seinen Worten. »Du hast in der Mannschaft ein Wunder vollbracht, Phillip, in erstaunlich kurzer Zeit. Ihre Moral und ihr Stolz auf das Schiff sind himmelhoch!«

Dieses unerwartete Lob – besonders wertvoll, weil es vom älteren Bruder kam – traf Phillip unvorbereitet, und er errötete. »Ich danke dir, aber ich habe es nicht allein geschafft, wie du weißt. Ohne deine Hilfe und die der anderen Offiziere von der *Trojan* hätte ich nichts erreicht – O'Leary eingeschlossen.«

»Mit oder ohne unsere Hilfe, du hast es trotz Quinn erreicht«, sagte Graham. »Glaub mir, wie du's auch mißt, es ist ein großartiges Ergebnis.«

»Dann hast du dir also deine eigene Meinung über Quinn gebildet«, meinte Phillip.

»Und ob. Ich kann's in einem Satz sagen: Wäre die *Huntress* mein Schiff, würde ich alles unternehmen, um ihren gegenwärtigen Ersten Offizier zu ersetzen. Soll ich's noch deutlicher sagen? Wenn du willst, kann ich es.«

Phillip schüttelte den Kopf. »Nein, das mußt du nicht. Ich habe auch vor, ihn zu ersetzen, aber das ist leichter gesagt als getan. Er ist ein erstklassiger Seemann und hat kein Verbrechen begangen, das ich ihm vorwerfen könnte.

»Nein, er paßt auf, das stimmt. Aber er ist ein sadistischer Schikanierer und macht sich nie ein Gewissen draus. Ich würde ihm nicht mal soweit trauen, wie ich spucken kann – um ein Wort vor dem Mast zu zitieren. Er redet dir im Moment nach dem Munde, weil er's muß.« Graham richtete sich auf, »ich fühle mich jetzt sehr gut. Nach deinem Brandy und dem anregenden Gespräch. Wollen wir also aufbrechen? Ich glaube, der Nebel wird dichter.«

Phillip erhob sich sofort. Die Schiffe, die unten ankerten, hatten nichts weiter unternommen, das ihn auf besondere Vorkommnisse hingewiesen hätte, aber der Nebel wurde, wie sein Bruder richtig beobachtet hatte, dichter und umhüllte sie enger. Einen Augenblick lag Phillips Blick noch auf seinem eigenen Schiff, und dann folgte er Graham auf die Straße zurück. Sie schritten immer schneller aus, als es abwärts ging und schwiegen beim Gehen beide tief in Gedanken versunken.

Die Straße wurde besser, als sie sich durch die Außenbezirke der Stadt zog, und bald passierten die beiden Männer die ersten Reihen steinerner Häuser. Sie sahen kaum auf, weil der Nebel hier noch dichter war als oben auf der Hochebene. Doch der Nebel, der Kapitän Broke sicherlich ärgern würde, wurde ihr Verbündeter und machte sie anonym, dachte Phillip. Sie überholten ein paar Leute, die in dieselbe

Richtung gingen, ihnen aber kaum einen Blick gönnten. Sie unterhielten sich angeregt untereinander, und Graham meinte flüsternd: »Sie haben das Schiff gesehen und fürchten, daß die Stadt wieder angegriffen wird. Kaum einer hat begriffen, daß die *Gladiator* die Waffenstillstandsflagge führt – arme Kerle, die vor Angst fast den Verstand verlieren.«

Phillip erinnerte sich an das Ergebnis der ersten Beschießung und konnte die Aufregung der armen Bürger der Stadt verstehen. Die Werft und die Kaiserliche Mole brannten damals lichterloh, und die gesamte Unterstadt war ein einziges schwarzes, rauchdurchwehtes Inferno. Hier wollte niemand eine Wiederholung des Terrors, den die Einwohner im letzten April erduldet hatten. Sie würden lieber fliehen, als noch einmal etwas Ähnliches zu erleiden. Näher zum Stadtzentrum war die Panik kaum noch spürbar. Hier standen Bürger zusammen, die besser informiert waren, und die Nachricht hatte sich verbreitet, daß die feindlichen Schiffe nur mit den Stadtoberen Kontakt aufnehmen wollten. Trotz einer anfänglichen Furcht vor einem Angriff waren nur wenige Soldaten sichtbar, bis Phillip und Graham den Hafen erreichten. Dort trafen sie auf einen Trupp Artilleristen in grünen Uniformen, etwa dreißig Leute, nicht mehr jung, die reichlich lässig in Richtung auf die Steinstufen marschierten, die zur Kaiserlichen Mole führten.

»Garnisonstruppen«, stellte Graham fest. »Die meisten sind Pensionäre, wie man sieht. Die Aufgabe begeistert sie nicht gerade. Sollen wir ihnen folgen?«

Phillip nickte zustimmend. Der Hafen von Odessa lag am Fuß der Klippen südöstlich der Stadt. Es war künstlich angelegt worden, erinnerte Phillip sich, von vier langen steinernen Piers umgeben, die in die See ragten und den Hafen in zwei Becken teilten, das Quarantänebecken und das Kaiserliche Becken. Jede Pier wurde durch eine steinerne Brüstung geschützt mit Zinnen für Kanonen, die seewärts gerichtet waren. Doch die bedeutendste Verteidigung des Hafens waren eine Zitadelle, die westlich auf der Klippe stand, und eine Reihe von Batterien, die sich von der Quarantänemole bis zum Handelshafen östlich davon erstreckten. Phillip erinnerte sich, daß zwei von diesen unmittelbar unter der Treppe, die sie jetzt hinabstiegen, dem angreifenden Geschwader der Fregatten unter Admiral Lyons im letzten Frühling den meisten Kummer bereitet hatten. Jede Batterie bestand aus acht Kanonen von schwerem Kaliber, gut positioniert und gut geschützt durch die Klippen, in die sie hineingebaut worden waren. Sie hatten tapfer gekämpft. Schließlich waren sie verstummt, als die *Terrible* das Hauptmagazin traf, das sie versorgte, und es in die Luft jagte. Ein Geschwader Raketenboote, das Commander Dixon von der *Agamemnon* führte, war in den Hafen eingedrungen mit dem Auftrag, das Dock, die Werften und das Marinearsenal hinter der Mole zu zerstören.

Der Erfolg des Raketenangriffs hatte selbst die Erwartungen des Admirals übertroffen, und Phillip fragte sich, als Graham und er sich der Landseite der ersten Pier näherten, ob der Feind wohl die gewaltigen Zerstörungen jenes Tages repariert hatte. Es schien immerhin wahrscheinlich, daß man zumindest einen entsprechenden Versuch unternommen hatte. Er beschloß herauszufinden, wie weit der Wiederaufbau fortgeschritten war, obwohl das vielleicht wenig Bedeutung hatte. Die alliierten Flotten beherrschten das ganze Schwarze Meer, und die Schiffbauer in Odessa konnten nur Schiffe bauen, die im Hafen bleiben mußten, denn jedes Auslaufen bedeutete Gefahr, gekapert zu werden. Selbst Boote auf dem Fluß waren nicht sicher, wenn eine patrouillierende britische Fregatte sie entdeckte. Die *Trojan* hatte im vergangenen Jahr in dieser Gegend mehrere kleine Segelschiffe ausgemacht und aufgebracht. Und jetzt, da die Blockade der

Schwarzmeerhäfen fortgesetzt wurde, war äußerst zweifelhaft ob irgendein Schiffer solch ein Risiko auf sich nehmen würde. Schiffe unter der russischen Flagge und neutrale, die Weizen, Odessas Hauptexportgut, transportierten, würden angehalten und durchsucht werden und dann…

»Weitergehen«, war Graham leise zu hören. »Da vorn ist ein Wachhäuschen mit einem Posten.«

Phillip folgte dem Blick seines Bruders und entdeckte den Posten, einen älteren Mann in einer schäbigen Uniform, ähnlich schäbig wie die der Artilleristen, die gerade vorbeimarschiert waren. Der Mann lehnte auf seine Muskete und interessierte sich wenig für das, was um ihn herum geschah, und als zwei Zivilisten, die in pelzverbrämte Mäntel vermummt waren und Bojarenmützen trugen, an ihm vorbeigingen, unternahm der alte Soldat keinen Versuch, sie anzusprechen. Eine kleine Gruppe Frauen hatte sich hinter dem Schilderhäuschen gesammelt, bestimmt mit der Absicht zu beobachten, was sich da abspielen würde, aber…

Phillip verlangsamte seinen Schritt nicht. Mit ihren Marinemützen und Bootsmänteln würde man sie wahrscheinlich für russische Marineoffiziere halten, nahm er an, und solange sie sich dem Posten wie Autoritätspersonen näherten, war es unwahrscheinlich, daß der triefäugige Soldat nach ihrem Recht fragen würde, die Kaiserliche Mole zu betreten. Der Versuch lohnte sich in jedem Fall. Wenn nötig, konnten sie sich immer noch schnell in den Nebel zurückziehen. Er flüsterte Graham seine Absicht zu, und der nickte zustimmend.

Der Bluff hatte Erfolg. Der Posten richtete sich auf und nahm das Gewehr ab, als sie ihn erreichten und bewußt langsamen Schritts an ihm vorbei auf die Mole gingen. Der Nebel war hier unten so dick, daß sie nur ein paar Schritte weit sehen konnten. Als Phillip glaubte, außer Sichtweite des Postens zu sein, blieb er stehen und wartete, damit Graham sich wieder zu ihm gesellte. Bedrückt stellte er fest, daß Graham wieder sehr bleich war, doch der schüttelte ungeduldig den Kopf, als der Bruder nach seinem Befinden fragte.

»Mach dir keine Sorgen, mir geht's schon gut. Was hast du jetzt vor?«

»Wenn's dir gut genug geht, denke ich, wir sollten uns die Verteidigungsanlagen ansehen. Ich glaube nicht, daß wir eine zweite Chance bekommen – der Nebel ist direkt ein Geschenk des Himmels.«

»Dann laß uns keine Zeit verlieren«, riet Graham. »Wir schaffen mehr, wenn wir uns trennen, meinst du nicht auch? Ich gehe zurück und schau mir die Batterien unten an und treffe dich hier wieder in, sagen wir, fünfzehn, zwanzig Minuten?«

»Fünfzehn«, entschied Phillip. »Länger dürfte es nicht dauern, und fünf Minuten sind Reserve für den Notfall.«

Es ist in der Tat eine einmalige Gelegenheit, dachte er, und nach kaum zehn Minuten, in der er im Halbdämmer seinen Weg suchte, hatte er alles gesehen, was er sehen wollte. Fast erschrocken mußte er feststellen, daß der Hafen praktisch schutzlos war. Die Batterien auf der Kaiserlichen Mole, die vor acht Monaten den Angriff des Dampfgeschwaders so heftig erwidert hatten, gab es nicht mehr. Zwar waren die Zinnen noch besetzt, aber nur durch Schützen. Die meisten glichen nach Alter und Gehabe dem Posten, den sie geblufft hatten, und der Rest waren Jungen, die ihre Musketen so seltsam führten, als seien sie in deren Gebrauch noch nicht eingewiesen worden. Die Kanonen hatte man bis auf vier alte Bronzestücke entfernt. Neben ihnen lagerten die Kanoniere alles andere als einsatzbereit, obwohl, wie Phillip bemerkte, alle vier Kanonen geladen waren und auf See hinauswiesen.

Als sie sich lange vor Ablauf der vereinbarten Zeit wieder trafen, konnte Graham ähnliches berichten.

»Beide Batterien am Fuß der Klippen scheinen bestückt zu sein«, sagte er leise. »Ich habe nicht gewagt, sie mir genauer anzusehen, weil dort ein Posten stand. Die Kanoniere waren zufällig Seeleute, aber ich würde sie nicht für Vollmatrosen halten. Und die anderen…« Er zuckte mit den Schultern. »Das Arsenal ist nichts als eine ausgebrannte Ruine, so wie unser Raketenangriff das alles zurückließ, und ich sah nur zwei oder drei Munitionswagen, die nicht leer waren.« Dann berichtete er weitere Einzelheiten und fügte nachdenklich mit gerunzelter Stirn hinzu: »Phillip, ich glaube, sie haben alles, was sie an Truppen und Kanonen hatten, im Sommer nach Simpheropol geschickt, als die Straße nach Perekop passierbar war. Die Küstenforts sind jetzt ihre einzige Verteidigung. Falls General Canrobert diese Stadt ernstlich einnehmen will, kann er das schaffen – ohne allzu große Probleme und allein mit den vier Schiffen unseres Geschwaders da draußen. Kein Wunder, daß die Leute so aufgeregt waren, als sie die Schiffe zum ersten Mal sahen. Wahrscheinlich nahmen sie an, wir hätten genau das geplant.«

Phillip war geneigt, dem Urteil seines Bruders zuzustimmen. Aber er wußte auch, wie gefährlich es war, voreilig Schlüsse zu ziehen, und als Graham fragte, ob sie genug gesehen hätten, schüttelte er den Kopf: »Nein, noch nicht. Wir müssen natürlich noch in die Stadt, ehe wir verschwinden. Ich würde mir aber erst noch mal gern die Schiffe im Hafen ansehen und herausfinden, ob die Batterien im Handelshafen und die Dohinafta noch stehen, wenn's geht. Und das könnte gut sein bei der allgemeinen Aufregung, wenn die *Gladiator* ihr Boot in den Hafen schickt. Dann kommen wir leicht in den inneren Hafen, da gibt's überall Treppen an der inneren Mole. Und irgendwo wird da ein Dingi oder ein Boot liegen, das wir uns greifen können.« Er blickte auf seine Taschenuhr. »Es ist erst zehn Uhr dreißig, wir haben also viel Zeit. Wie geht es dir?«

»In Ordnung«, versicherte ihm Graham. »Also weiter. Die Emissäre der *Gladiator* dürften nicht mehr viel länger auf sich warten lassen.«

Sie gingen weiter, bis sie das seewärtige Ende der Kaiserlichen Mole sehen konnten, und plazierten sich so unauffällig wie möglich neben einer kleinen Gruppe von Leuten, die sich dort versammelt hatten. Die meisten trugen Uniformen, Marine- oder Militäruniformen, und hatten die Kragen ihrer Mäntel oder der schweren, bis an die Füße reichenden Umhänge hochgestellt, um ihre Gesichter vor der Kälte zu schützen, während sie besorgt in den Nebel starrten. In einer Gruppe von Hafenbeamten entdeckt Phillip den Hafenkommandanten in ein Gespräch mit zwei uniformierten Gesundheitsinspektoren versunken. Er erinnerte sich, daß bei einer früheren Gelegenheit zwei dieser Herren zornig protestiert hatten, weil ihre Quarantänevorschriften mißachtet wurden, und erlaubte sich ein hämisches Lächeln. Es schien, als würde über alle Besucher von Odessa eine strenge Quarantäne verhängt, Krieg hin, Krieg her. Er fragte sich, was Leutnant Risk wohl damit anfangen würde, wenn der Hafenmeister sich den Wünschen der beiden beugen würde, mit denen er gerade heftig diskutierte. Ein Schuß aus einer Muskete unterbrach seine Gedanken. Er kam ganz aus der Nähe.

Graham flüsterte ihm ins Ohr: »Das Boot von der *Gladiator*, Phillip. Ich glaube, es läuft jetzt gerade ein. Das war doch ein Leerschuß, der nach See hin abgefeuert wurde?«

Beide lauschten angespannt. Ein paar Augenblicke später erschien aus dem Nebel die Pinasse der *Gladiator*, das Klatschen von Riemen und das Quietschen der Dollen hatten sie angekündigt. Ein zweites Boot folgte ihr. Beide zeigten deutlich die Flagge des Waffenstillstands. Als die Mannschaft der Pinasse die Riemen strich, erkannte Phillip in ihr den Ersten Offizier der *Gladiator* und einen Fähnrich. Im Heck des zweiten Bootes saß ein Offizier der *Mogador*.

»Messieur«, rief der französische Offizier durch ein Sprechrohr, erklärte den Zweck ihres Kommens und bat darum, daß ein Boot aus dem Hafen zu ihnen geschickt werde, damit es eine Nachricht, die an die neutralen Konsuln in der Stadt gerichtet war, übernehmen könnte.

Nach einer längeren Besprechung mit dem Hafenmeister erwiderte einer der Hafenbeamten, auch in Französisch und mit unnachahmlicher Höflichkeit, daß ein Boot bemannt und so schnell wie möglich zu ihnen hinausgeschickt würde. Seine Antwort endete mit der Bitte, daß niemand versuchen solle, den Fuß an Land zu setzen, denn das widerspräche den Vorschriften der Quarantäne. Als Phillip dies wieder hörte, mußte er lächeln. Dann erinnerte er sich an den Zweck ihres Besuchs auf der Kaiserlichen Mole, sein Lächeln verschwand, und er stupste seinen Bruder an.

»Jetzt«, sagte er leise, »jetzt, während sie alle mit dem Boot befaßt sind. Die Treppe rechts.«

»Ich folge dir«, antwortete Graham, und seine Stimme klang sehr gequält. Sie hatten gerade ein Dutzend Meter hinter sich, als er Phillips Schulter packte. »Oh, lieber Himmel. Tut mir leid, Phillip. Ich glaube, ich schaff's nicht weiter.« Sein Gesicht war schmerzverzerrt. Doch mit eisernem Willen nahm er sich zusammen und sagte: »Ich versuch's. Gib mir mal deinen Arm.« Dann stützte er sich schwer auf Phillip, und gemeinsam gelang es ihnen, die Treppe zu erreichen, aber dort – außer Sicht, aber nicht außer Hörweite der Leute auf der Mole – sank er auf die Knie. »Geh allein weiter«, bat er ihn mit schwerer Stimme. »Ich bleib hier, bis du...« Er hielt inne und wand sich in einem neuen Anfall von Schmerz. Seine Lippen verzerrten sich, er biß die Zähne zusammen und versuchte vergebens, den Schmerzenslaut zu unterdrükken, der sich aus seiner Kehle quälte.

»Hier unten am Fuß der Treppe bist du sicherer«, sagte Phillip und versuchte seine Furcht nicht zu zeigen, als der

Schmerzanfall sich wieder abschwächte, und Graham sein gequältes, kreideweißes Gesicht in stummer Entschuldigung hob. »Hier!« Er zog die flache Flasche aus der Tasche, schraubte den Verschluß auf, kümmerte sich nicht um den Protest und hielt sie seinem Bruder an die Lippen. »Nimm ein paar Schlucke, wenn du kannst.«

Graham tat es und schob die Flasche weg. »Danke. O Gott, mir tut das leid. Das kam alles ohne Ankündigung. Laß mich um Gottes willen allein, Phillip. Dieser schlimme Anfall wird sich austoben, und dann finde ich meinen Weg allein zurück zur Bucht. Wenn du bei mir bleibst, wird man dich festnehmen und...«

»Nein, wir bleiben zusammen.« Phillip schob die Flasche in die Tasche zurück. »Ich sage dir, du bist hier nicht in Sicherheit. Man wird dich entdecken, wenn der Nebel sich hebt. Los, leg mir einen Arm um den Hals, und dann gehen wir langsam Stufe für Stufe nach unten. Mach dir keine Sorgen. Ich kann dein Gewicht tragen. Sei nur vorsichtig, die Stufen sind eisglatt, und wenn einer von uns ausrutscht, ist das unser beider Ende.«

Phillip prüfte jede Stufe mit dem Fuß und half so seinem Bruder langsam nach unten zum Ende der Steintreppe, fürchtete aber, dabei gehört zu werden. Als sie endlich die Sicherheit der kleine schmalen Steinplatte erreicht hatten zu der die Treppe führte, schwitzte Phillip heftig trotz der Kälte, die sie umgab. Hier waren sie wenigstens zeitweise sicher.

Der Nebel verbarg sie vor jedem, der eventuell über ihnen auf der Mole stand. Grenzenlos erleichtert entdeckte Phillip ein kleines Ruderboot mit zwei Riemen, das an einem eisernen Ring eine Armeslänge von ihnen entfernt befestigt war. Er hatte darauf gehofft, ein Boot irgendwo in der Nähe zu finden, aber dies war näher, als er zu hoffen gewagt hatte und in einer Größe, daß er es allein bewegen konnte. Er stieß ein Stoßgebet aus, als er es an sich heranzog. Das Boot würde ihre Chancen sehr verbessern, dachte er, und legte eine Pause ein, um sich umzuschauen und seine Peilung zu nehmen. Wenn sie den inneren Hafen überquerten und auf einem anderen und sichereren Weg in die Stadt zurückkehren könnten als auf dem zur Kaiserlichen Mole... Phillip sah seinen Bruder prüfend an. Wenn Grahams Zustand es verlangte, konnten sie sich wirklich auf einem der vielen kleinen Schiffe im Hafenbecken verstecken und dort warten, bis der Kranke sich soweit erholt hatte, daß sie den Treffpunkt in der Bucht zu Fuß erreichen konnten.

»Graham...« Er hatte das Boot jetzt neben sich und legte seinem Bruder den Arm um die Hüfte. »Los, versuch's noch mal, Bruderherz!«

»In Ordnung Phillip.« Mit aschfarbenem Gesicht, doch wild entschlossen stellte Graham sich auf die Füße und gelangte mit Phillips Hilfe in das Dingi. Dort brach er mit leisen Stöhnen auf den Bodenbrettern zusammen. Er war in halbe Bewußtlosigkeit versunken, noch ehe Phillip sich auf die Ruderbank setzen konnte. Plump und hilflos wie ein Kind lag der große Mann mit geschlossenen Augen da.

Phillip zog seinen Mantel aus und warf ihn über den Bruder. Seine Angst war plötzlich sehr lebendig. Er wußte, als er die Festmacherleine löste und von der Mole ablegte, daß er jetzt nur noch eine Möglichkeit hatte. Irgendwo unter den im Nebel liegenden Schiffen in diesem Hafenbecken mußte er ein weiteres Boot finden, in dem sein Bruder für die nächsten paar Stunden sicher aufgehoben war. Sicher und vor allem trocken und warm. Er mußte vor der tödlichen Kälte des Nebels und dem eisigen Wasser geschützt werden. Denn trotz des zweiten Mantels hatte Graham sehr zu zittern begonnen, und Phillip sah, daß sein Gesicht blau vor Kälte war.

Einen Moment lang war er so um seinen Bruder besorgt, daß er versucht war, seinen Auftrag zu vergessen. Anstatt tiefer in den Hafen zu pullen, wollte er seewärts rudern und versuchen, die *Gladiator* zu erreichen. Doch kaum hatte der Gedanke bei ihm Fuß gefaßt, da verwarf er ihn wieder. Dieses kleine leckende Boot war nicht seetauglich und würde in der offenen Bucht untergehen. Und dann wäre die Chance, unbeobachtet die seewärtige Spitze der Mole zu passieren, sehr gering. Der Nebel könnte sich ohne Vorwarnung heben, oder ein wachsamer Kanonier, der das Geräusch von Riemen hörte, könnte auf sie feuern. Er wagte auch nicht, mit der Pinasse der *Gladiator* Verbindung aufzunehmen, denn selbst unter diesen erschwerten Umständen hieße das, den Waffenstillstand zu brechen und feindliches Feuer auf die Pinasse zu lenken oder sie gefangen zu setzen.

Phillip blickte sich kurz um, warf sich in die Riemen und pullte in Richtung auf die erste Reihe vor Anker liegender Schiffe. Er hatte keine andere Wahl, als seinen Bruder in eines hineinzuhieven, gestand er sich resigniert ein. Und das mußte schnell geschehen, ehe sich Grahams Zustand noch mehr verschlimmerte. Doch er mußte ein Schiff finden, das keinen Wächter an Bord hatte, was gewiß nicht leicht war bei diesem Nebel. Einen Fehler konnte er sich nicht leisten, also kamen die größeren Schiffe nicht in Frage, denn die meisten, wenn nicht gar alle, hatten sicher eine Ankerwache an Bord.

Schließlich fand er, eher zufällig, was er suchte. Eine kleine Brigg lag weit von den anderen Schiffen entfernt vor Anker. Er rammte sie absichtlich, und es gab einen dumpfen Schlag. Er wartete mit pochendem Herzen, ob das Geräusch irgend jemanden geweckt hatte. Doch niemand erschien, und als er um das Schiff herumgepullt war, immer noch ohne ein Lebenszeichen zu vernehmen, band er mittschiffs das Dingi an die Rüsten, ließ Graham, wo er war und kletterte leise an Bord. Nach einer sorgfältigen Untersuchung war er sicher, daß niemand sich an Bord befand. Er entdeckte im Unterdeck eine kleine Kabine, warf einen Haufen Decken auf die einzige Koje und ging an Deck, um seinen Bruder zu holen.

Das war fast der schwerste Teil der Aufgabe. Graham widerstand allen Versuchen, ihn aufzuwecken, und schließlich zog und hob er ihn auf das Deck der Brigg. Dort gelang es Phillip, ihn auf den Rücken zu drehen und wie betrunken stolperte er unter dem schweren Gewicht des bewußtlosen Mannes nach unten in die Kabine.

5

Eine Stunde und mehr versuchte Phillip verzweifelt, seinen Bruder ins Bewußtsein zurückzuholen. Er zog ihm die nassen Kleider aus, rieb die kalten Glieder warm und suchte nach weiteren Decken, um ihn noch besser einzuhüllen. Er hoffte, damit die Anfälle von Zittern zu stoppen, die Graham in Abständen überfielen.

Die Brigg hatte eine Kombüse, aber Phillip entschied, das Risiko, ein Feuer anzumachen, sei zu groß. Es waren ohnehin keine Vorräte an Bord, die die Gefahr gelohnt hätten, bis auf ein Faß übelriechendes Wasser, das auch dann kaum genießbar erschien, wenn er es hätte aufkochen können.

Die Wolldecken waren schon lange gelagert und rochen dumpf. Doch sie waren wenigstens trocken, und er hatte Glück, sie überhaupt gefunden zu haben, dachte Phillip, als nach einiger Zeit die Wärme in den Körper seines Bruders zurückkehrte und das schreckliche Zittern schwächer wurde. Zu seiner großen Erleichterung hörte es schließlich ganz auf, und wieder machte er sich auf die Suche nach etwas Eßbarem. Doch er fand nur einige Ölhäute, die er für späteren Gebrauch zur Seite legte.

Als er in die Kajüte zurückkehrte, war Graham augenscheinlich in tiefen Schlaf gefallen. Er fragte sich, als er so da stand und auf das bleiche verschlossene Gesicht herabschaute, ob er es wagen könnte, ihn allein zu lassen, damit er die Folgen der Fleischvergiftung los wurde, und ob er in der Zwischenzeit den Auftrag allein ausführen sollte. Natürlich gab es Schwierigkeiten mit der Sprache. Ohne seinen Bruder, der für ihn übersetzen konnte, könnte er Probleme bekommen, aus denen er sich mit seinem schlechten Schul-Französisch wohl kaum retten konnte. Nur die Gebildeten unter den Einwohnern Odessas sprachen vermutlich Französisch oder verstanden es wenigstens. Er zögerte.

Doch dann, nachdem er alles sehr sorgfältig abgewogen hatte, entschied er sich für einen Kompromiß. Noch immer lag der Nebel dicht über dem Hafen. Wenn er vorsichtig genug vorging, würde der ihm ermöglichen, in den Handelshafen zu rudern, dort die Batterie zu erkunden und vor dem Abend zurückzukehren. Gleichzeitig könnte er den Weg zurück zur Bucht planen und am Kai eine Stelle finden, an der sie an Land gehen könnten, ohne viel Aufmerksamkeit zu erregen. Für den Fall, daß Graham vorher aufwachen würde, wollte er ihm eine Notiz mit einer kurzen Erklärung dalassen.

Und das Glück begünstigte ihn. Er vollendete die selbstgestellte Aufgabe und war eine gute Stunde vor Beginn der Dämmerung zurück auf der Brigg. Sein Bruder schlief immer noch und hatte darum auch die Notiz nicht gelesen. Der Schlaf hatte ihm gut getan, nach der besseren Farbe des Gesichts und nach seinen entspannten Zügen zu urteilen. Natürlich war nicht klar, ob er jetzt in der Lage wäre, den langen Marsch zurück zur Bucht anzutreten. Phillip lehnte sich vor und schüttelte Graham sanft an der Schulter.

»Graham, aufwachen, Bruderherz. Ich bin's Phillip!«

Graham öffnete die Augen und sah ihn zuerst benommen an und dann, als die Erinnerung zurückkehrte, mit einiger Sorge: »Um Himmels willen wo bin ich?«

Phillip erklärte es ihm und sah, wie der andere seine Verlegenheit nicht zeigen wollte. »Oh, mein Gott. Ich hab' dich ganz schön im Stich gelassen, nicht wahr? Ich weiß nicht, was mit mir los war. Ich muß im Handumdrehen das Bewußtsein verloren haben, denn ich erinnere mich nur noch, daß du mich die Stufen der Treppe auf der Mole runtergeschleppt hast. Und dann habe ich gekotzt wie ein Reiher.« Er nahm die Flasche, die Phillip ihm anbot, und trank einige kleine Schlucke Brandy. Als er dem Bruder die Flasche zurückgab, berührte er mit der Hand den feuchten Mantel des Bruders. »Wo warst du denn?«

»Ich habe mir die Batterien im Handelshafen angesehen und bin im Hafenbecken herumgerudert, aber viel konnte ich nicht erkennen. Der Nebel hat sich ein bißchen gehoben, ist aber immer noch dicht. Doch es besteht kein Zweifel daran, daß nur sehr wenig von dem repariert worden ist, was wir bei der Beschießung im letzten Jahr zerstört haben.«

Phillip beschrieb Einzelheiten und nachdenklich sagte Graham: »Ich hörte von einem Edikt des Zaren, das der Gouverneur nach der Beschießung erhielt. Seine Kaiserliche Majestät lobte zunächst die Bürger von Odessa für ihre heroische Verteidigung und bürdete ihnen dann die vollen Kosten des Wiederaufbaus auf. Ich kann mir gut vorstellen, daß sie der Meinung sind, sie hätten ihr Teil zu diesem Krieg beigetragen. Angesichts der hohen Kosten haben sie vielleicht vor, sich aus allem rauszuhalten, wenn irgend möglich, und weder zu drohen noch zu provozieren, weil das zu einer zweiten Beschießung führen könnte.«

»Wenn das der Fall ist«, erwiderte Phillip trocken, »dann hoffen wir mal, daß General Canrobert die Lage genauso beurteilt.«

»Hoffen wir das wirklich!« Graham richtete sich zum Sitzen auf und blickte sich in der winzigen Kabine um. »Du hast mir ein gutes Versteck gesucht. Aber ich nehme nicht an, daß du noch viel länger hierbleiben willst!«

»Das hängt von dir ab!« Phillip sah ihn forschend an. Natürlich wollte er Graham unbedingt auf die *Huntress* zurückbringen, doch er wußte, es wäre Wahnsinn, zu der Bucht aufzubrechen, solange Graham nicht genügend Kräfte gesammelt hatte, um ohne Hilfe gehen zu können. »Wir können unseren Aufbruch noch um ein paar Stunden hinauszögern«, sagte er. »Die Gig kommt ein zweites Mal eine Stunde vor Tagesanbruch, wenn wir das erste Treffen verpassen sollten. Hier sind wir sicher aufgehoben, jedenfalls im Dunkeln, also kann ich ganz gut abwarten. Andererseits bist du auf der *Huntress* natürlich sehr viel besser aufgehoben – und hier gibt es auch nichts zu essen ...«

»Das, mein lieber Phillip, ist das letzte, was ich jetzt möchte, glaub's mir.« Graham konnte einen Schauder nicht unterdrücken. »Aber ich gebe dir recht, je schneller wir wieder an Bord sind, desto besser. Ich nehme doch an, du hast genug von Odessa gesehen, um dem Admiral ausführlich Bericht zu erstatten?«

Phillip zögerte mit der Antwort, weil ihn sein Gewissen plagte. Der Tag war wirklich nicht nach Plan gelaufen. Er hatte dennoch mit Hilfe seines Bruders den Kaiserlichen Hafen und die unmittelbaren Verteidigungsanlagen inspiziert – unter diesen Umständen konnte niemand mehr von ihm verlangen. Doch sein Bericht würde zu weiten Teilen aus Schlußfolgerungen bestehen, soviel war klar. Die Tatsache, daß die einzigen Truppe, die er gesehen hatte, Garnisonstruppen waren, und daß Odessa ohne Zweifel keine anderen hatte, war keine Beobachtung, sondern eine Folgerung. Er seufzte und sah unzufrieden zu Graham hinüber. Er war nicht in der Stadt gewesen, hatte die Hauptkasernen nicht einmal von weitem gesehen, wo – wenn überhaupt – Verstärkungen für die Armee von Prinz Menschikoff auf der Krim liegen würden. Sie würden hier warten, bis die Straße nach Perekop von Schnee und Eis befreit war, ehe sie aufbrachen.

Er erinnerte sich auch, daß Odessa in der Vergangenheit

Hauptausfuhrhafen für die großen Kornernten aus dem südlichen Rußland war. Und er hatte keinen Versuch unternommen, um festzustellen, ob die Lagerhäuser der Stadt voll oder leer waren. Wenn er die Befehle buchstäblich genau ausführen wollte, brauchte er noch ein paar Stunden – Stunden mit Tageslicht, nicht in völliger Dunkelheit. Nachts würde er nur sehr wenig erkennen können und außerdem Verdacht erregen, wenn man ihn in der Nähe von Kasernen oder Kornlagern fand. Denn nur wenige Leute benutzen normalerweise zu der Zeit die Straße, ausgenommen Wachleute oder Posten, denn die Nächte waren bitterkalt.

Wieder sah er prüfend seinen Bruder an und runzelte die Stirn. Dessen Augen hatten tiefe Schatten, das Gesicht war immer noch verzerrt. Die Attacke hatte ihn sehr geschwächt. Graham war noch lange nicht wiederhergestellt, selbst wenn er genügend Kräfte gesammelt hatte, um den Rückmarsch zur Bucht vor Tagesanbruch zu schaffen. Das war das äußerste, was man von ihm erwarten konnte. Wenn er in Odessa bliebe, dann allein …

Graham verstand den Grund für sein Zögern falsch und sagte: »Also, wenn die Abschiedsstunde von mir abhängt, dann prüfe ich am besten mal meine Beine, nicht wahr?« Er wartete nicht auf Phillips Zustimmung, sondern warf die Decken zur Seite und stellte sich schwankend auf die Füße. »Der Teufel soll's holen, Phillip. Es tut mir leid, ich bin schwach wie ein Säugling. Aber wenn du mich stützt, dann vielleicht …« Die Kälte in der Kajüte traf ihn plötzlich fast wie ein Schlag, und wieder begann er, unkontrolliert zu zittern.

»Das reicht«, sagte Phillip entschlossen und half ihm zurück in die Koje und stapelte die Decken wieder über ihn. »Wir warten und werden zum zweiten Rendezvous zurück sein. Versuch zu schlafen, ich tu's auch.«

Wieder einmal war eine Entscheidung gefällt worden, und

wieder hatte er keine Alternative. Aber vielleicht war das ganz gut so. Auch er war müde, und die Anspannung machte sich bemerkbar. Ein paar Stunden Schlaf würden seine Kraftreserven wieder auffüllen, ebenso wie seine geistige Frische – und beides brauchte er dringend, falls Grahams Zustand sich nicht verbesserte. Er trat kurz an Deck und vergewisserte sich, daß sich inzwischen ringsum nichts verändert hatte. Dann nahm er aus dem Schiffsvorrat zwei weitere Decken und rollte sich auf dem Boden der Kabine in sie ein. Jahre der Gewöhnung, unter allen Umständen und wie kurz auch immer zu schlafen, zahlten sich jetzt aus. Er schlief fast sofort ein, als sein Körper sich auf dem harten Holz entspannt hatte, aus dem die Brigg gebaut worden war. Genau vier Stunden später wachte er wieder auf und fühlte sich erholt und erfrischt. Ehe er Graham weckte, sah er sich an Deck noch einmal aufmerksam um. Der Nebel war verschwunden, am Nachthimmel glänzten Sterne, aber der Hafen schien immer noch verlassen – ein Wald nackter Masten und Rahen, die sich über leeren Schiffen erhoben. Auf keinem Schiff konnte er auch nur das winzigste Lebenszeichen entdecken.

Zufrieden stieg er nach unten, um seinen Bruder zu wekken und nahm zwei grobe Öljacken mit, die er gefunden hatte, als er nach den Decken suchte. Graham richtete sich auf, kaum daß Phillip die Kajüte betreten hatte. Zwar konnte er in der Dunkelheit sein Gesicht nicht erkennen, doch Philipp hörte an der deutlich kräftigeren Stimme seines Bruders, daß er sich wohl vollständig erholt hatte. Wie um dies zu beweisen, ging Graham ohne jedes Schwanken quer durch die Kajüte und zog sich mit nur wenig Hilfe an.

»Ich fühle mich wie neu geboren, Phillip«, sagte er fast jubelnd. »Wir sind doch wohl noch rechtzeitig auf den Beinen. Die paar Stunden Pause machen's, was mich angeht, jedenfalls. Meine Beine fühlen sich wieder an, als gehörten sie mir

– eine ernorme Erleichterung, glaub mir. Wie auch immer«, er seufzte, »ich habe dich im Stich gelassen.«

»Sei doch kein Idiot.« Voller Zuneigung legte ihm Phillip einen Arm um die Schulter und schnitt ihm jede weitere Entschuldigung ab. »Du konntest ja nichts für das angegangene Fleisch, das ihr zu essen bekamt. Der Zahlmeister ist schuld, und den werde ich mir vornehmen, das verspreche ich dir. Ich hätte das Zeug sicher auch gegessen, wenn ich nicht Kapitän Brokes Einladung angenommen hätte. Nun also...« Er half seinem Bruder in die Öljacke. »Die stinkt ziemlich, tut mir leid. Aber sie hält die Kälte ab, und wir werden weniger auffallen.« Dann zog er selber seine an und bewegte sich in Richtung Niedergang und Luk. »Wenn du soweit bist, sollten wir aufbrechen.«

Der erste Teil ihres Rückweges verlief ohne Zwischenfall. Sie landeten auf einem verlassenen Kai, ließen das Dingi dort festgemacht zurück und fanden ohne Schwierigkeit den Weg zur Küstenstraße. Sie trafen auf kaum eine Seele und kamen besser voran, als Phillip angenommen hatte.

Graham hielt sich tapfer, trottete unbewegt neben ihm her durch den schenkeltiefen Dreck der lauten Nebenstraßen Odessas. Später erklomm er tapfer den schmalen, eisbedeckten Wagenweg, der zur Bucht führte, und hielt nur gelegentlich an, um wieder zu Atem zu kommen oder um die helfende Hand seines Bruders anzunehmen. Auf der Spitze des Hügels sahen sie die Lichter des britischen Geschwaders, das in der Bucht ankerte, und faßten neue Kraft, während sie eilends den Weg nach unten fanden und grinsten sich an, weil das Eis auf dem Weg sie immer wieder ins Rutschen brachte.

Sie waren weniger als eine halbe Meile von ihrem Ziel entfernt, als Graham einen neuen Anfall erlitt, so plötzlich und unvorhersehbar wie der auf der Kaiserlichen Mole am Morgen. Er warf sich hin, und lag fünfzehn Minuten zitternd auf der Erde, bis alles vorbei war. Phillip war sich klar, daß der schwierigste Teil des Weges noch vor ihnen lag, obwohl sie sich viel Zeit für den Rückmarsch genommen hatten. Er zwang seinen Bruder zu ein paar Schlucken Brandy und half ihm auf die Beine, mußte ihn dann aber praktisch bis zu der Stelle tragen, an der sie die Straße verließen, um die sumpfige Wildnis zu durchqueren, die zwischen ihnen und ihrem Ziel lag. Atemlos und erschöpft setzte Phillip seine schwere Last ab und machte sich auf die Suche nach der Laterne. Er fand sie unberührt, wo er sie zurückgelassen hatte, und nahm dann an den blasser werdenden Sternen seine Peilung, ehe er zu Graham zurückkehrte.

»Los, Bruderherz«, ermunterte er ihn, »wir sind jetzt fast zu Hause und in trockenen Tüchern. Noch einmal brauchen wir alle Kraft. Wenn du dich auf mich stützt und den Weg schaffst, dann treffen wir die Gig.«

Aber Graham schien ihn kaum zu hören und konnte nur ein paar Schritte stolpern, bis das gleiche Zittern seine erschöpften Glieder wieder packte. Er taumelte und war wie schon vorher kaum noch bei Bewußtsein. Mit ohnmächtiger Wut verfluchte Phillip den Zahlmeister und das angegangene Fleisch, bückte sich erschöpft und lud sich den Kranken auf die Schultern.

So kam er nur unendlich langsam voran. Immer wieder stolperte er über Hindernisse, die die Dunkelheit verbarg. Zweimal stürzte er in ganzer Länge über gewaltige Steine, mit denen das Sumpfland näher an der Küste wie übersät schien. Verzweifelt wurde ihm klar, daß der Abstieg zur felsigen Küste durch ein Gebiet mit losen Steinen führte. Wenn er Graham überhaupt zum Ufer schaffen wollte, brauchte er Hilfe von der Mannschaft der Gig. Seine eigenen Kräfte schwanden, und er wußte, daß jeder Versuch, seinen Bruder ohne Hilfe weiter zu tragen, das Risiko schwerer Verletzungen für beide bringen würde. Der bewußtlose Mann war bereits einmal mit knochenbrechendem Schwung auf die harte Erde geschleudert worden, als Phillip den Halt verloren hatte. Ihn noch mehr von diesen Torturen auszusetzen, könnte ihn seine gesunden Gliedmaßen oder gar das Leben kosten.

Phillips Atem kam schmerzhaft und schwer. Er schaffte die letzten paar Schritte bis zum Rand der Felsen und ließ dort, so sanft er konnte, Graham auf die hart gefrorene Erde gleiten. Erschöpft und atemlos kniete er neben ihm. Und als sein Herz wieder ruhig schlug, hörte er den fernen, aber unmißverständlichen Schlag von Riemen. Mit tiefer Erleichterung stellte er fest, daß die Gig zwar noch weit draußen, aber pünktlich war und erhob sich schwankend. Ehe er seine Männer um Hilfe rief, mußte er sichergehen, daß ihrer aller Leben nicht gefährdet war, daß die Bucht und das Sumpfland dahinter menschenleer waren. Dazu hatte er nicht viel Zeit, wenn O'Hara seinen Befehl befolgte. Phillip sammelte seine letzten Kräfte, ehe er nach unten kletterte, und zog sich auf einen hohen Felsen, den er gegen den Nachthimmel ausmachen konnte. Von dieser hohen Position aus starrte er in die Dunkelheit, zwang sich zu genauem Hinsehen und war schließlich überzeugt, in Sicherheit zu sein. Langsam kletterte er nach unten, um auf das einlaufende Boot zu warten.

Es näherte sich vorsichtig, ja übervorsichtig, wie Phillip in seiner Anspannung meinte. Er mußte fast zehn Minuten warten, ehe es nahe genug war für einen Anruf.

Phillip legte die Hände um den Mund und rief dann ungeduldig: »Boot ahoi, *Huntress.*« Sein Ruf wurde mit unterdrücktem Jubel beantwortet, den der Bootsführer scharf untersagte. Er erkannte die Stimme von Ambrose Quinn.

»Sie, Mr. Quinn?« fragte er, als das Boot knirschend ans Ufer lief, zu müde um mehr als überrascht zu sein. »Wo ist Mr. O'Hara?«

Der Erste Offizier kam durch das Wasser auf ihn zu.

»Tut mir leid, Sir, aber ich mußte Mr. O'Hara wegen Frechheit disziplinieren. Er hat die Wache und ist von seinen anderen Pflichten entbunden.« Er gab sich keine Mühe, leiser zu sprechen, weil es ihm offensichtlich nicht darauf ankam, daß die Mannschaft in der Gig seinen Tadel an O'Hara hörte. »Wie auch immer, Commander Hazard, ich glaube nicht, daß man eine Aufgabe wie diese einem Fähnrich anvertrauen kann. Also entschied ich, sie selber zu übernehmen. Ich... nun...«

Er schaute sich suchend und verwirrt um. »Ist der Master nicht bei Ihnen, Sir?«

»Er ist krank, Fleischvergiftung, nehme ich an, wie die bei Mr. Cochrane. Ich habe ihn oben in den Felsen zurücklassen müssen.« Er deutete mit der Hand nach oben, wo er hergekommen war. »Ich brauche zwei Männer, die ihn nach unten tragen, zwei gute Männer, denn die Kletterei ist schwierig. Ich werde sie führen.«

»Aye, aye, Sir! Jackson, Williams, ein bißchen plötzlich, der Kapitän braucht Sie!« Quinn haspelte seine Befehle herunter, und als die beiden Männer, die er ausgesucht hatte, an Land wateten, fragte Phillip kurz, wem er das Kommando des Schiffs während seiner Abwesenheit anvertraut hatte. »Wem? Mr. Cochrane, natürlich, Sir!« antwortete der Erste Offizier wie aus der Pistole geschossen. »Er steht direkt unter mir nach dem Dienstalter, also war es doch klar.«

»Er ist also wieder völlig auf den Beinen?«

»Nun ja, nicht ganz. Ich glaubte nicht, daß er in der Lage war, den Landungstrupp der Gig zu führen, darum habe ich das übernommen. Aber Mr. Cochrane versicherte mir, er könne leichten Dienst an Bord durchaus schon tun!«

Phillip nahm die Nachricht erleichtert zur Kenntnis. Wenn Cochrane das Schlimmste seiner Erkrankung hinter sich hatte, dann würde es auch Graham bald schaffen und genauso schnell, nachdem sie erst einmal an Bord der *Huntress* waren, wo man sich richtig um ihn kümmern konnte. Er suchte in der Dunkelheit die Gesichter der Männer aus der

Gig und erkannte sie mehr instinktiv als durch klare Sicht in der fahlen Dunkelheit. Sie gehörten zur regulären Bootsmannschaft, und mit Bedauern stellt er fest, daß der Erste Offizier ein Ende mit den »Freiwilligen« von O'Hara gemacht hatte. O'Leary hatte also seine Grogration umsonst eingesetzt.

Aber Phillip unterließ jede Bemerkung dazu, sagte nur leise: »Also mir nach, Männer!« drehte sich um und hinkte zurück zu den Felsen. Zu seiner Überraschung kam Quinn mit und bot ihm eifrig seinen Arm, den er gern ergriff, obwohl er den Mann sonst nicht leiden konnte. Seine Beine, sein ganzer Körper fühlte sich an, als gehöre er ihm nicht mehr, wie Graham vorher formuliert hatte.

Als sie sich den steilen Strand emporquälten, fragte sein Stellvertreter interessiert, wie es ihnen in Odessa ergangen sei. Phillips Antwort war ausweichend, er war zu müde und zu sehr außer Atem, um sich über Fragen zu freuen, schon gar nicht von Mr. Quinn.

»Wir waren im Grund erfolgreich. Leider hatten wir das Pech, daß Mr. Hazard krank wurde.«

»Ja, natürlich, Sie brauchten ihn ja als Dolmetscher, nicht wahr? Wie lange war er denn indisponiert, Sir? War es so schlimm wie bei Mr. Cochrane?«

Die schrecklichen, würgenden Anfälle, die seinen Bruder umgeworfen hatten, konnte man kaum als Indisponiertsein bezeichnen, dachte Phillip, aber er unterdrückte eine Bemerkung. »Immer wieder, seit wir an Land waren. Er ist jetzt leider in einer sehr schlimmen Verfassung, je schneller wir also...« Er stolperte und wäre gestürzt, hatte Quinn ihn nicht fest am Arm gepackt. »Danke, Mr. Quinn«, sagte er und zwang sich weiter voran. »Ich fürchte, mir geht's auch nicht viel besser.«

»Sie sind erschöpft, Sir!« meinte der Erste Offizier und klang sehr mitfühlend. Einige Minuten kletterten sie schweigend nach oben. Dann fragte er mit leiser Stimme, die die Männer hinter ihnen nicht hören konnten: »Verzeihen Sie die Frage, Commander Hazard, aber haben Sie vor, bis zur Nacht an Land zu bleiben oder werden Sie mit dem Master an Bord zurückkehren?«

Die Frage war in dieser Situation ganz natürlich, und doch war Phillip einen Augenblick überrascht, hielt an und war sich stirnrunzelnd über die Antwort nicht klar. Sehnsüchtig dachte er an eine heiße Mahlzeit, die ihn an Bord der *Huntress* erwartete, den Wechsel in trockene Kleider und an Schlaf, nach dem sein erschöpfter Körper schrie. Gestützt durch Quinns Arm nahm er die langsame Kletterei wieder auf, ohne die Frage zu beantworten. Aber Ambrose Quinn ließ sich nicht abweisen.

»Sie haben mir den Inhalt Ihrer Befehle nicht anvertraut, Sir«, sagte er betont. »Ich weiß also nicht, mit welchen Absichten Sie und der Master an Land gingen. Aber ich nehme an, Sie...«

Phillip unterbrach ihn scharf. »Nein«, sagte er nur. »Ich habe Ihnen meine Befehle nicht erläutert, Mr. Quinn. Und das werde ich auch jetzt nicht tun, denn sie sind vertraulich.«

»Ich verstehe, Sir«, versicherte Quinn. »Und was die Geheimhaltung angeht, mit der Sie an Land gesetzt wurden und in bezug auf die Risiken, für die Mannschaft dieser Gig und für das ganze Geschwader, begreife ich, daß Sie wichtig sind. Aber Mr. Hazards Indisponiertheit hat sicher verhindert, daß Sie Ihre Beobachtungen im Hafen zu Ende führten? Mit einem kranken Mann neben sich konnte man das doch wohl kaum. Ich rate ja nur, oder um Sie zu zitieren, ich zähle zwei und zwei zusammen. Darum habe ich nach Ihren Absichten gefragt. Mir ist klar, wie mitgenommen Sie sind, Sir, und ich wußte nicht, wie Sie sich entscheiden, ob Sie den Versuch aufgeben, Ihre Befehle auszuführen.« Er schwieg scheinbar erschrocken und fuhr dann sanfter fort: »Niemand würde Ihnen einen

Vorwurf machen, Commander Hazard, wenn Sie jetzt aufgeben. Unter diesen Umständen ist es vielleicht das klügste.«

Diese Überlegung, ebenso mitfühlend wie die früheren Bemerkungen geäußert, traf Phillip ins Herz, und das, dachte er zornig, hatte Ambrose Quinn auch sicher beabsichtigt. Ihm fehlte jedes Feingefühl, und immer war kaum versteckte Kritik herauszuhören. Frustriert atmete er tief aus.

Seit sie die Brigg verlassen hatten, hatte er nicht mehr darüber nachgedacht, ob er bleiben oder zurückkehren sollte. Sein einziges Ziel war es gewesen, Graham sicher zum Treffen in der Bucht zu bringen. Also hatte Quinn schon recht, mußte er sich eingestehen. Seine Beobachtungen waren noch nicht abgeschlossen, sein Bericht für den Admiral mußte weitgehend auf Annahmen basieren. Wenn er jetzt auf das Schiff zurückkehrte, würde er, wie Quinn gemeint hatte, den Versuch aufgeben, seine Befehle auszuführen. Dabei hatte er dazu jetzt immer noch Gelegenheit.

Quinns Meinung war ihm natürlich egal, aber Admiral Lyons einen unvollständigen Bericht zu liefern, würde seine eigene Selbstachtung nicht gerade steigern, nur weil er ein bißchen Pech gehabt hatte und sich erschöpft fühlte. Die Stunden mit Tageslicht lagen noch vor ihm. Alles, war er erfahren wollte, konnte er leicht in dieser Zeit beobachten – auch ohne Graham als Dolmetscher. Die Gefahr aufzufallen war verhältnismäßig gering. Das hatten sie doch bei ihrem Besuch im Hafen gesehen. Niemand hatte ihnen eine Frage gestellt oder sie überhaupt beachtet. Ja, sie waren so frei und ungehindert durch die Stadt gegangen wie die Matrosen der *Tiger* während ihrer kurzen Gefangenschaft. Ich mußte mich nur so verhalten wie gestern morgen, sagte sich Philipp, um mein Ziel zu erreichen. Die Gig sollte heute nacht zurückkommen. Er wandte sich an Quinn.

»Wissen Sie, ob die *Gladiator* schon eine Antwort auf ihre Note bekommen hat, die sie im Hafen überreichte?«

Quinn schüttelte den Kopf. »Nein, Sir, noch nicht.« Seine Augen glänzten seltsam, als er zu Phillip aufblickte. »Wo haben Sie Ihren Bruder zurückgelassen?«

Sie waren jetzt oben an der Felsenkante angekommen, wie Phillip merkte. Müde und um sich schauend stand er einige Augenblicke reglos da. Am Himmel zeigten sich die ersten grauen Streifen des Morgens.

»Wir haben nicht viel Zeit«, erinnerte Quinn ihn ganz unnötig, »wenn wir vor Tageslicht an Bord zurück sein wollen.«

»Links«, sagte Phillip mit Mühe und fand sich endlich zurecht. »Ein paar Schritte unter dem hohen schieren Felsen, glaube ich. Nein, weiter nach links, Jackson.«

Der Matrose folgte seinen Anweisungen und rief dann leise: »Aye, aye, Sir, hier liegt er.«

Phillip hinkte zu ihm hinüber. Graham lag, wie er ihn gelegt hatte, war offensichtlich immer noch bewußtlos, bewegte sich aber, als der Vollmatrose Jackson sich über ihn beugte und ihm die Hand auf das Herz legte.

»Nun, Sir?« fragte Quinn drängelnd. »Sollen wir ihn nach unten in die Gig tragen? Es wird gleich hell.«

»Einen Augenblick bitte, Mr. Quinn.« Phillip kniete neben seinem Bruder.

Der richtete sich auf, als er die vertraute Stimme hörte und öffnete die Augen: »Du Phillip?« fragte er benommen.

Phillip legte ihm beruhigend die Hand auf die Schulter.

»Ja, ich bin hier, und das Boot ist auch unten. Mach dir keine Sorge, Bruderherz, du wirst auf der *Huntress* sein, ehe du bis drei zählen kannst.« Er erhob sich, und Quinn stand neben ihm und sah ihn fragend an. Ehe sein Stellvertreter ihn noch einmal fragen konnte, sagte Philip: »Ich werde meinen Befehlen folgend an Land bleiben, Mr. Quinn. Bringen Sie Mr. Hazard sofort an Bord. Schicken Sie, wie besprochen, die Gig zwei Stunden nach Anbruch der Dunkelheit wieder hierher, damit sie mich aufnehmen kann. Sollte ich dann nicht hier sein, muß sie eine Stunde vor Tagesanbruch zurückkehren. Ich werde ein Licht zeigen, falls es gefährlich wird.«

»Aye, aye, Sir!« bestätigte Quinn und konnte seine Befriedigung nicht verbergen. »Mir ist klar, daß Sie Gründe für Ihre Entscheidung haben, hier zu bleiben. Aber ich würde meine Pflicht versäumen, wenn ich Sie nicht auf das Risiko hinwiese, das Sie eingehen. Sie sind erschöpft und haben nichts gegessen, Sir.«

»Ich habe meine Befehle, Mr. Quinn«, antwortete Phillip und gab sich Mühe, seine Stimme im Zaum zu halten. »Und die muß ich ausführen.«

»Ja, ich weiß, und ich...« Quinn zögerte und studierte im schwachen Licht Phillips Gesicht. »Wenn Sie sich darauf einlassen könnten, mich mit Ihren Befehlen bekannt zu machen, Commander Hazard, dann könnte ich vielleicht...«

»Meine Befehle sind vertraulich, Mr. Quinn.«

»Das ist mir bekannt, Sir, und auch, daß Sie sie vom Admiral persönlich bekommen haben«, antwortete Quinn mit leichter Zurückweisung. »Aber ich nehme mal an, Ihre Instruktionen lauten, den Hafen von Odessa auszukundschaften und dem Admiral einen entsprechenden Bericht zu geben, was dort geschieht. Hab' ich nicht recht?«

»Ihre Annahmen sind einigermaßen genau«, gestand Phillip ein.

»Dann, Sir...« Der Erste Offizier sprach lauter, und beide Matrosen drehten sich um, um zu hören, was er zu sagen hatte. »Ich bin körperlich in einem besseren Zustand als Sie, Sir, und wenn Sie gestatten, genausogut in der Lage wie Sie, meine Augen und Ohren zu gebrauchen. Lassen Sie mich hier, und kehren Sie an Bord zurück. Ich werde gern an Ihre Stelle treten, Commander Hazard!«

Was will der Mann bloß, fragte sich Phillip. »Sprechen Sie

Russisch, Mr. Quinn?« fragte er mit deutlicher Schärfe. »Und kennen Sie sich im Hafen von Odessa aus?«

Quinn schüttelte den Kopf. »Nein, leider nicht. Dennoch...«

»Dann tut es mir leid. Dann können Sie meinen Auftrag nicht übernehmen.« War das die Antwort, die sein Stellvertreter erwartet hatte, fragte sich Phillip. Dann sah er das erleichterte Lächeln Quinns über die Ablehnung und war sich klar. Er wünschte sich, nicht so fürchterlich müde zu sein, um den verborgenen Gedanken Quinns nachspüren zu können. Die Geste war auf jeden Fall gemacht, und die beiden Männer aus der Rudermannschaft der Gig würden davon an Bord ihren Kameraden berichten und auch, daß das Angebot abgelehnt worden war. Wenn die Geschichte jetzt mit dem Weitererzählen immer gewaltiger wurde, konnte er nur sich selber einen Vorwurf machen. Er stieß einen erschöpften Seufzer aus und bedeutete den beiden immer noch schwer atmenden Matrosen, seinen Bruder aufzunehmen.

»Bitte behandeln Sie ihn sehr vorsichtig. Er ist in schlimmer Verfassung und...«

Doch noch immer gab Amrose Quinn nicht auf. »Commander Hazard«, warf er schnell ein, um sich wohl noch einmal besonders hervorzutun, »falls Sie jemanden brauchen, der Ihren Bruder ersetzt, müssen Sie es nur sagen. Ich bin ganz sicher, daß jeder von uns gern freiwillig mitgehen würde, und ich...«

»Wollen Sie freiwillig mit mir an Land bleiben, Mr. Quinn?« fragte Phillip.

Trotz des schwachen Lichts konnte er zufrieden feststellen, daß auf dem Gesicht des Ersten Offiziers das erschien, was man wohl nur für einen Ausdruck des Erschreckens halten konnte.

Aber es verschwand sofort, als Quinn geschmeidig antwortete: »Ich könnte mir nicht vorstellen, daß Sie uns beide gleichzeitig für längere Zeit von Bord haben wollen, Sir. Sie haben sicher nicht daran gedacht, daß Mr. Cochrane noch immer indisponiert ist, aber wenn Sie ihm das Kommando überlassen wollen, Sir, dann bleibe ich hier bei Ihnen. Ich bin übrigens sicher, daß jeder der beiden Männer stolz sein würde, mit Ihnen zu gehen – oder etwa nicht, Männer?«

Beide Männer nickten der Einladung zustimmend. Der jüngere der beiden, ein kräftiger Walliser, bot sich eifrig an: »Nehmen Sie mich mit, Sir, bitte.« Seine Hand fuhr an das Entermesser, und er grinste. »Ich hätte große Lust, auf die Russen einzuhauen, Sir, wirklich!«

Phillip legte ihm lächelnd eine Hand auf die Schulter. »Danke, Williams, aber es geht nicht. Deswegen bin ich nicht an Land. Machen Sie beide weiter, und bringen Sie den Master so schnell wie möglich hinunter zum Strand.«

Die Männer blickten enttäuscht und gingen gehorsam an ihre Aufgabe. Wenn O'Leary einer von ihnen gewesen wäre, hätte er sich vielleicht versucht gefühlt, die Entscheidung zu korrigieren, aber so... Er trat an den Rand der Klippe, um ihnen den besten Weg zu weisen. Als er dort kniete, rief er ihnen eine Warnung zu, sich vor lockeren Steinen zu hüten. Williams antwortete mit einem zuversichtlichen »Aye, aye, Sir!!« Sie verschwanden aus seinem Blick und waren beim Abstieg dann nur noch zu hören. Gelegentlich kam das Klikken fallender Steine dazu. Phillip hörte das alles, hockte oben am Klippenrand und fühlte plötzlich, wie alle Kräfte ihn verließen.

Er beschloß abzuwarten, bis die Gruppe ohne Unfall unten angekommen war. Er unterdrückte ein Gähnen und fragte sich, ob er es wagen könnte, eine halbe Stunde zu schlafen, ehe er den langen kalten Rückweg nach Odessa antrat. Vielleicht wäre es klug, das zu tun. Hier war er einigermaßen sicher, aber in der Stadt mußte er seinen Kopf beisammen haben und würde es sich nicht leisten können, eine Pause einzulegen, wie kurz oder lang auch immer. Ambrose Quinn machte sich bereit, den beiden Matrosen zu folgen, und stellte die Laterne neben ihn und murmelte: »Falls Sie sie brauchen, Sir!« Er erriet offenbar Phillips Absicht und deutete auf einen Spalt in den Felsen dicht unter ihnen. »Das ist eine angenehme Stelle, Sir, wenn Sie mal eben die Augen schließen wollen. Soll ich Ihnen helfen?«

»Nein, danke, das schaffe ich schon allein, machen Sie sich besser auf den Weg.« Phillip deutete auf den Himmel, der jetzt schnell heller wurde. »Sie haben nicht mehr viel Zeit, um zum Schiff zurückzupullen, Mr. Quinn, verzögern Sie also nichts meinetwegen!« Er wiederholte seinen Befehl über das nächste Treffen mit der Gig und nickte dann, damit er gehe. Aber Quinn übersah das Nicken.

»Sie halten mich nicht auf, Sir. Ich muß sowieso nach unten klettern. Lassen Sie mich Ihnen helfen. Oder wollen Sie sich ein Bein brechen? Hier geht es lang, Sir!«

Seine Stimme klang unbotmäßig sicher. Phillip war viel zu müde, mit ihm zu streiten oder sich nach Gründen zu fragen, und erlaubte seinem Stellvertreter, ihn zu der Stelle zu begleiten, die er ihm gewiesen hatte. Als Phillip sich jetzt in die Spalte hinunter ließ, wurde ihm klar, daß sie wirklich ideal für seine Absicht war. Sie war den Blicken eines Menschen von oben verborgen, weil die Klippe einen leichten Überhang hatte. Sie war trocken und windgeschützt. Dankbar, daß er sich endlich entspannen konnte, wickelte Phillip sich in den Mantel und legte sich lang, die gefalteten Hände als Ersatzkissen unter dem Kopf.

»Schlafen Sie wohl, Commander Hazard!« wünschte Ambrose Quinn leise und machte sich auf den Weg. Er bewegte sich unhörbar, ganz anders als die beiden, die laut und schlitternd nach unten gelangten. Phillip lauschte den Schritten nach. Erst wenn er ganz sicher wäre, daß die Gruppe heil unten angekommen war, wollte er einnicken. Also richtete er sich auf und starrte in die Dunkelheit unter sich.

Er hörte jemanden husten und dann hinter sich ein scharfes Krachen, das Fallen vieler kleiner Steine, dem ein dunkler Knall folgte, als falle ein Stück Fels auf ein anderes. Instinktiv ahnte er Gefahr und warf sich nach vorn – aber einen Augenblick zu spät. Etwas Schweres traf ihn mit solcher Gewalt an der Schläfe, daß er mit einem unterdrückten Schrei zusammenbrach. Seine letzte Erinnerung war ein schrecklicher, schneidender Schmerz, dem fast sofort eine gnädige Ohnmacht folgte ...

Unten auf dem Strand gesellten sich zwei Männer aus der wartenden Gig zu Williams, dem Vollmatrosen, und seinem Begleiter. Sie kamen ihnen durch das Wasser entgegengewatet, um ihnen die schwere bewußtlose Last abzunehmen. Da ließ das Geräusch schwerer stürzender Felsen alle entsetzt zum Rand der Klippe starren.

»Das wird der Erste Offizier sein«, sagte Williams. »Er kommt nach uns nach unten, in seinem eigenen Tempo. Die ganze Klippe besteht nur aus lockeren Felsen, glaubt's mir!«

»Vielleicht hat er sich endlich seinen verdammten Hals gebrochen«, ließ sich eine anonyme Stimme aus dem Heck der Gig hören.

»Das Glück werden wir nicht haben«, antwortete Williams nur. »Da ist er, der Hund, er rennt wie eine Bergziege.«

Der Bootsführer wies ihn halbherzig zurecht. Sie hoben Graham ins Boot und legten ihn mit großer Fürsorge ins Heck. »Wo bleibt der Kapitän?« wollte der Bootsführer wissen.

»Er bleibt an Land. Er ...«

»Allein?« fragte der Bootsführer ungläubig zurück.

»Ja, allein. Wir wollten natürlich alle freiwillig bei ihm bleiben, auch der Erste Offizier, aber er wollte keinen von uns bei sich dulden. Wir werden ihn heute nacht abholen, glaube ich ...« Williams unterbrach sich, als Leutnant Quinn über den Strand auf sie zugelaufen kam. Er atmete schwer und schwang sich doch mit viel Übung leicht in die Gig und befahl dem Bootsführer knapp, sofort abzulegen.

»Beeilung, klar!« Einer der Männer, der das Boot aus dem flachen Wasser schieben half, war ausgerutscht und mußte aus dem eisigen Wasser gezogen werden, war bis auf die Haut naß und zitterte. Quinn beschimpfte ihn ausführlich wegen seiner Nachlässigkeit, aber aus irgendeinem Grund fehlte seinen Worten das gewohnte Gift. Der Mann sah ihn überrascht an, ehe er sich an den Riemen hockte.

»Los, zugleich«, befahl der Erste Offizier. »Wir müssen vor dem Hellwerden an Bord der *Huntress* zurück sein, ausdrücklicher Befehl vom Commander. Also legt euch ins Zeug, Männer, oder ihr werdet es bereuen. Dies ist keine Vergnügungsfahrt vor Margate. Hinter uns liegt eine feindliche Küste, vergeßt das ja nicht.«

»Das werden wir bestimmt nicht vergessen«, murmelte Williams rebellisch einem Mann neben sich zu, ohne dabei die Lippen viel zu bewegen. »Haben wir da den Kommandanten nicht ganz allein zurückgelassen? Und haben wir nicht den Master halbtot zu uns zurückgeholt?«

Leutnant Quinn zog es vor, ihn nicht zu hören. Er lächelte still vor sich hin und bückte sich dann, wie aus verspäteter Sorge, um Graham Hazard neben sich bequemer zu betten. Der Bruder des Kapitäns sieht schlimm aus, dachte er. Also war es wahrscheinlich, daß weder er noch Leutnant Cochrane heute nacht die Gig führen würde auf dem Weg zurück zur Bucht ...

6

Phillip kam wieder zu Bewußtsein, als die Sonne in sein Gesicht schien, und fürchtete sofort, er habe verschlafen. Er richtete sich mühsam auf, hatte Schwierigkeiten sich zu erinnern, wo er war. Denn der Himmel wirbelte um ihn herum, und wie in einem Kaleidoskop wechselten Licht und Schatten vor seinen fragenden Blicken, und er mußte sich an den Felsen klammern, auf dem er lag, um sich überhaupt aufrecht halten zu können.

Sein Kopf dröhnte mit Schmerzen, sein Mund war ausgetrocknet, und in seinem linken Arm hatte er weder Kraft noch Gefühle. Doch langsam, indem er die Augen für ein paar Minuten schloß und sie dann wieder öffnete, konnte er erkennen, daß er auf einem Felsvorsprung zwanzig Fuß unterhalb der Klippenkante lag. Unter sich konnte er eine kleine Bucht ausmachen, um die abbröckelnde Klippen standen, ähnlich der, auf der er so gefährdet lag. Die Bucht war leer. Doch er sah etwas, das von hier oben wie Fußabdrücke aussah, die hier und dort auf dem bißchen Sand der Bucht erschienen und an der Wasserlinie verschwanden, so daß man annehmen konnte, wer immer sie verursacht hatte, hatte die Bucht per Boot verlassen.

Aber... Fragend runzelte er die Stirn. Mit welchem Boot? Woher war es gekommen und wohin war es verschwunden? Und wo beim Himmel war diese Bucht? Er zergrübelte sich das Gehirn und konnte sich nicht erinnern, auch nicht, ob er schon mal hier gewesen war. Es gab keine bekannten Landmarken, nichts, das als Schlüssel dienen konnte, und so gab er schließlich den nutzlosen Versuch auf, die Bucht zu identifizieren. Mit unendlicher Mühe drehte er sich um und widmete sich dem, was über ihm zu sehen war. Er lag in einer Spalte in der Klippenwand, das konnte er erkennen, und über ihm drehte sich der Himmel, grau und ablehnend, den eine wäßrige Sonne erhellte. Und es war kalt, bitterkalt. Instinktiv streckte er die rechte Hand aus, um den Mantel, den er trug, enger um sich zu ziehen, in der Hoffnung, dadurch die Kälte fernzuhalten. Er merkte, daß es sein Bootsmantel war und daß er Uniform trug und zusätzlich über dem Mantel eine Ölhaut, die unangenehm roch, eine von Fischern, wenn man der Nase trauen konnte. Leicht angewidert fingerte er an ihr herum und entdeckte mit einigem Staunen auf Mantel und Ölhaut Flecken eingetrockneten Bluts, viele Flecken.

War er also verletzt, verwundet worden? War dies sein eigenes Blut? Vorsichtig tastete er seine Stirn ab bis zur Haarlinie und fluchte leise, als seine Finger eine schmerzhafte Beule über seinem rechten Ohr entdeckten, die sich bis zum Hinterkopf hinzog. Als er seine Hand wegnahm, sah er Blut. Also war er in der Tat verletzt worden, sagte er sich, und das Blut war sein eigenes ... aber wann und wie? Noch wichtiger vielleicht, wodurch, von wem und warum? Und wo, um Himmels willen, war er?

Er seufzte erbittert und versuchte, auf die Beine zu kommen. Viermal versuchte er es mit aller Kraft, und dann endlich zwang er seine verkrampften und schwachen Beine, ihm zu gehorchen. Seine Höhenangst kehrte – sehr viel ausgeprägter als früher – wieder. Er mußte sich an die Felswand klammern, bis der Anfall vorbei war, und dann kletterte er unsicher nach oben an den Rand der Klippe. Dieser Ortswechsel gab ihm eine weitere Sicht über seine Umgebung, doch er enthüllte ihm nicht, wo er war.

Vor ihm drehte sich in alle Richtungen eine flache sumpfige Wildnis, die mehr an die Landschaft aus einem Alptraum als ein etwas Wirkliches erinnerte. Die Ebene nahm anscheinend kein Ende. Er sah Meile auf Meile gefrorener, ungeformter Erde mit ein paar verkrüppelten Büschen hier und da, auf deren herabhängende Zweige Schnee gefallen war, der sich in Eis verwandelt hatte. Es gab keine Pfade, keine Zeichen menschlicher Siedlungen und in Sichtweite bewegte sich nichts, weder Mensch noch Tier.

Ungebeten und plötzlich meldete sich in seinem Kopf eine Beschreibung der russischen Steppe, die er als Knabe im Erdkundeunterricht gelesen hatte. Er sah sich entsetzt um und wollte nicht glauben, daß er in Rußland sein könnte. Es muß ein Traum sein, sagte er sich, ein Alptraum, wie der eben... doch die Kopfverletzung war kein Traum, und das Blut auf Mantel und Händen war echt genug. Er trat einen, zwei Schritte nach vorn, sein Fuß stieß an etwas Metallisches und als er sich bückte, fand er eine Laterne, eine Signallaterne mit einer Blende, dank derer das Licht der dicken, langsam brennenden Wachskerze gezeigt, aber auch abgeblendet werden konnte.

Auch sie war wirklich vorhanden, registrierte sein betäubtes Gehirn. Nun war er überzeugt, nicht mehr zu träumen, sank zurück und hielt die Signallampe in den Händen, als könne er absurderweise Wärme oder Gemütlichkeit aus der Berührung gewinnen. Oder vielleicht einen Schlüssel, der seine Erinnerung an das öffnete, was vorgefallen war. Er schloß die Augen, zwang sich zu denken, sich zu erinnern, warum und mit welcher Absicht er auf diesen einsamen Platz gelangt war. Die Laterne hatte offenbar irgendeinen Zweck, wahrscheinlich einen, der mit seiner ursprünglichen Absicht zusammenhing. Wenn er sich doch bloß erinnern könnte!

Und dann kehrte langsam in seltsamen, unzusammenhängenden einzelnen Bildern seine Erinnerung wieder. Er war in oder in der Nähe von Odessa. Ja, das mußte stimmen, denn der Name der Stadt blieb, als habe er sich in sein Gedächtnis gebrannt. Odessa und ... o Gott, die *Tiger*. Sie war im Nebel auf Grund gelaufen – es war seltsam, mit welch lebendiger Klarheit er sich an jede Einzelheit des schlimmen Endes der *Tiger* erinnern konnte. Er und sein Bruder Graham waren zusammen, Graham als Gehilfe des Masters. Er hatte ein Boot herangeführt, um wenigstens ein paar von der Mannschaft zu übernehmen. Er konnte die Kanonenblitze sehen, den scharfen Rauch riechen, als die glühenden Kugeln aus russischen Kanonen von der Klippe her in das hölzerne Deck schlugen, und Salve nach Salve mit Kettenkugeln Mast und Rigg zerstörten, bis schließlich die Kanoniere, die nun fast alles zerstört hatten, Schrapnell luden und mit ihren Feldgeschützen auf die Männer feuerten, die im Wasser ums Überleben kämpften.

Und dann erinnerte er sich, wie ein einzelner Reiter auf einem glänzenden weißen Araber wie in einem Schauspiel plötzlich aus dem Nebel aufgetaucht war, an den Rand der Klippe geritten war und das Feuer auf die einzige 32-Pfünder lenkte, die noch immer vom qualmenden Deck der *Tiger* her Verachtung nach oben schoß ... Narishkin, Prinz Andrei Narishkin, Oberst der Jäger von Odessa und Adjutant des Zaren. Auch dieser Name war unauslöschlich in sein Gehirn gebrannt. Denn hatte nicht, erinnerte Philllip, Mademoiselle Sophie diesen Prinz Narishkin in der Kathedrale von Odessa geheiratet, ein paar Wochen nach dem Untergang der *Tiger*? Er riß sich zusammen und spürte dann, wie sein Körper sich in der Kälte doch entspannte. Eine Erinnerung, die er insgeheim sehr lange sehr geschätzt hatte, kehrte wieder und füllte seine Gedanken, verdrängte den Verlust der *Tiger* und die eigene Wunde, die er in der Schlacht empfangen hatte ... Die

Wunde hatte ihn fast das Leben gekostet, und nicht nur fast, wenn es Mademoiselle Sophie nicht gegeben hätte.

Er hatte sich monatelang nicht gestattet, an sie zu denken, aber jetzt, da er sich seiner strengen Selbstdisziplin und ihrer Gründe nicht mehr bewußt war, überließ er sich seinen Erinnerungen und freute sich, daß seine Erinnerungen an das schlanke, dunkelhaarige Mädchen, die er als Mademoiselle Sophie kennengelernt hatte, so klar und lebendig waren, als hätten sie sich gestern erst getrennt – was immer er sonst nach dem Schlag auf den Kopf auch vergessen haben mochte. Dabei war es... er schüttelte fragend den Kopf, und der Schmerz meldete sich pochend wieder. Wie lange lag die Trennung zurück? Wochen oder vielleicht Monate? Ja, Monate mußten es gewesen sein. Er war sich dessen sicher. Und immer noch war Sophie in Odessa, genau wie er, doch er war nicht zu ihr gegangen, hatte nicht versucht, sie zu finden ... obwohl sie vielleicht der Grund für seine Anwesenheit war.

Sie zu treffen war ganz sicherlich der Grund gewesen, daß er nach Odessa aufgebrochen war, als irgend etwas oder irgend jemand seinen Kopf getroffen hatte ... doch mit welcher Absicht? Wollte er dieses Treffen verhindern? Aber wer wollte verhindern, daß er Mademoiselle Sophie traf? Wer hätte ahnen können, daß sie das Ziel seines Landgangs war? Natürlich herrschte Krieg ... Er hatte dummerweise ganz vergessen, daß ein Krieg zwischen ihrem und seinem Land geführt wurde. Aber wenn eine Kosakenpatrouille ihn gesehen hatte, hätte sie ihn erschossen oder gefangen genommen. Kein Kosak hätte sich damit zufrieden gegeben, ihn einfach niederzuschlagen und ihn liegen zu lassen, wo er gefallen war. Wer sonst hätte es dann tun können? Vielleicht Prinz Narishkin? Nein, Narishkin war tot, war bei Balaklava gefallen. Er war an seinen Wunden im Zelt einer Frau des 93. Regiments gestorben, war tapfer gestorben mit dem Namen seiner Frau auf den Lippen. Phillip spürte, wie seine Kehle sich zuschnürte.

Auch diese Erinnerung war so deutlich, daß er spürte, sie war keine Einbildung. Narishkin hatte ihm den Ring wiedergegeben, der Mademoiselle Sophies Geschenk gewesen war, als sie die *Trojan* verlassen hatte. Er suchte in seiner Tasche danach, und seine Finger schlossen sich um das Kästchen, in dem er ihn immer aufbewahrte. Es sprang auf, und er sah den Ring, wie er erwartet hatte – einen wunderbaren Smaragd, in den der doppelköpfige Adler der Kaiserlichen Familie eingraviert war. Der Stein blitzte in dem fahlen Winterlicht, wie er da in seiner Hand lag. Er sagte sich, daß auch dieser Ring kein Traum war, steckte ihn achtsam wieder ein und ließ dann seinen schmerzenden Kopf auf seine Hände fallen. Er versuchte sich klar zu werden, was er als nächstes tun müßte, als seine Gedanken wieder durcheinander liefen.

Es war klar, daß er auf keinen Fall hier in der beißenden Kälte bleiben konnte. Er mußte den Weg nach Odessa finden ... Mühsam und schwankend erhob er sich, stand am Rand der Klippe und sah sich um. Er würde sich säubern müssen, müßte das Blut von Mantel und Jacke entfernen und müßte seine Kopfwunde auf irgendeine Art verbinden, ehe er sich in Odessa sehen lassen durfte. Ganz langsam und mit größter Vorsicht stieg Phillip in die Bucht hinunter, seine Glieder waren wie Blei. Er kniete dann am Wasser und untersuchte seinen Kopf, so gut er konnte, und benutzte dabei die Rückseite seiner Taschenuhr als Spiegel. Überrascht stellte er fest, daß es halb acht war – also Zeit genug, sich zu säubern, und das begann er dann ganz methodisch.

Die Verletzung an seinem Kopf war unschön, wenn man der silbernen Reflexion der Uhr glauben konnte, ein großer Riß, der von über dem rechten Ohr bis fast zur Mitte des Halses lief. Obwohl er offensichtlich viel Blut verloren hatte, fing die Wunde jetzt an, einzutrocknen. Er nahm sein Taschentuch, hielt es ins eiskalte Wasser, badete vorsichtig die Wunde und zuckte zusammen, als das Salz in sie eindrang. Dann benutzte er das Tuch als Verband. Er sicherte es nach ein paar Versuchen mit einem Streifen, den er aus seinem Hemdsärmel gerissen hatte. Jacke und Mantel waren viel schwieriger zu reinigen, weil auf beiden viel Blut klebte. Doch er wickelte sich in die stinkende Ölhaut und wusch beide Kragen sorgfältig aus. Die Sonne war noch nicht stark genug, um sie zu trocknen, als endlich die meisten Flecken entfernt waren, also wrang er soviel Wasser wie möglich aus und zog Jacke und Mantel sofort wieder an. Er zitterte, als der feuchte Stoff seine Haut berührte. Als alles erledigt war, fühlte er sich besser und entdeckte in seiner Tasche die halbvolle Brandyflasche, und seine Stimmung hob sich. Er leerte sie durstig und ohne an die Folgen zu denken. Wieder wirbelte der Himmel in zuckenden Kreisen um ihn herum, und er mußte mit dem Aufstieg warten, bis sein Kopf wieder klar war.

Doch der Brandy hatte ihm gut getan,und der Aufstieg war zwar mühevoll, doch er kostete sehr viel weniger Kraft als der Abstieg. Phillip fühlte sich seltsam, als er den Vorsprung erreichte, an dem er das Bewußtsein wieder erlangt hatte, und seine Mütze entdeckte, die ein paar Schritte links vor ihm lag. Sie mußte ihm vom Kopf gefallen sein, als ein Fels – oder was immer es gewesen sein mochte – ihn getroffen hatte. Wenn er sie holen könnte, würde sie den nützlichen und vielleicht entscheidenden Zweck erfüllen, die Kopfwunde vor neugierigen Blicken zu verbergen. Also bewegte er sich langsam und äußerst vorsichtig zu der Mütze hinüber, die ein paar Büsche auf der Klippe eingefangen hatten und jetzt noch hielten. Beim ersten Versuch erreichte er sie nicht, doch beim zweiten oder dritten packte er sie, war fast närrisch vor Freude und setzte sie triumphierend auf.

Da entdeckte er den ungewöhnlich gefärbten, großen

Stein, der etwas unterhalb des Fundorts der Kappe lag. Seine Neugier wurde wach, und er ließ sich herab, um ihn zu untersuchen. Das war ohne Zweifel der Gegenstand, der ihn getroffen hatte, entschied er, und er mußte von oben gekommen oder vom Klippenrand gefallen sein, denn ein Teil seiner Oberfläche war von Flechten bedeckt. Der Stein war sehr viel schwerer, als Phillip angenommen hatte, und es gelang ihm erst nach großer Anstrengung, ihn halb zur Seite zu drehen. Auf dem, was er für die Unterseite hielt, wuchsen keine Flechten. Er sah nur Risse und Kratzspuren die offenbar neu waren, was wohl bedeutete, daß er beim Fallen gegen andere Steine geschleudert worden war oder ... Phillip holte scharf Luft. Oder vielleicht war er aus seinem ursprünglichen Platz herausgebrochen worden ... Mit zusammengekniffenen Augen schaute Phillip nach oben und setzte seinen Aufstieg fort, wieder auf den Vorsprung zu, auf dem er gelegen hatte.

Er hatte unglaubliches Glück gehabt, spürte er, weil der Stein ihn im vorbeifallen nur seitlich am Kopf gestreift hatte. Hätte der Stein ihn voll getroffen, wäre sein Kopf gänzlich zerschmettert worden ... Er schauderte, und wieder meldete sich seine Erinnerung. Ihm fiel die plötzliche Vorahnung von Gefahr ein, die ihn dazu gebracht hatte, sich sofort nach vorn zu werfen. Er hatte einen Laut gehört, aber er hatte ihn nicht identifiziert. Das hatte nur Alarm in seinem Kopf ausgelöst, und Phillip hatte instinktiv reagiert. Als er den Vorsprung erreicht hatte, hielt er an. Da war diese Spalte im Fels, nicht sehr tief, aber groß genug, um einen Mann aufzunehmen, wenn er sich lang ausstreckte, und tief genug, um Schutz vor Wind und Wetter zu bieten. »Ein gemütlicher Platz für ein Nickerchen«, meldeten sich die Worte wieder. Das hatte doch jemand gesagt. Doch wer? Er konnte sich nicht erinnern. Vielleicht hatt er selbst sie ausgesprochen.

Er hielt an, versuchte vergebens sich zu erinnern und starrte wieder auf die Flechte in der inneren Höhlung des

Steins. Dann fiel ihm plötzlich etwas ein. Er zog sich nach oben auf den Klippenrand, ließ sich auf ein Knie nieder und blickte nun von oben in die Spalte. Er maß Spalte und Klippe mit den Augen und hielt es für möglich, daß der Stein, den er da gerade geprüft hatte, vorher am oberen Ende des Spalts gelegen haben könnte oder zum Überhang weiter oben gehörte. Was ihn so gefährlich getroffen hatte, konnte sich nur durch Zufall gelöst haben. Es gab keine noch so kleine Spur, die darauf hin deutete, daß irgendwer ihn absichtlich in seine Richtung geschleudert hatte, um Phillip zu treffen. Falls es Beweise gab, hatte er sie nicht gefunden und sollte für ihre Suche auch nicht mehr Zeit aufwenden. Wenn er Mademoiselle Sophie, die Prinzessin Narishkina, in Odessa treffen wollte, durfte er nicht länger warten.

Phillip erhob sich und riß sich zusammen. Noch immer schmerzte sein Schädel. Die ermutigende Wärme, die der Brandy gebracht hatte, war längst verflogen. Sein Körper war fast taub vor Kälte, taub und unbrauchbar wie das Erinnerungsvermögen, dachte er dumpf. Er hatte keine Ahnung, in welche Richtung er gehen sollte, und keine klare Vorstellung, warum er eigentlich Mademoiselle Sophie aufsuchen wollte. Doch die Unruhe blieb, als er an sie dachte, und nur sie, kein anderer Grund, ließ ihn über das leere Sumpfland trotten, und er hoffte, daß die Richtung stimmte.

Der Beweis, daß sie stimmte, kam ein paar Minuten später. Zu seiner Überraschung und Erleichterung hörte er aus der Ferne Glocken läuten, und er entdeckte den hohen Turm der Kathedrale von Odessa, an die er sich erinnerte. Das Bauwerk erhob sich hoch über Kuppeln und Dächer moslemischer Moscheen und anderer Gotteshäuser und über die roten Ziegel der steinernen Wohnhäuser. Also setzte er sich in Richtung Kirchturm in Bewegung und trottete weiter, bis er zwanzig Minuten später auf eine Straße stieß, der er folgte. Sie war tief zerfurcht und führte leicht bergauf. Auf der Anhöhe konnte er nach unten sehen und entdeckte mit einiger Verblüffung vier britische Kriegsschiffe, die in der Bucht vor Anker lagen.

Ihr Anblick tröstete ihn, doch nichts deutete darauf hin, warum sie dort lagen. Er beobachtete sie ganze fünfzehn Minuten lang und sah nur eine weiße Flagge, die vom Großmast einer Radfregatte aus wehte. Die *Trojan* war nicht dabei, und er spürte einen Augenblick lang eine gänzlich unsinnige Enttäuschung. Die *Trojan* war doch sein Schiff und hatte ihn doch wohl hierher gebracht und mußte also irgendwo in der Nähe sein. Doch ohne sein Fernglas würde er sie nie entdekken können. Ehe er seinen Aussichtspunkt verließ, starrte er nachdenklich ein paar Minuten auf eine Dampfschaluppe, die in ziemlicher Entfernung von den anderen drei Schiffen ankerte. Sie war ihm aus irgendeinem Grund vertraut und nahm seine Aufmerksamkeit länger in Anspruch als der Rest des kleinen Geschwaders. Doch sie war zu weit weg, als daß er sie klar identifizieren konnte. Immer noch ein bißchen verwirrt darüber kehrte Phillip auf die Straße zurück.

Als er sich dem Zentrum der Stadt näherte, traf er auf immer mehr Menschen. Doch tief in seine eigenen Gedanken versunken, ignorierte er sie und schritt so entschlossen aus, daß niemand ihn fragte, obwohl er einige neugierige Blicke auf sich zog. Der ungewöhnliche Schnitt seiner Kleidung und ein Stück Verband, das unter seiner Mütze hervorlugte, machten ihn zum Objekt der Neugier einiger Passanten. Doch ihm selbst fiel das nicht auf. Weil er keine Furcht zeigte und ihre Blicke unbewegt erwiderte, ließen selbst die Neugierigsten ihn ungehindert weitergehen, zuckten nur mit den Schultern. Einem verwundeten Marineoffizier, noch dazu einen mit einer Kopfwunde, konnte man so etwas Exzentrisches wie einen Fußmarsch schon nachsehen. Er ritt nicht, wie es sich gehörte, sondern lief mit feinen Stiefeln durch den tiefen Schmutz. Sein Gesicht war totenbleich und unrasiert.

Jetzt führte ihn blinder Instinkt. Er befand sich in einer Art Traum, wußte kaum, wo er war, noch wohin ihn seine Schritte führten. Er lief an leeren Getreidespeichern vorbei, an einem leeren Kasernenblock, nahm ihre Bedeutung nicht zur Kenntnis und gönnte ihnen keinen zweiten Blick. Die Kirchenglocken läuteten weiter und ihm dämmerte durch seinen Halbtraum, es müsse wohl Sonntag sein. Die Leute auf der Straße eilten wie er zur Kathedrale. Bis zu diesem Augenblick hatte er nicht gewußt, daß die Kathedrale sein Ziel war.

Mademoiselle Sophie würde dort sein, sagte er sich und zweifelte, benommen wie er war, keinen Augenblick an der Richtigkeit seiner Annahme. Gelegentlich rollten Kutschen an ihm vorbei, er drehte sich um, sah in jede hinein und fragte sich, ob eine wohl die ihre sei. Doch mehr als ein flüchtiger Blick durch die beschlagenen, schmutzbespritzten Fenster auf die Insassen gelang ihm nie.

Ein glücklicher Zufall ließ ihn die Stufen der Kathedrale erkennen, als gerade eine glänzende Kutsche davor hielt, von vier Füchsen gezogen und von zwei Vorreitern begleitet. Er stand inmitten einer sich drängelnden Menge, als er eine kleine, verschleierte Gestalt in Schwarz langsam aus der Kutsche steigen sah, wobei sie sich auf den Arm einer Begleiterin stützte. Selbst auf diese Entfernung erkannte er die Gestalt in Trauerkleidung, trotz des Schleiers und der Witwentracht. Sein plötzlich lauter Herzschlag verriet ihm, daß die Suche vorbei war. Mademoiselle Sophie, Ihre Kaiserliche Hoheit, Prinzessin Sophia Mikailowna Narishkina, war dort, nur ein paar Schritte von ihm entfernt, und er brauchte nur auf sie zuzugehen und nur ihren Namen zu rufen ...

Er wollte es gerade tun, hatte schon ein, zwei Schritte in ihre Richtung getan, als ihn sein Instinkt wieder warnte. Er konnte sie nicht öffentlich ansprechen vor allen anderen Kirchenbesuchern, die dem Gottesdienst beiwohnen wollten, aber... Er seufzte tief. Doch die riesige Kathedrale mit der Menge zu betreten und in ihrer Masse anonym und unbeobachtet zu bleiben, ohne Mademoiselle Sophie oder sich zu gefährden, konnte er sich wohl erlauben. Er hielt kurz vor der Treppe und behielt sie im Blick. Als ein nüchtern gekleideter Kaufmann mit seiner Frau vor einer Schar Verwandter und Kinder sich näherte, schloß er sich der kleinen Prozession an und betrat die Kathedrale. Drinnen verließ er die Familie, drückte sich an einem Kirchendiener vorbei, der die Ankommenden auf Sitze an beiden Seiten des Kirchenschiffs dirigierte, schlüpfte in den Schatten des Querschiffs, hielt dort an und schaute sich um.

Unter den goldenen Bögen strahlte die Kathedrale im Licht. Wände und Decken waren mit leuchtenden Fresken geschmückt, und am anderen Ende des Schiffs spiegelte vor dem Altar eine goldene Heiligenstadt juwelenbedeckt den Glanz Hunderter flackernder Kerzen wider. Ein Priester mit Mitra, der davor stand, war ganz in Licht gebadet.

Nach einigem Suchen entdeckte er, daß Mademoiselle Sophie und ihre Begleiterin ehrerbietig zu einem Platz geleitet wurden, der ein privater Kirchenstuhl zu sein schien, reich geschnitzt, vergoldet und mit einem Baldachin versehen – ganz am Ende des Ganges, in dem er Zuflucht gefunden hatte.

Schwere Samtvorhänge konnten die Sitzenden auf der Bank vor den Blicken der Gemeinde verbergen. Phillips Herz sank, als er merkte, wie der Kirchendiener die Vorhänge zuziehen wollte. Er trat näher. Und als habe sein leises Gebet Gott erreicht und die Sitzenden gestreift, sah er, wie Mademoiselle Sophie den Kopf schüttelte. Der Kirchendiener verbeugte sich, der Vorhang blieb offen. Als der Mann sich würdevoll zurückgezogen hatte, zwängte Phillip sich in seinen Sitz, von dem aus er durch Neigen des Kopfes in das Innere der Bank blicken konnte und so gelegentlich die beiden Damen sah, wenn sie sich nach vorne lehnten oder aufstanden.

Der Gottesdienst war sehr feierlich und beeindruckte Phillip wenig. Er hörte die Intonationen der bärtigen, mit Goldroben bekleideten Priester und die Antworten der dicht gedrängten Gemeinde kaum. Und obwohl er gewissenhaft niederkniete oder sich erhob, wenn die anderen das taten, galt seine ganze Aufmerksamkeit der tief verschleierten Gestalt im Kirchenstuhl vor ihm. Mademoiselle Sophie behielt den Schleier vor dem Gesicht, so daß er nur wenig entdecken konnte. Ihr Blick schweifte selten weg vom Gebetbuch, das sie in den Händen hielt, außer beim Knien zum Gebet. Auch dann verdeckte sie mit einer Hand ihre Augen, die Finger ausgestreckt und den Kopf andächtig geneigt.

Aus ihren bedächtigen Bewegungen schloß er, daß sie wohl noch schwanger war mit dem Kind, von dem Andrei Narishkin nach der Schlacht von Balaklava noch im Sterben mit solchem Stolz gesprochen hatte. Sie hielt sich gerade und würdevoll und sah in der Tat so aus wie damals, als er sie das erste Mal getroffen hatte. Sie war am Bahnhof Paddington in London aus der Kutsche von Lord George Melgund gestiegen. Auch damals hatte sie einen Schleier getragen. Mit genau derselben stolzen Haltung. Erst als sie ihn im Zug hob und Phillip fröhlich und warmherzig anlächelte, erkannte er, wie jung und bezaubernd sie aussah, und wie schön sie war.

Er gestand sich ein, daß sie immer unerreichbar für ihn sein würde, aber diese Erkenntnis änderte nichts. Seit er sie getroffen hatte, hatte er für andere Frauen keinen Blick mehr gehabt. Nicht einmal für Catriona Moray, der er sein Leben verdankte …

Phillip beugte sich in seinem Sitz nach vorn und betete, daß Mademoiselle Sophie in seine Richtung blickte. Doch diesmal wurde sein Gebet nicht erhört. Erst als der lange Gottesdienst sich langsam seinem Ende zuneigte, drehte sie sich um und sah ihn so kurz an, daß er sich fragte, ob er sich das nur eingebildet hatte. Nach einem Augenblick entschied er sich für die Einbildung. Er sah sie auf die Knie sinken, merkte, daß auch die Gemeinde zum Segen niederkniete und folgte verspätet ihrem Beispiel. Dabei erlebte er die seltsame kleine Szene in seinem Krankenzimmer im Palast der Gouverneurs noch einmal, als Mademoiselle Sophie gekommen und sich für immer von ihm verabschiedet hatte – am Tag vor ihrer Hochzeit.

Durch seine Schmerzen hatte sie mit ihm gesprochen. Er hatte ihre Worte damals nicht verstanden, sondern sie nur in der Erinnerung vergraben. Und von dort meldeten sie sich jetzt wieder, und er hörte sie, während er kniete und Mademoiselle Sophie beobachtete.

»Phillip, ich weiß nicht ob du mich verstehen oder hören kannst, aber ich ... Morgen ist der Tag meiner Hochzeit. Hier in der Kathedrale werde ich heiraten und dann abreisen. Ich muß meinen Mann begleiten, zuerst nach St. Petersburg, wo wir uns Onkel Nikita vorstellen werden und um seinen Segen bitten und dann ... ich weiß es nicht. Vielleicht nach Sewastopol oder nach Georgien ... überall wird gekämpft.«

Die Stimme klang bezaubernd und gleichzeitig unendlich traurig. Er hörte sie so klar, als säße sie jetzt neben ihm. Phillip schloß die Augen und ließ sie weitersprechen.

»Wir werden uns nicht wiedertreffen, wir dürfen uns nicht wiedertreffen«, hörte er sie flüstern. *»Ich kenne meine Pflicht. Ich muß mich von dir verabschieden. Aber du wirst wieder zu Kräften kommen und leben ... du mußt leben, um meinetwillen, Phillip. Wenn ich weiß, daß du irgendwo in der Welt am Leben bist, werde ich Frieden haben. Ich werde an dich denken und für dich beten, für dich und deine tapfere* Trojan. *Und ich werde wissen, wann du Kommandant der* Trojan *sein wirst. Mein Herz wird es mir sagen. Das Herz vergißt nichts, auch wenn es traurig ist. Wenn wieder Frieden herrscht, werde ich dich mit meinem Herzen sehen auf deinem Weg zurück nach England. Möge Gott mit dir sein, jetzt und immer, mein geliebter englischer Seemann ...«*

Phillips Kehle schnürte sich zu, die Handflächen waren feucht vom Schweiß. Irgend jemand stieß ihn an, und eine Männerstimme dicht an seinem Ohr, murmelte etwas, das er nicht verstand. Er öffnete die Augen und sah, daß der Gottesdienst vorüber war. Das Licht in der Kathedrale wurde dunkler, weil die Kirchendiener die meisten Kerzen löschten. Er kniete als einziger noch und erhob sich steif, als Mademoiselle Sophie und ihre Begleiterin von einem aufmerksamen Kirchendiener geführt ihren Kirchenstuhl verließen. Phillip war klar, daß sie direkt an ihm vorbeigehen müßte, wenn er stehenblieb. Also kümmerte er sich um das Drängen des Kirchendieners nicht, der ihn zur Seite schieben wollte. Wieder sprach der Mann ihn an, der ihn auch angestoßen hatte. Er packte ihn am Arm und zog ihn zurück, wollte ganz offensichtlich, daß er die Kathedrale verließ. Ungeduldig schüttelte Phillip ihn ab, dachte nicht an die möglichen Folgen und blieb stehen. Das Blut stieg ihm zu Kopf, und tausend Hämmer schienen in seinem Schädel gleichzeitig zu schlagen.

Mademoiselle Sophies Blicke, hinter dem Schleier verborgen, ruhten nur einen Augenblick auf seinem Gesicht, und dann ging sie ohne das leiseste Zeichen des Wiedererkennens an ihm vorbei, sichtlich schwanger und trotz des zusätzlichen Gewichts gerade aufgerichtet. Sie schaute nicht zurück, sprach nicht, und Phillip sah sie vorbeigehen und verschwinden, konnte sich nicht bewegen, nicht einmal ihren Namen flüstern. So schrecklich war der Schock, daß er meinte, eisiges Wasser habe ihn voll ins Gesicht getroffen, und plötzlich, als er so dastand, öffnete sich seine Erinnerung und alle Gedanken an Mademoiselle Sophie, die ihn weder erkannt noch begrüßt hatte, schwanden aus seinem Kopf.

Jetzt erinnerte er sich, warum er nach Odessa gekommen war, erinnerte sich an seinen Auftrag, an die vertraulichen Befehle seines Admirals, wußte, warum er an Land geblieben war, nachdem er seinen Bruder Graham auf die *Huntress* zurückgeschickt hatte. Das alles kam deutlich und klar zurück. Die Schiffe, die er in der Bucht gesehen hatte, waren die *Huntress*, die *Gladiator*, die *Wrangler* und die französische Dampffregatte *Mogador*. Unter der Waffenstillstandsflagge warteten sie auf die Antwort auf eine Note, die die Pinasse der *Gladiator* heute morgen übergeben hatte ... nein, gestern morgen, und zwar dem Hafenbeamten auf der Kaiserlichen Mole. Er und Graham hatten die Übergabe der Note im dichten Nebel beobachtet, bis Graham eine fürchterliche Attacke derselben Erkrankung niederwarf, die auch den jungen Anthony Cochrane in die Koje gelegt hatte. Er war gezwungen gewesen, seinen Bruder an Bord zurückzuschicken, ohne daß der Befehl ausgeführt worden war und... Mit wachsender Erinnerung wurde er sich der Gefahr bewußt, und erschreckt atmete er aus, als er merkte, in welcher Klemme er steckte.

Heute gab es keinen Nebel, in dem er Schutz suchen konnte, dachte er düster. Er stand allein in der orthodoxen Kathedrale von Odessa, in britischer Marineuniform, und fiel auf durch seinen schmutzigen Mantel, seine dreckigen Stiefel und den Verband um seinen Kopf. Nach den neugierigen Blicken der Gottesdienstbesucher zu urteilen, die an ihm vorbeischlurften, lud er zu Fragen ein – ja vielleicht zu seiner Festnahme. Selbst Fragen konnten schon ein Desaster auslösen. Er sprach nur wenige Worte Russisch und würde kaum in der Lage sein, eine Frage zu verstehen, schon gar nicht eine zu beantworten, wenn man etwas von ihm wissen wollte. Man würde ihn festnehmen, wenn er länger hier bliebe – daran bestand kein Zweifel.

Er zwang sich, ohne Hast zu gehen, und bewegte sich auf das Hauptportal der Kathedrale zu. Aus dem Augenwinkel sah er, wie der bärtige Mann, der ihn vor ein paar Minuten zurückhalten wollte, jetzt zu einem der Kirchendiener ging.

Er flüsterte auf diesen ein und deutete auf die Stelle, an der sie beide gestanden hatten. Nachdem der Kirchendiener dem Mann zugehört hatte, eilte er zu einem Vorgesetzten, der Bärtige ihm nach. Dann versuchten alle drei, sich durch die Menge auf ihn zuzudrängeln, Phillip hörte einen rufen, doch er verstand nicht, was sie von ihm wollten. Also stellte er sich taub und hielt nicht an. Wenn er das Portal erreichte, ehe seine Verfolger ihn erreicht hatten, dachte er verzweifelt, könnte er vielleicht die Flucht antreten. Die Treppe hinunterstürzen, sich in die Menge auf dem Platz mischen – das schien seine einzige Hoffnung. Natürlich konnte die Menge feindlich reagieren, wenn er in ihr Zuflucht suchte, aber das mußte er riskieren. So lange niemand ihn ansprach und eine Antwort erwartete, konnte er sich vielleicht seinen Weg in die Freiheit bluffen. Seine Uniform würde ihn wenigstens zeitweise schützen.

Er trat auf die oberste der Stufen der Kathedrale und wollte gerade in die Menge abtauchen, als ein Riese von einem Mann in glänzender Livree sich ihm in den Weg stellte. Er nahm seine Pelzmütze ab und reichte Phillip ein gefaltetes Stück Papier. Die beiden Kirchendiener und der Bärtige hielten angesichts des Livrierten überrascht an, offensichtlich verblüfft, daß jemand sich ihrem Opfer genähert hatte. Einer stellte eine Frage, die der Bote von oben herab beantwortete und auf das Papier zeigte, das er gerade übergeben hatte. Die beiden Kirchendiener zuckten mit den Schultern und verschwanden in der Kathedrale. Der Bärtige, der unsicher noch zögerte, drehte sich auf dem Absatz um, und Phillip verschwand, wie geplant, in der Menge auf dem Kirchplatz.

Phillip war überaus erleichtert und öffnete die Nachricht. Sie war in Englisch und sehr kurz, hastig mit einem Bleistift auf ein Blatt aus einem Notizheft gekritzelt. »*Dieser Mann ist mein Diener und vertrauenswürdig*«, las er. »*Er wird Sie zu meiner wartenden Kutsche führen. Beeilen Sie sich und sprechen Sie mit niemandem.«*

Keine Anrede, keine Unterschrift, doch Phillips Herz, das keinen Zweifel hatte, hob sich. So sehr war er erleichtert, daß er das knappe Entkommen aus der Kathedrale fast vergaß. Er sprang vor dem Riesen die Treppen hinab und mußte dann sogar warten, bis der ihn eingeholt hatte.

Phillip war klar, daß die Kutsche sich bereits entfernt hatte. Der Diener legte ihm eine Hand auf die Schulter und führte ihn ruhig quer über den Platz in eine leere Seitenstraße, wo er zu seiner unmäßigen Freude die Kutsche warten sah. Der Kutscher hielt die Pferde am Kopf. Der Kutschenschlag öffnete sich, als er näher kam, und Madmoiselle Sophies Stimme bat ihn herein. Er tat es, war hin- und hergerissen, daß der Augenblick endlich gekommen war. Sie reichte ihm die Hand und sah ihn, als er sie küßte, mit ängstlichen, tränennassen Augen an.

»Phillip, o Phillip, sind Sie's wirklich? Ich hatte nicht geglaubt, Sie je wiederzusehen. Und ganz bestimmt nicht hier. Sind Sie sich nicht der Gefahr bewußt, sich so in der Kathedrale zu zeigen? Und Sie sind verletzt?« Sie berührte mit ihrer Hand sanft den lockeren Verband um seinen Kopf »Kommen Sie«, sie deutete auf den Sitz neben sich, »ich nehme Sie mit nach Hause, damit Ihre Wunde versorgt wird. Und damit Sie sich ausruhen und etwas essen können. Sie sehen sehr mitgenommen aus!«

Phillip setzte sich, und die Kutsche rollte langsam an. Ihre Begleiterin, die ihm gegenübersaß, sah ihn neugierig an, sagte aber nichts.

Mademoiselle Sophie beantwortete seine ungestellte Frage beruhigend. »Keine Sorge, sie ist mein Mädchen und spricht kein Englisch. In ihrer Gegenwart können Sie ganz frei reden.« Sie zog den Schleier zurück und lächelte ihn zögernd an, immer noch in Tränen. »Ich... Es ist wunderbar, Sie zu sehen. So wunderbar, daß ich es kaum glauben kann. Aber Phillip, Sie schweben in Gefahr, jede Minute, die Sie hier sind. Ich habe Angst um Ihretwillen. Warum kamen Sie? Nein – doch bestimmt nicht meinetwegen?«

»Ich kam in die Kathedrale, weil ich hoffte, daß Sie dort sein würden«, gestand Phillip wahrheitsgemäß. Er fühlte sich plötzlich klein und verlegen wie ein Schuljunge und war sich bewußt, wie unangenehm deutlich er am ganzen Leib zitterte. Mademoiselle Sophie legte ihm mit einem kleinen mitleidigen Ausruf eine schwere Pelzjacke über die Knie, weil sie das Zittern mißverstand.

»Sie frieren und sehen krank aus. Das war ein Schock für mich, als ich Sie in der Kathedrale entdeckte. Ich hatte Angst, was sollte ich bloß tun ... Ich hatte nicht vorausgesehen, daß Sie dort sein könnten, denn ...« Ihre Stimme klang fragend. »Ist die *Trojan*, ich meine, liegt sie bei den anderen Schiffen? Ich habe durch das Fernglas gesehen, als der Nebel sich hob. Aber ich habe Sie dort nicht entdeckt.«

Also hat sie nach mir gesucht, dachte Phillip. Sie hatte sein Schiff gesucht, hatte das Unmögliche zu hoffen gewagt. Er seufzte, schwieg über das unglaubliche Wunder ihres Wiedersehens. Es war eingetreten, so unglaublich, daß beide es noch nicht begreifen konnten.

»Nein«, sagte er und fand irgendwie seine Stimme wieder. »Nein, die *Trojan* ist nicht dabei. Ich habe jetzt mein eigenes Schiff, die *Huntress*.«

»Sie sind also Kapitän?«

»Ja«, bestätigte er, »ich bin ihr Kommandant.«

Mademoiselle Sophie war sichtbar erfreut über die Nachricht, und ihr Lächeln, dessen Erinnerung er so lange in seinem Herzen getragen hatte, glich dem strahlenden Lächeln eines Kindes. Er starrte sie unentwegt an und weigerte sich, ihren kleinen, gerundeten Körper anzusehen, der stumm bezeugte, daß sie nicht länger ein Kind war. Er wollte in diesem wunderbaren Augenblick der Wiederbegegnung auch nicht akzeptieren, daß sie für ihn ewig unerreichbar war.

»Oh, nein lieber englischer Seemann, ich bin so froh über Sie. Und der verhaßte Kapitän North?«

»Starb an der Cholera!«

»Oh?« machte sie nur und hob die Schultern. »Ich will nicht so tun, als ob ich Mitleid für ihn empfinde, Phillip. Aber es ist so viel geschehen, seit Sie das letzte Mal hier waren«, sagte sie wieder ernst. »Vieles ist grausam, tragisch und falsch. Aber so ist der Krieg wohl. Und er geht weiter. Wir sind Feinde, Phillip!«

»Ja«, gab er mit Bedauern zu, dachte an ihren Mann und war aus tiefstem Grund dankbar, daß sie Narishkins Tod nicht erwähnte. Statt dessen sagte sie und betrachtete immer noch ernst und fragend sein Gesicht. »Phillip, warum sind Sie gekommen? Sie sind doch kein Narr und nicht tollkühn. Sie sind Engländer, sind immer sehr diszipliniert, gehorchen ihren Befehlen. Darum kämpfen sie auch so gut. Sagen Sie mir die Wahrheit, bitte, Sie sind doch nicht ohne Befehle hier an Land gegangen, nicht wahr?«

Phillip schüttelte den Kopf. Er wußte, daß er ihr die Wahrheit schuldig war, weniger durfte es nicht sein. »Nein, ich bekam den Befehl, an Land zu gehen. Erlauben Sie mir, Ihnen zu sagen warum?«

Ihre dunklen Augen tadelten ihn. »Ich fürchte, Sie kamen, um uns auszuspionieren. Und ich nehme an, Sie glaubten, daß ich Ihnen dabei helfen werde, weil ich einmal...« sie hielt inne, ihre Wangen wurden rot, und dann fuhr sie bitter fort: »Ich werde Ihnen helfen, auf Ihr Schiff zurückzukehren, aber mehr nicht. Ich hintergehe mein Land schon, wenn ich nur das tue, Phillip. Ich hätte zulassen müssen, daß man Sie in der Kathedrale ergriff. Aber ich konnte es einfach nicht. Man behandelt Kriegsgefangene in Odessa nicht mehr so wie damals, als Sie hier waren.«

»Ich bin ohne auf Ihre Hilfe zu hoffen, in die Kathedrale gegangen«, versicherte ihr Phillip leise. »Sie haben mein Wort. Ich wollte nur einen Blick auf Sie werfen, vielleicht mit Ihnen reden, bitte, Mademoiselle Sophie, erlauben Sie mir, den Grund meines Hierseins und meiner Befehle zu erklären.«

Sie lächelte leise, als er den Namen gebrauchte, unter dem sie an Bord der *Trojan* bekannt war und nickte dann zustimmend. »Bitte, ich bin ganz Ohr!«

Ohne die geplante Expedition ins Asowsche Meer zu erwähnen, erklärte Phillip ihr seinen Auftrag und das Ziel und was Graham und er bisher erreicht hatten. Er erwähnte die Erkrankung seines Bruders nur kurz und seine Rückkehr nach Odessa am Morgen, mit der er die Rückschlüsse bestätigen wollte, die er gestern gezogen hatte. Mademoiselle Sophie hörte ihm entspannt zu, und als er geendet hatte, streckte sie ihre Hände in einer Geste des Bedauerns aus.

»Ich glaube, ich verstehe, Phillip«, sagte sie. »Ihr Auftrag ist einer, der, sagen wir, Odessa schonen soll? Wollen die Franzosen uns wieder beschießen, nicht Ihr Admiral?«

»Das hat man mir gesagt, Mademoiselle... Madame!«

»Oh, Phillip, diese Stadt ist Pulver und Blei nicht mehr wert. Es ist genau so, wie Sie selber auf der Mole gesehen haben. Der letzte Angriff Ihrer Flotte legte die halbe Stadt in Schutt.« Ihre Stimme zitterte vor Mitgefühl. »Es gibt hier nur noch wenige Männer und für die Reparaturen wenig Geld, also ist nichts geschehen. Wir haben alles, was wir hatten – jeden Soldaten, der kämpfen konnte, unsere Kanonen, unsere Kornvorräte und alles Kriegsmaterial – auf die Krim geschickt. Damit Sewastopol verteidigt werden kann, blieb Odessa ohne Schutz. Phillip, die einzigen Soldaten, die wir noch haben, sind alte Männer oder Jungen. Unsere Schiffe verrotten im Hafen, wie Sie selber gesehen haben. Nicht mal die Fischer wagen auszulaufen. Unser Handel ist eingeschlafen, und wir haben nicht genug zu essen. Es war ein schlimmer Winter für uns, die Straßen ins Binnenland waren durch Schnee blockiert, der Fluß durch Eis. Wenn die Blockade fortgesetzt wird, wird es noch schlimmer.«

Sie seufzte, und Phillip zweifelte nicht, daß sie ihm die nackte, traurige Wahrheit sagte.

»Ich werde Ihnen alles zeigen, wenn Sie wollen«, bot Mademoiselle Sophie an. »Und wenn es Sie in die Lage versetzt, die zu überzeugen, die uns beschießen wollen, daß sich der Einsatz nicht lohnt, dann zeige ich Ihnen alles, was Sie sehen müssen. Wollen Sie es mit eigenen Augen sehen?«

Ihre Stimme klang jetzt tonlos, ohne jegliches Gefühl und krank vor Mitleid nickte Phillip mit dem Kopf. »Es würde mir beim Abfassen meines Berichts helfen, sicherlich. Doch ich versichere Ihnen, ich brauche keinen Beweis – und der Admiral auch nicht, denke ich. Aber die Franzosen müssen überzeugt werden und...«

»Also gut. Dann werden Sie Beweise bekommen, Phillip.« Wieder suchte sie sein Gesicht ab, als ob es dort eine Bestätigung gäbe. »Damit vertraue ich Ihnen nicht nur mein Leben an, das für mich jetzt nicht mehr viel bedeutet, sondern auch das vieler Bürger dieser so hart getroffenen Stadt. Ich glaube Ihnen, daß sie zu dem Zweck gekommen sind, den Sie mir genannt haben. Aber möglich wäre auch etwas anderes. Wir sind im Krieg, Phillip, es kann doch sein, daß Ihrem Erscheinen eine Invasion folgen wird, für die ich dann, wenn nicht ganz, aber doch teilweise Verantwortung trage. Geben Sie mir Ihr Wort, daß ich mich auf Sie verlassen kann?«

Phillip errötete und hielt ihren ängstlichen Blick ruhig aus. »Ich gebe Ihnen mein Ehrenwort, Hoheit, daß der Zweck meines Hierseins, den ich Ihnen nannte, wahr ist, nach meinem besten Wissen und meiner Überzeugung. Ich bin kein Spion und wurde nicht an Land gesetzt, um einen Angriff auf diese Stadt vorzubereiten, sondern – so verstehe ich meinen

Auftrag – um einen zu verhindern.« Er zögerte. »Aber ich muß Ihnen auch ehrlich eingestehen, daß ich Ihnen nicht zusagen kann, in Zukunft werde es keinen Angriff mehr geben, denn das weiß ich nicht. Solche Entscheidungen fallen im Oberkommando. Ich weiß allerdings, daß mein eigener Befehlshaber gegen eine solche Absicht ist und mich hierhergeschickt hat, damit meine Beobachtungen seine Informationen bestätigen, die er von Deserteuren oder Kriegsgefangenen bekommen hat.«

Mademoiselle Sophie dachte über seine Worte nach und legte dann ihre kleine behandschuhte Hand in seine. »Ich vertraue Ihnen, Phillip.« Dann sprach sie in Russisch schnell mit ihrer Magd, und die lehnte sich aus dem Kutschenfenster, um dem Kutsche die Befehle mitzuteilen. Das schwere Gefährt hielt an, der livrierte Diener, der Phillip begleitet hatte, sprang von seinem Kutschsitz und stand barhäuptig im offenen Kutschschlag, während seine Herrin ihm präzise auftrug, welchem Weg er zu folgen hatte. Sein Gesicht war hölzern und ohne Ausdruck wie das der Magd, und er zeigte keinerlei Überraschung, daß der Plan sich jetzt geändert hatte. Sie setzten dann die Fahrt fort, die Kutsche holperte über die zerrissene Straße, der Kutscher wendete geschickt, und Madmoiselle Sophie bat Phillip, den Platz einzunehmen, den die Magd innegehabt hatte.

»Von hier werden Sie besser sehen können«, sagte sie leise. »Es dauert nicht lange, bis Sie Beweise haben, daß wir uns nicht mehr verteidigen können, Phillip – vielleicht nur eine Stunde. Und dann müssen Sie auf Ihr Schiff zurückkehren. Ich wage es nicht, Sie länger hierzuhalten. Wird man Ihnen ein Boot schicken?«

»Ja, zwei Stunden nach Dunkelwerden. Das Boot holt mich in einer Bucht fünf Meilen von hier ab und...«

»Fünf Meilen. Dann brauchen sie ein Pferd. Und wir haben Zeit, uns um Ihre Wunde zu kümmern. Ich bin froh darüber.« Sie lächelte ihn wieder an, und er spürte ihre Zärtlichkeit. Ihm war, als bohre sich ein Messer in sein Herz.

»Danke, Mademoiselle Sophie, Verzeihung, Hoheit, ich vergesse immer, wie ich Sie anzureden habe.«

»Ich ziehe Mademoiselle Sophie von Ihnen vor, mein lieber englischer Seemann«, sagte sie sanft. »Es erinnert mich an glücklichere Zeiten, die doch nie wiederkommen werden, für keinen von uns, fürchte ich. Aber jetzt«, sie lehnte sich auf ihrem Sitz vor, »nähern wir uns der Kavalleriekaserne, in der einst die Jäger von Odessa standen unter dem Kommando meines Mannes. Sehen Sie sich gut um, Phillip.«

Unglücklich gehorchte Phillip ihr, und seine Aufgabe gefiel ihm gar nicht. In seinen kühnsten Träumen hätte er sich nicht vorstellen können, den letzten Teil seines Auftrags aus der Sicherheit einer vierspännigen prinzlichen Kutsche zu erledigen, mit einer Nichte des Zaren als Führerin. Aber das Schicksal hatte es wohl so bestimmt, und er war glücklich. Die Fahrt zeigte ihm alles Wichtige und bestätigte, was Mademoiselle Sophie über die Zerstörung der Stadt gesagt hatte. Die erste Beschießung von See her hatte Odessa in Schutt gelegt. Die Stadt war jetzt leer und verlassen und nicht mehr in der Lage, irgend etwas zur Fortsetzung des Krieges beizutragen.

»Sehen Sie es?« wollte Mademoiselle Sophie mit Tränen in den Augen wissen. »Haben Sie genug gesehen, Phillip, um sogar die Franzosen zu überzeugen, daß diese Stadt keine Bedrohung sondern ein wertloses Ziel für die Flotten darstellt?«

Er nickte mitfühlend. »Ja, ich habe genug gesehen, mehr als genug.«

»Dann klopfen Sie bitte ans Dach der Kutsche. Dann weiß der Kutscher, daß er uns nach Hause fahren soll.«

Phillip tat das Gewünschte. »Warum bleiben Sie hier?« fragte er schüchtern. »Sie müssen es doch nicht?«

»Warum?« wiederholte sie und klang fast verärgert. »Hier steht jetzt mein Haus, und außerdem war es der Wunsch meines Mannes, daß unser Kind hier geboren wird.« Der Ärger verflog. »Phillip, Sie wissen vielleicht nicht, daß mein Mann seinen Wunden bei Balaklava erlegen ist?«

Da war die gefürchtete Frage, und Phillip nahm sich zusammen, denn die Antwort durfte nur der Wahrheit entsprechen. »Ja, ich weiß«, sagte er behutsam und erinnerte sich an das Zelt mit der Lampe hinter den Linien der 93er, wohin Catriona Moray und ein paar Frauen der Hochländer den sterbenden Narishkin getragen und seinen zerstörten Körper in eine warme Decke aus dem Hochland gewickelt hatten. »Ich war bei ihm, und wir sprachen über Sie, Madame, Mademoiselle Sophie. Von Ihnen und Ihrem Kind... er war so glücklich über das Kind, glücklich und stolz.«

»Er wünschte sich einen Sohn, Phillip«, flüsterte sie gebrochen. »Ich bete darum, daß es ein Sohn wird, aus tiefstem Herzen bete ich darum. Wie ist er gestorben?«

»Sehr tapfer, Madame. Für ihn wurde alles getan, was möglich war, mein Wort darauf.«

Mademoiselle Sophie preßte ihre Hände zusammen und versuchte vergeblich, ein Zittern zu verhindern. »Wie haben Sie ihn gefunden, Phillip? Es sind doch so viele gefallen! Auf beiden Seiten! Bitte, berichten Sie, berichten Sie alles.«

Phillip erzählte kurz mit schonungsloser Offenheit und ersparte ihr nur die Einzelheiten des langen Todeskampfes von Andrei Narishkin und die Tatsache, daß er so lange auf dem Schlachtfeld gelegen hatte, ehe Catriona Moray ihn fand.

»Ihr Name war immer auf seinen Lippen. Und am Ende... Da war ein Mädchen, eine junge Hochländerin, die ihn gefunden und dabei geholfen hatte, ihn wegzutragen. Sie sah ein bißchen aus wie Sie. Sie saß bei ihm, und er bildete sich ein, daß Sie ihn versorgten. Sie spielte ihre Rolle gut, und er fand Trost.«

»Dafür bin ich sehr dankbar.« Sie schluchzte vor Trauer, aber kontrollierte sich sofort wieder, bekämpfte ihre Tränen. »Ich wollte von seinem Tod hören. Ich bin so froh, daß Sie bei ihm waren, Sie und das Mädchen. Ich bin froh und dankbar. Armer Andrei... Er war noch nicht mal von den Wunden genesen, die er an der Alma empfangen hatte.«

Phillip nickte und erinnerte sich an den leeren Uniformärmel und die schreckliche nur wenig verheilte Wunde am Bein, in der schon, wie Catriona ihm sagte, der Wundbrand eingesetzt hatte. Er wagte nicht zu sprechen.

»Er hätte hierbleiben können«, fuhr Mademoiselle Sophie fort. Ihre Hände in den engen Handschuhen bewegten sich immer noch unruhig. »Aber er wollte nicht. Sein Regiment lag beim Heer auf der Krim. Es wäre seine Pflicht, sagte er, es in die Schlacht zu führen. Er konnte nicht gehen, aber auf einem Pferd sitzen. Später, als es soweit war und ich ihn nicht überreden konnte zu warten, bis seine Wunde geheilt war, da bin ich mit ihm nach Simpheropol und später nach Bakshi-Serai gegangen. Er schickte mich hierher zurück, als wir wußten, daß ich ein Kind erwarte. Er erlaubte mir nicht, bei ihm zu bleiben.«

Das also ist ihre Ehe gewesen, dachte Phillip, und seine Kehle zog sich zusammen. Und immer hatte er Andrei Narishkin beneidet, lieber Gott, wie hatte er ihn beneidet. Dabei war Andrei tragisch wenig Zeit geblieben – ein paar kurze Wochen, ehe der Krieg nach ihm gegriffen hatte. Der Fürst hatte an der Alma gekämpft und war von dort auf ein paar weitere Wochen zurückgekehrt, ein Arm amputiert, ein Bein so schwer getroffen, daß er nicht gehen konnte, und dann hatte er alles, was noch zu leben lohnte, vor Balaklava weggeworfen.

»Phillip...« Mademoiselle Sophies Lächeln zitterte ein wenig, als sie ihn ansah, und er lehnte sich vor und streckte eine Hand aus, um ihre verkrampften Hände zu lösen. Sie waren trotz der Handschuhe kalt, und ihr Zittern erschreckte ihn. Mit der freien Hand nahm er den Ring, den sie ihm einst geschenkt hatte, aus der Tasche, öffnete das Kästchen und hielt ihn ihr entgegen.

»Ihr Mann gab mir diesen Ring wieder, ehe er starb. Er sagte, die Gabe käme von Ihnen beiden.«

Im Licht der dreckbespritzten Fenster glänzte der wertvolle Stein nur leicht, doch Mademoiselle Sophie erkannte ihn überrascht wieder.

»Ist es der, den ich Ihnen gab?«

»Ja, genau der!«

Sie seufzte. »Unsere Schicksale und das Schicksal des Rings sind seltsam miteinander verflochten, nicht wahr, Phillip? Als ich die *Trojan* verließ und Sie bat, eine Erinnerung an mich anzunehmen, habe ich nie gedacht, daß er für uns solche Bedeutung gewinnen könnte ... und für Andrei. Ich wollte Ihnen ein kleines Geschenk machen und hatte sonst nichts Wertvolles bei mir. Der Ring gehörte früher meinem Vater ... oh, Phillip, ich bin so froh, daß Andrei ihn Ihnen zurückgegeben hat, aus vielen Gründen, über die ich besser nicht spreche. Bitte, behalten Sie ihn als ... als Erinnerung. Eine Erinnerung an uns beide.«

Sie legte ihm den Ring wieder in die Hand, doch Phillip schüttelte den Kopf. »Ich brauche keine Erinnerung. Ich werde Sie nicht vergessen. Ich werde Sie beide nicht vergessen, solange ich atme. Aber erlauben Sie mir, ihn Ihrem ungeborenen Kind zum Geschenk zu machen!«

Mademoiselle Sophie versuchte, ihm zu antworten, aber es gelang ihr nicht. Schließlich hielt sie ihm still und tränenreich ihre Hand entgegen, und Phillip nahm nach einem Augenblick des Zögerns den Ring aus dem Kästchen und schob ihn achtsam auf einen ihrer schlanken, kalten Finger. Für ihn war dies seltsam symbolisch, und als sie sich über ihn beugte und den so fein geschnittenen Stein bewunderte, der jetzt ihre Hand schmückte, wurde ihm deutlich, daß dies ihr Abschied war, ihr endgültiger Abschied. Er hatte ihr den Ring wiedergegeben, der sie beide verbunden hatte – hatte ihn freiwillig, ohne Zwang zurückgegeben, so daß ihre Schicksale nicht länger verflochten blieben. Sie würden sich nie wieder treffen. Das wußte er instinktiv – und konnte kein Bedauern fühlen. Es reichte, daß er sie gekannt und sie geliebt hatte, wenn auch ohne jede Hoffnung auf Erfüllung. Sie waren am Ende eines Weges, den sie zusammen gereist waren, und nun nahte das Ende eines Traums, den sie vielleicht beide geträumt hatten, und mehr als ein Traum war der gemeinsame weitere Weg nie gewesen.

Als habe sie seine Gedanken erraten, hob Mademoiselle ihren Kopf und sah ihn mit tränenverschwommenen Augen an, lange und nachdenklich. Sie lächelte nicht mehr, ihr kleines Gesicht war ernst, doch sehr zart, und sie flüsterte, was wie ein Segen klang: »Das Herz vergißt nie, Phillip, wie traurig es auch immer sein mag. Mein Herz wird nie vergessen. Möge Gott mit Ihnen sein, mein tapferer englischer Seemann, jetzt und immer.«

Phillip hob die Hand, die er hielt, an seine Lippen. Sie sahen sich wortlos an, denn es gab nichts mehr zu sagen, als die Kutsche in den umzäunten Besitz der Narishkins rollte und klappernd vor der schweren, eisenbeschlagenen Tür des Palastes zum Halten kam.

7

Phillip verließ den alten, steinernen Palast der Narishkins bei Sonnenuntergang auf einem Pferd aus den Ställen des Hauses und wurde von Boris, dem livrierten Diener, begleitet.

»Man kann Boris ganz und gar vertrauen«, hatte sie Phillip versichert. »Er spricht nur seine eigene Sprache, unsere Bauern sind eben keine Sprachgenies, aber ich habe ihm befohlen, Sie bis zum Treffpunkt zu bringen und von dort mit beiden Pferden zurückzukehren, wenn Sie seine Dienste nicht weiter brauchen. Es ist unwahrscheinlich, daß Sie angehalten und verhört werden, aber wenn, dann weiß Boris, was er zu sagen hat. Und sollte Sie jemand belästigen, wird er Sie unter Einsatz seines Lebens verteidigen.«

Als Phillip jetzt die grobe Küstenstraße entlangtrottete, und Boris sich ein Stück hinter ihm hielt, dachte er fast ungläubig an die Stunden zurück, die er als Gast in dem großen wohlausgestatteten Haus verbracht hatte. Er war aus einem Flüchtling in blutigen Kleidern und mit einem verletzten Schädel in einen verehrten Gast verwandelt worden, den ein kleines Heer von Dienern betreute, still und erfahren. Seine Wunde war gereinigt und sorgfältig verbunden worden. Tee aus einem großen Samowar wurde ihm gereicht, während er seinen angeschlagenen und schmerzenden Körper in einer großen Wanne mit heißem Wasser badete, in das man Heilkräuter gelegt hatte, die alle Krämpfe lösten.

Als er in einen dicken Bademantel gekleidet vor einem brennenden Kamin saß, hatte man ihm ein Essen serviert, Gang auf Gang, und ihm immer wieder Wodka und Wein offeriert. Er war zu lange ohne Essen gewesen, um dem allem voll gerecht zu werden, doch er hatte es genossen. Später hatten ihm der Majordomus und ein livrierter Kammerdiener in seine Uniform geholfen. Es war ihnen gelungen, sie zu trocknen und auszubessern, so daß sie ihm wieder gut stand, über frischer leinener Unterwäsche, die nicht seine war, doch wie für ihn gemacht schien. Nur sein Bootsmantel hatte ihren Versuchen widerstanden. Statt seiner hatte der Majordomus ihm eine Auswahl pelzverbrämter Mäntel und Umhänge vorgelegt und ihn mit Handzeichen eingeladen, seine Wahl zu treffen und auf sein wiederholtes Kopfschütteln nicht geachtet. Schließlich mußte Phillip nachgeben und hatte sich für etwas entschieden, das seinem eigenen zerrissenen Bootsmantel am nächsten kam. Er berührte mit den Fingern den kostbaren Pelzbesatz am Hals und lächelte verschmitzt, als er sich fragte, was wohl Ambrose Quinn zu seinem Wiedererscheinen sagen würde – in geborgter und offensichtlich russischer Ausstattung. Irgend etwas würde sich sein Stellvertreter schon denken, ohne Zweifel. Solch eine Gelegenheit, Neugier zu zeigen, ja sogar eine Anklage anzudeuten, würde er sich nicht entgehen lassen. Aber hatte nicht Quinn selbst ein paar Erklärungen abzugeben?

Phillip seufzte. Sein Kopf war jetzt wieder klar, seine Erinnerung deutlich, und er grübelte wieder über das Ereignis am Rand der Klippe. Zugegeben, er war am Morgen durcheinander gewesen und hatte sicher vieles übertrieben, was er aus der Lage des Steins abgeleitet hatte. Der gefährliche Stein hätte zufällig fallen können, ohne daß Quinn es wußte oder ihn selbst oder mit Hilfe anderer in Bewegung gesetzt hatte. Schließlich war die ganze Felswand nichts als eine Menge loser, rutschender Steine und Felsbrocken. Andererseits konnte die Möglichkeit, daß der Stein nicht zufällig gefallen war, auch nicht ganz ausgeschlossen werden. Quinn hatte genau gewußt, wo Phillip Schutz gesucht hatte, hatte ihm sogar die Felsspalte gewiesen, hatte vorgeschlagen, sie sei doch »ein angenehmes Plätzchen für ein Nickerchen«. Ja, so etwas hatte er gesagt. Dabei paßte es überhaupt nicht zu ihm, sich über so etwas Triviales wie den Komfort seines Kommandanten den Kopf zu zerbrechen.

Doch gestern Abend hatte er das ... Unwillkürlich zügelte Phillip sein Pferd und unterdrückte eine laute Bemerkung. Boris war sofort neben ihm, höchst aufmerksam. Doch Phillip schüttelte nur den Kopf, lächelte entschuldigend, der Mann erwiderte das Lächeln und fiel wieder zurück.

Vielleicht gibt es einen Weg, die Wahrheit herauszufinden, überlegte Phillip, als sein Pferd wieder den gewohnten Trott aufnahm. Sicher würde es kein schlüssiger Beweis sein, aber um seines eigenen Friedens willen mußte er entscheiden, ob ihm die Verletzungen der letzten Nacht zufällig oder mit Absicht zugefügt worden waren. Er würde es vielleicht nie nachweisen können, doch er selbst würde es wissen, und sich in Zukunft davor hüten, in seiner Wachsamkeit gegen Ambrose Quinn je nachzulassen. Es war schon seltsam, dachte er, daß er heute in der Hand der Gegner seines Landes in weniger Gefahr geschwebt hatte als in der letzten Nacht bei seinem Stellvertreter. Wirklich? Nein. Er hielt sich zurück. Nicht wirklich, sondern vielleicht. Gegen Quinn hatte er nichts in der Hand. Um dem Mann gegenüber fair zu bleiben, mußte er seine Augen offen halten, bis er etwas beweisen konnte. Sonst mußten die Zweifel zu seinen Gunsten sprechen, wie vor ein paar Tagen beim Sturz von Lightfoot aus dem Rigg. Schließlich hatte sich auch der Ausschuß so verhalten, als man den Tod von Commander Francis Willoughby untersuchte.

Phillip preßte die Lippen zusammen und drückte seine

Hacken dem Pferd in die Seite, war plötzlich ungeduldig, weil er einen Entschluß gefaßt hatte. Er wollte seinen Verdacht einem Test unterziehen, entschied er. Die Prüfung würde wirklich einfach sein. Er brauchte nur in das gemütliche Plätzchen in der Felswand zurückzukehren und dort zu warten. Wer würde kommen? Wenn Quinn käme, wären alle Zweifel ausgeräumt. Denn Quinn würde nicht kommen, wenn er nicht erwartete, Phillip dort verletzt zu finden, so wie er ihn verlassen hatte. Oder sogar tot.

Phillip atmete tief aus, bedrückt und entsetzt über das, was er vorhatte. Immer noch zögerte er zu glauben, daß sein Verdacht sich erhärten könnte zu einem Beweis. Quinn war immerhin britischer Marineoffizier ...

Boris berührte seinen Arm und zeigte voraus. Dort lag im goldenen Licht der sinkenden Sonne das britische Geschwader vor Anker. Phillip nickte bestätigend und verjagte seine bösen Gedanken, auch die an Quinn.

Er trieb sein Pferd in einem scharfen Galopp vor seinem Begleiter die Steigung empor und hielt nach einem kurzen Blick nicht mehr an. Er hatte gesehen, daß die Schiffe ihre Position nicht verändert hatten. Alles schien in Ordnung. Die *Gladiator* zeigte immer noch die weiße Flagge am Großmast, und seine *Huntress* hielt sich immer noch weit vom Geschwader entfernt. Phillip hatte dank Mademoiselle Sophie seinen Auftrag ausgeführt. Je früher er jetzt an Bord zurück war und seinen Bericht ablieferte, um so besser. Er drehte sich im Sattel, winkte Boris herbei, und als der Russe neben ihm war, galoppierten sie weiter.

Zehn Minuten später verließen sie die Straße und überquerten bei halber Dunkelheit den Sumpf. Weil das Licht schnell schwand, wurden sie langsamer und vorsichtiger. Am Rand der Klippe sprang Phillip aus dem Sattel und gab dem großen Diener die Zügel und machte ihm mit Zeichen klar, daß sie das Ende des Ritts erreicht hatten. Aber Boris akzeptierte diese Trennung nicht sofort. Er griff in die Satteltasche und holte eine Flasche Wein und ein paar Vorräte heraus, die in eine leinene Serviette eingewickelt waren. Er legte ihm alles zu Füßen, verbeugte sich, stieg dann in den Sattel und war schnell im wachsenden Dunkel verschwunden. Nur das Klappern der Hufe war auf der eisenharten Erde noch eine Weile zu hören, als die Dunkelheit Reiter und Rosse bereits geschluckt hatte. Als das Klappern verklang, wußte Phillip, daß er nun wieder allein war. Sorgfältig suchte er den Rand der Klippe ab und betrachtete die Bucht. Zufrieden stellte er fest, daß niemand da war. Dann fand er auch den Spalt in der Wand wieder, den Quinn für ihn entdeckt hatte, fand die Lampe, die so lag, wie er sie zurückgelassen hatte, nahm den Wein und die Delikatessen und ließ sich auf die Felskante hinab, um auf die Ankunft der Gig zu warten.

Das Boot näherte sich vor der Zeit. Leises Klatschen von Riemen kündete es wie üblich an, und es bewegte sich mit Vorsicht. Also hatte wohl Leutnant Quinn wieder das Kommando. Es war jetzt so dunkel, daß Phillip von seinem Versteck aus die Gig nicht entdecken konnte, doch ihre Annäherung war deutlich über das Wasser zu hören und dann auch das Knirschen des Bugs auf den Steinen des Ufers zehn Minuten nach Einlaufen in die Bucht.

Phillips Herz schlug schneller, als er da in der Dunkelheit hockte und darauf wartete, daß die Männer an Land waten. Und daß einer oder zwei die Klippe hinaufstiegen, um ihn zu suchen. Doch zu seiner Verblüffung kam niemand. Und nach vier, höchstens fünf Minuten hörte er Quinns lauten Befehl abzulegen. Die Erkenntnis, daß die Gig ohne ihn zur *Huntress* zurückkehren würde, kam als unerwarteter Schock, und er hätte fast entschieden, die Falle, die er so sorgfältig gestellt hatte, aufzugeben. Er stand auf, legte die Hände an den Mund, als wolle er rufen, doch dann fiel ihm etwas Besseres ein.

Er hatte nichts bewiesen, hatte seinen Verdacht weder bestätigt noch ausgeräumt und mußte doch das eine oder das andere tun, um Frieden mit Ambrose Quinn zu finden. Die Gig würde eine Stunde vor Tagesanbruch in die Bucht zurückkehren, und bis dahin konnte Phillip warten. Eine zweite Nacht im Freien wäre zwar nicht angenehm, aber sie würde ihm nicht sehr zusetzen. Es war kalt, doch er hatte zu essen und zu trinken und einen pelzgefütterten Umhang. Und hier gab es genügend Schutz. Er konnte sich also Zeit lassen und die Gelegenheit nutzen, über Quinn nachzudenken oder zu einem Entschluß zu kommen.

Er ließ die Hände fallen und setzte sich wieder. Stirnrunzelnd versuchte er, Gründe für das Verhalten des Ersten Offiziers zu finden. Er wußte, daß Ambrose Quinn gewiß kein Narr war und gewöhnlich keine Risiken einging. Er würde jetzt auf Nummer sicher gehen, wenn es etwas zu verbergen gab. Doch er hatte sich seltsam benommen. Er hatte nicht gesucht, nicht einmal den ersten Uferstreifen kontrolliert und hatte der Mannschaft nicht erlaubt, an Land zu gehen. Warum? Ein warnendes Licht hatte nicht gebrannt, die Bucht war still und verlassen, und obschon sein Befehl lautete, zehn bis fünfzehn Minuten zu warten, hatte Quinn kaum vier bis fünf Minuten verstreichen lassen, ehe er wieder ablegte. Dieses Verhalten schrie nach einer Erklärung, die Gig war schließlich in keiner erkennbaren Gefahr gewesen.

Phillip starrte in die Dunkelheit. Seine Augen verengten sich, als er das Klatschen der Riemen hörte. Er versuchte zu entscheiden, ob der fehlende Versuch seines Stellvertreters, selbst eine oberflächliche Suche durchzuführen, die Tat eines unschuldigen Mannes war oder … Er rückte hin und her, spürte den harten Fels. Oder war es die Tat eines Mannes, der einen Mordversuch auf seinem Gewissen hatte? Phillip seufzte. Wenn Quinn beim Einlaufen in die Bucht gewußt hatte, daß sein Kommandant oben am Klippenrand verletzt lag, aus welchen Gründen hätte er dann so gehandelt wie eben?

Phillip legte sich zurück und wickelte den Mantel um sich. Er hatte die ganze Nacht vor sich, um über die Lösung des Problems nachzudenken, also wollte er die Zeit gut nutzen und die Frage von allen Seiten beleuchten und sie logisch beantworten. Keine angenehme Sache, aber immerhin würde sie ihn so beschäftigen, daß seine Gedanken nicht wieder zu Mademoiselle Sophie zurückliefen, an die er nicht mehr zu denken wagte, nicht, ehe der Abschiedsschmerz verklungen war. Er fühlte einen Kloß im Hals und zwang sich zur Disziplin. Als erstes würde er versuchen, sich an Quinns Stelle zu versetzen, entschied er, und die Situation aus Sicht seines Ersten Offiziers einschätzen.

Angenommen, er war für den fallenden Stein verantwortlich – absichtlich oder nur zufällig: Würde er dann heute abend die Klippe nach seinem verwundeten Kommandanten absuchen? Oder würde er die Suche verschieben, damit die Chance größer würde, daß der arme Verletzte inzwischen seinen Wunden erlag? In Quinns Augen mußte der Stein sein Ziel erreicht haben und der Kommandant tot sein oder im Sterben liegen. Doch sicher war das keineswegs. Der Stein hätte ihn nur im Vorbeifallen treffen können, wie es ja wirklich gewesen war. Davon hätte Phillip sich ganz oder teilweise erholen können. Diesen Vermutungen brauchte er nicht weiter zu folgen. An Quinns Stelle, sagte Phillip sich grimmig, würde er das nie ausgeschlossen haben. Er würde die Suche verschieben – so wie Quinn es auch getan hatte – und seinen Befehlen strikt folgend am nächsten Morgen mit der Gig in die Bucht zurückkehren, weil ... Phillips Stirn lag in Falten, weil er diese Richtung seiner Gedanken nicht mochte.

Quinns kurzer Halt in der Bucht sollte die Tatsache bestätigen, daß sein Kommandant das erste Treffen nicht wahrnehmen konnte. Der Grund dafür war offen, doch vor allem galt die Möglichkeit, daß der Verletzte oben in den Klippen lag und daß das gemütliche Plätzchen inzwischen sein ewiger Ruheplatz geworden war. Falls er noch nicht tot war, würde eine zweite ungeschützte Nacht in der eisigen Kälte ihn töten. Diese Annahme brauchte man nicht weiter zu diskutieren.

Phillip zitterte trotz des Schutzes, den ihm sein dicker, pelzgefütterter Umhang bot. Lieber Gott, jetzt nach Sonnenuntergang war es wirklich kalt. Er bereute bereits seine Entscheidung, eine zweite Nacht auf diesem verlorenen Platz zuzubringen. Aber er war nun einmal hier, und jede Reue kam zu spät. Er setzte sich und öffnete die Weinflasche, die Mademoiselle Sophie ihm mitgegeben hatte und nahm einen großen Schluck. Wie er gehofft hatte, weckte der Wein die Illusion von Wärme und Wohlgefühl. Nach einer Weile nahm er seine Analyse wieder auf – immer noch aus Sicht von Ambrose Quinn und immer noch nahm er an, der Mann habe absichtlich einen Anschlag auf sein Leben verübt.

Indem er die Suche bis zum Morgen verschob, ließ Quinn Raum für alle Möglichkeiten. Er hatte sich ja auf nichts eingelassen, und die Zeit arbeitete für ihn. Wenn sein Kommandant zwei lange, kalte Nächte auf der Klippe überlebt hatte, wäre er sicher kaum in der Lage anzuklagen und würde sich vermutlich nicht an das erinnern, was geschehen war. Überlebte er nicht, würde der Landungstrupp seine Leiche finden, und seinen Tod würde man als Folge eines Unfalls oder eines feindlichen Angriffs einstufen. Quinn brauchte damit niemanden zu behelligen. Für ihn sprach, daß er seine Befehle buchstabengetreu ausgeführt hatte. Wahrheitsgemäß könnte er behaupten, von den Gründen seines Kommandanten nichts gewußt zu haben, der feindliches Land betreten hatte unter klarem Bruch des Waffenstillstandabkommens, den die weiße Flagge ankündigte.

Und selbst wenn die Verletzungen des Kommandanten nur leicht waren und er am nächsten Morgen auf dem Strand erschien, brauchte Quinn nur zu leugnen, daß er gehört oder gesehen hatte, wie der Felsbrocken fiel. Er wußte also offiziell nicht, daß sein Kommandant verletzt war. Er brauchte nichts zu befürchten, solange er bei dieser Aussage blieb – wie es ihm bei Lightfoots Sturz ja auch gelungen war, erinnerte Phillip sich erbittert. Niemand konnte ihm vorwerfen, einen Unfall nicht untersucht zu haben, von dem er gar nichts wußte. Und dennoch mußte er gewußt haben, was geschehen war. Er war verdammt noch mal so nahe gewesen, daß er den Felsen gehört haben mußte, der nach unten stürzte, egal ob die Dunkelheit Sicht gewährte oder nicht. Auf jeden Fall war er zur Gig zurückgekehrt, ohne sich darum zu kümmern, ob sein Kommandant getroffen worden war und damit ... Phillip fluchte leise. Er nahm wieder einen Schluck Wein und fühlte plötzlich das heiße Verlangen, bis zum Vergessen zu trinken, um die Qual seiner eigenen Gedanken zu ertränken samt den Schlüssen, die er aus seinem Nachdenken zog. Doch dann schloß er die Flasche und legte sie neben sich. Noch war nichts entschieden. Aus Fairneß gegen Ambrose Quinn mußte er nun alles noch einmal durchspielen unter der Annahme, daß sein Stellvertreter unschuldig war und ihm weder absichtlich noch anderweitig nach dem Leben getrachtet hatte oder ihn verletzen wollte.

In den nächsten zwei Stunden kämpfte er gegen den fast übermächtigen Wunsch zu schlafen. Er zwang sich, alles, was am letzten Abend hier oben auf der Klippe passiert war, noch einmal nach bester Erinnerung und aus allen Blickwinkeln zu beleuchten. Manchmal verteidigte er dabei Quinn, manchmal klagte er ihn an. Sorgfältig ging er durch, was sie gesagt hatten und was die beiden Matrosen hören konnten, die Graham ins Boot nach unten getragen hatten. Doch wie er es auch drehte, der Lösung des Problems kam er nicht näher. Ob Quinn absichtlich den Felsen gelöst hatte oder ob das reiner Zufall war – er konnte nichts beweisen, entschied er müde. Und ohne Beweise waren ihm die Hände gebunden, und er mußte seinem Ersten Offizier eben den Vorteil des Zweifels angedeihen lassen, wie stark der auch immer war.

Nach einer ganzen Weile gestand er sich deprimiert ein, daß er nie eine zufriedenstellende Antwort auf die Fragen finden würde, die ihn quälten. Also machte er sich über das Essen her, das Boris ihm da gelassen hatte, und fiel in einen unruhigen Schlaf. Die Kälte betäubte ihn so, daß er sich zweimal auf den Rand der Klippe emporschwang, um dort auf und ab zu laufen und mit den Füßen zu trampeln, um seinen Blutkreislauf wieder in Bewegung zu setzen. In der kalten, mondhellen Nacht konnte er weit über die flache, sumpfige Ebene blicken, obwohl der niedrig liegende Nebel, der in Schwaden von See her heranwehte, die Sicht auf den Eingang der Bucht verdeckte.

Das war sicherlich gut für die Gig, dachte er, und auch für ihn, wenn es Zeit wurde für den zweiten Versuch, Ambrose Quinn eine Falle zu stellen. Er seufzte und ließ sich steif in die Felsspalte hinunter und trank die letzten Schlucke Wein, ehe er sich niederlegte. Diesmal schlief er ein und wachte auf in dem sicheren Gefühl, daß irgend etwas nicht in Ordnung war. Er blieb ruhig liegen und lauschte auf das Geräusch, das ihn geweckt hatte, bewegte seine Glieder, die sie ihm hoffentlich gehorchen würden, wenn er sich schnell bewegen müßte. Da erschienen plötzlich und ohne Vorwarnung aus der Dunkelheit zwei Hände über seinem Kopf, eine packte ihn an der Schulter, die andere legte sich auf seinen Mund, um einen Schrei zu verhindern.

Schlaftrunken dachte er zuerst, Quinn sei zurückgekehrt, um zu vollenden, was er begonnen hatte, und Phillip versuchte verzweifelt, sich zu befreien. Aber die Hände, die ihn unten hielten, waren ungeheuer stark. Doch er spürte zu seiner Verblüffung, daß ihr Griff sehr sanft war. Wer immer sein Versteck gefunden hatte, hatte ganz sicher nicht die Absicht, ihn zu verletzen. Als er aufgab, sich zu wehren, lockerte sich der Griff, und Phillip konnte sich aufrichten. Noch immer war er von der Kälte so betäubt, daß er sich ohne Hilfe nicht aufrichten konnte. Und dann sah er das lächelnde Gesicht von Boris, Mademoiselle Sophies riesigem Diener. Der Mann hielt einen Finger an die Lippen, um Schweigen zu verlangen, und half Phillip an den Rand der Klippe. Er war zu Fuß hier, seine Pferde waren nirgendwo zu sehen. Er deutete immer wieder auf die Bucht und murmelte etwas in seiner Sprache, das Phillip nicht verstand.

Noch immer lag der Nebel dicht über dem Wasser, dennoch konnte Phillip, etwa eine Meile vor der Bucht, die Ankerlichter eines Schiffes entdecken. Als er sie genauer zu identifizieren suchte, erschien der Mond hinter einer Wolke, und Phillip erkannte an Rigg und Aufbauten seine *Huntress*. Doch was um alles in der Welt hatte sie hier zu suchen? Warum hatte sie ihren Ankerplatz verlassen und sich vor die Bucht gelegt? Wie als Antwort auf eine Frage deutete Boris nach unten und sagte wieder etwas, was Phillip nicht verstand. Phillip unterdrückte einen Entsetzensschrei, als er einen Lichtblitz auf dem Deck des Schiffes aufblitzen sah. Ein zweiter und dritter folgten schnell und rhythmisch – dreimal kurz, einmal lang – eine Frage also. Die *Huntress* signalisierte etwas, das ihm galt. Nachdem er die Blitze einige Augenblicke beobachtet hatte, verstand er das Signal: *Sind Sie da?*

Ungläubig und wütend starrte er auf das Stück Wasser zwischen Ufer und Schiff. Was für ein verrücktes Spiel spielte Ambrose Quinn jetzt? Phillip hatte doch strikt befohlen, daß die *Huntress* auf ihrem Ankerplatz bleiben müßte, hinter dem Geschwader, und daß auf gar keinen Fall Signale ausgetauscht werden durften, solange er an Land war. Alle vier Schiffe konnten von der Straße her und von den Küstenforts gesehen werden. Wenn die Garnison der Stadt auch so gut wie leer war, hatte man doch sicherlich wenigstens eine Wache aufgestellt, die die ankernde Schiffe draußen im Blick behielt. Wenn sie also den Ankerplatz aufgab, mußte die *Huntress* die Aufmerksamkeit der Wächter im Fort auf diese Bucht lenken. Also würde es nicht lange dauern, bis eine Kavalleriepatrouille hierher geschickt wurde, um den Grund für die Signale zu erkunden. Phillip preßte die Lippen zusammen. Wahrscheinlich war genau das Leutnant Quinns Absicht – aber warum? Doch Phillip verschwendete keine Zeit mehr, sich mit den Gründen zu befassen. Sein Hirn, jetzt hellwach, überlegte rasend schnell, was zu tun war.

Es könnte ein Desaster für Kapitän Brokes Geschwader und ihn selber werden, wenn man ihn hier entdeckte, unter klarem Bruch des Waffenstillstands. Er hielt den Atem an. Ihm war plötzlich bewußt, wie gefährlich seine Festnahme unter diesen Umständen auch für Mademoiselle Sophie wäre. Man hatte gesehen wie er in Begleitung ihres Dieners gestern morgen die Kathedrale verlassen hatte. Sicherlich dann auch, daß er in ihre Kutsche gestiegen war. Um ihretwillen also durfte er nicht hier bleiben oder gefangen werden und schon gar nicht in Begleitung des auffallenden Dieners. Er wandte sich zu Boris in der Absicht, ihn zu seiner Herrin zurückzuschicken, aber der deutete in die Dunkelheit hinter ihm und machte Zeichen, daß dort die Pferde angeleint waren. Der loyale Mann mußte ganz in der Nähe gewartet und gemerkt haben, wie die Gig ohne Phillip ablegte – wahrscheinlich auf einen Befehl von Mademoiselle Sophie hin, die sicher sein wollte, daß er heil an Bord zurückgekehrt war. Hatte Mademoiselle Sophie nicht auch gesagt, daß Boris ihn notfalls unter Einsatz seines Lebens verteidigen würde?

Phillip war sich einen Moment unschlüssig, ob er den Diener hier behalten und damit dessen Leben aufs Spiel setzen sollte. Aber ... Eine Kavalleriepatrouille würde in scharfem Tempo zwanzig bis dreißig Minuten aus der Stadt bis hierher brauchen. Wenn er sich an Boris hielt, konnte er in der Dunkelheit dieser Patrouille mit einigem Glück ausweichen. Phillip starrte suchend in den Himmel. Es würde noch eineinhalb Stunden dunkel sein, rechnete er. Bei Tageslicht würde ein Entkommen selbst zu Pferde schwieriger werden. Im Palast der Narishkins konnte er keine Zuflucht finden, weil damit Mademoiselle Sophie gefährdet war. Das wollte er unter allen Umständen vermeiden. Wenn er bei Boris bliebe, würde er sie größter Gefahr aussetzen, das wurde ihm plötzlich schmerzlich klar. Außerdem war sein Auftrag erledigt, und er hatte dem Admiral Bericht zu erstatten. Wenn er jetzt nicht auf die *Huntress* zurückkehrte, könnte es Tage dauern, bis er wieder irgendeine Gelegenheit fände. Jeder Tag erhöhte das Risiko seiner Festnahme, wenn man ihn erst einmal jagte. Brokes Geschwader konnte auch nicht unendlich lange vor Odessa liegen bleiben. Sobald er auf seine Note eine Antwort bekommen hatte, müßte Broke Anker auf gehen und mit ihm die *Huntress*.

Die Gig sollte ihn in Kürze aufnehmen, es sei denn ... Phillip spürte plötzlich Alarm. Würde die Gig ihn nicht aufnehmen, es sei denn, er antwortete? Lieber Gott, was hatte Quinn bloß vor? Hatte der Stellvertreter das Signal gegeben und wiederholte er es deshalb nach kurzen Pausen immer wieder, um eine Ausrede zu finden, die Gig nicht zu schikken? Oder setzte er die Blitze von Deck ein, um die Patrouille des Feindes auf die Bucht zu lenken, damit er dort sicher gefangen genommen wurde, falls er noch lebte?

Das konnte er sich selbst bei Quinn kaum vorstellen. Doch Phillip mußte zugeben, daß diese Möglichkeit nicht ganz auszuschließen war. Er fragte sich, wie lange die Signale wohl schon gegeben worden waren, ehe Boris ihn weckte.

Allzu lange wohl nicht, denn er hatte nicht mehr als zehn, höchstens fünfzehn Minuten geschlafen. Aber das würde die Zeit verkürzen, die die Kavalleriepatrouille aus der Stadt hierher brauchte. Ihm blieb also nur noch die Hälfte der Zeit, die er zu seiner Sicherheit einkalkuliert hatte. Boris packte ihn drängend am Arm, deutete nach rückwärts und machte ihm deutlich, daß sie aufsteigen und davonpreschen müßten. Doch Phillip schüttelte den Kopf. Sein Entschluß stand jetzt fest.

Er mußte unbedingt auf sein Schiff zurückkehren, entschied er, unter allen Umständen, wie groß auch immer das Risiko war. Das war seine Pflicht, wenn das, was er in Odessa herausgefunden hatte, überhaupt seinen Zweck erfüllen sollte. Er hatte eigentlich schon viel zu lange gewartet in dem vergeblichen Versuche, Quinn eine Falle zu stellen. Dieser Versuch, das wurde ihm mit allem Bedauern klar, war eine schwere Vernachlässigung seiner Pflicht gewesen. Dafür gab es keine Entschuldigung, und er würde sein Gewissen nur beruhigen können, wenn er ohne weitere Verzögerung auf sein Schiff zurückkehrte.

Aber wie? Wenn er die Gig sofort heranrief und ihr befahl, vor dem Eingang der Bucht zu liegen – außerhalb der Reichweite von Musketen oder Karabinern eines Suchtrupps, der inzwischen erscheinen konnte –, hatte er eine Chance. Zugegeben nur eine kleine, aber er mußte sie nutzen. Er mußte das Boot kommen lassen, falls es hier sicher war … und wenn nicht, dann … Phillip schüttelte sich bei dem Gedanken. Wenn nicht, müßte er sich ins eisige Wasser stürzen und zum wartenden Boot schwimmen. Eine Alternative gab es nicht.

Wieder zupfte Boris ihm am Arm, aber Phillip schüttelte wieder nur den Kopf und versuchte so dem Mann klar zu machen, daß er seine Flucht allein bewerkstelligen wollte. Ob ihm das nun gelungen war oder nicht, der Russe ließ seinen Arm los und verschwand gehorsam im Dunkeln. Erleichtert beugte sich Phillip nach unten und suchte nach der Laterne, die er in der Klippe verborgen hatte. Er mußte erreichen, daß Quinn keine Signale mehr gab, das war vor allem wichtig. Und er mußte sein Boot heranrufen, denn ohne Boot würde er die *Huntress* niemals erreichen. Hundert Meter konnte er notfalls schwimmen, aber es wäre Selbstmord, mehr zu versuchen. Er fand die Laterne, und es gelang ihm nach zwei vergeblichen Versuchen, sie mit tauben Fingern anzuzünden. Er schirmte sie mit seinem Körper zum Land hin ab, hockte sich unter die überhängende Klippe und öffnete die Signalklappe.

Der Marinecode war einfach. Er war leicht zu entziffern, aber man brauchte für das Senden Zeit, und Phillip wußte, daß sie knapper wurde. Seine Nachricht mußte kurz, aber eindeutig sein, weil er sie nur einmal geben konnte. Er hoffte nur, daß der diensttuende Maat Grey auf dem Deck war, um sie zu entziffern. Er sendete »Stop« – drei lange Blitze. Zu seiner ungeheuren Erleichterung hörten die Signale vom Schiff sofort auf. Wahrscheinlich war also Grey an Deck, dachte Phillip. Die Bestätigung war sofort erfolgt. Bei aller Eile wurden seine Finger jetzt steifer und ungeschickter, als er sein Signal schickte und dann dankbar den Schieber schloß. Doch als er gerade das Licht löschen wollte, änderte er seine Absicht. Auch geschlossen könnte er die Laterne sicher nach unten auf den Strand mitnehmen. Sollte dann eine feindliche Patrouille erscheinen, ehe die Gig in die Bucht einlief, konnte er die Laterne für ihren ursprünglichen Zweck benutzen – als Warnung an den Bootsführer. Phillip grinste. Das war doch Quinns Absicht gewesen, erinnerte er sich, und die Vereinbarung erschien ihm in diesem Augenblick sehr wertvoll.

Er richtete sich auf, hielt die Laterne immer noch vor der Brust und hörte entsetzt das Trommeln von Pferdehufen. Seiner ersten instinktiven Reaktion folgend hatte er sich fast die

Klippe hinabgestürzt, um den Strand zu erreichen, ehe man ihn entdecken oder seinen Abstieg hören könnte. Doch dann hörte er, daß der Hufschlag nicht von einer Kavalleriepatrouille stammen konnte. Also blieb er, wo er war, bereitete sich nur auf eine sofortige Flucht vor, falls die nötig wäre. Es näherten sich nur zwei Pferde, eins reiterlos. Er nahm an, daß Boris seinen Versuch, dem Schiff durch Signale Befehle zu geben, mißverstanden hatte und mit beiden Pferden zurückgekehrt war. Wie in Gottes Namen sollte er dem getreuen Riesen bloß klarmachen, für seine eigene Sicherheit zu sorgen, wenn der Mann sich so beharrlich weigerte, sich von ihm zu trennen? Boris versuchte eifrig, ihm etwas zu melden, doch er verstand natürlich nichts, bis er nach oben kletterte und flackernde Lichter auf der Küstenstraße entdeckte, schätzungsweise zwei Meilen entfernt. Falls das die Patrouille war, dann hätte er gerade noch Zeit, seine Gig in die Bucht zu rufen, ehe die Reiter den Sumpf überquert hatten. Phillip merkte beim Kalkulieren, daß es knapp wurde und daß er Boris irgendwie klar machen mußte, ihn zu verlassen.

Er deutete auf die Bucht, machte Ruderbewegungen und zeigte auf die *Huntress* und sah endlich Verstehen in Boris' rundem Gesicht aufdämmern. Phillip suchte in seinen Taschen nach irgendeiner Belohnung für ihn, aber er konnte nur seine Taschenuhr und den Kompaß finden. Die Uhr war ein Geschenk seines Vaters, und er wollte sich eigentlich nie von ihr trennen, doch Boris verdiente eine Anerkennung für seine ausdauernde Loyalität. Nur einen Augenblick zögerte er also, knipste die Kette los und drückte dem Diener die Uhr in die Hand. Und als ihm klar wurde, daß er dem Boot entgegenwaten oder schwimmen und seinen geborgten Pelzumhang am Strand zurücklassen müßte, trennte er sich schnell von diesem teuren Gewand und gab es ebenfalls Boris.

»Narishkin!« sagte er dann laut und deutete in Richtung

Odessa. »Sophia Mikailowna Narishkina«, und dann ein paar russische Worte und etwas Französisches: »Geh, geh schnell. Je te donne congé, laissez-moi partir!«

Er wußte nicht, ob es die richtigen russischen Worte waren oder Boris sein Schul-Französisch verstand, aber seine Gaben hatten die gewünschte Wirkung. Der Mann steckte die Uhr ein, warf sich den Umhang um die breiten Schultern und lächelte dabei zufrieden. Immer noch seine Pflicht im Blick, deutete er auf die Bucht, schien zu drängeln, und erst als Phillip nickte, brach er auf. Er hob die Hand zu einem Abschiedsgruß, gab seinem Pferd die Sporen und überquerte in vollem Galopp das Sumpfland und führte dabei das andere Pferd am Zügel.

Phillip wartete nicht länger. Wie ein Betrunkener rutschte er die Klippe hinunter. Ihm war es jetzt egal, wieviel Lärm er verursachte oder wie viele Steine er vor sich nach unten stürzen ließ. Atemlos und mit Schrammen und Schründen kam er unten an. Immer noch hielt er seine Laterne vor der Brust und hinkte unter Schmerzen ans Ufer. Er befand sich jetzt unterhalb des Seenebels. Dankbar stellte er fest, daß weder er noch die Gig ein leichtes Ziel für einen Schützen auf dem Klippenrand sein würden, auch wenn der Nebel nur in vereinzelten Bänken über ihm hing. Es könnte auch sein, daß der Bootsführer seine Signale nur schwer erkennen konnte, doch wenn er seine Blicke aufs Ufer gerichtet hielt, mußte er das Licht der Laterne eigentlich ausmachen können. Wenn der Lichtschein immer wieder unterbrochen wurde, konnte man ihn nicht mit dem festen Licht verwechseln, das bedeutete, vor der Bucht zu bleiben. Es sei denn Quinn führte die Gig. Phillip, der gerade die Klappe der Laterne angehoben hatte, um zu prüfen, ob die Kerze noch brannte, ließ sie wieder zufallen. Das kurze Glücksgefühl, das er auf dem Strand empfunden hatte, war wie der Blitz verschwunden.

Wenn der Erste Offizier das Schiff führte, würde er die

Signale vielleicht ignorieren oder absichtlich mißverstehen, dachte er. Aber würde Quinn das Boot führen? Er würde seinen Hals bestimmt nicht riskieren, wenn es nicht sein mußte. Wenn Quinn fürchtete, daß der Feind auf die Gig wartete und die Mannschaft vielleicht sogar gefangen nehmen könnte, dann würde er doch wahrscheinlich eher O'Hara oder Cochrane die Aufgabe übertragen? Lieber Gott, natürlich würde er das. Quinn hatte nicht nur einen Grund, sondern viele Gründe für die Annahme, daß längst eine russische Patrouille zur Bucht unterwegs war. Hatte er nicht alles Mögliche getan, um die Aufmerksamkeit der Ausgucks im Fort mit seinem teuflischen, unerlaubten Signalisieren und dem Verlegen des Schiffes auf die Bucht zu lenken? Was er mit solchen Versuchen erreichen wollte, war unverständlich ... Es sei denn, er wollte die Gig zurückrufen, ehe sie in die Bucht einlief. Vielleicht wollte er auch einen Grund haben, sie überhaupt nicht zu schicken. Wie auch immer – er hatte sich sehr viel Mühe gegeben, um sehr wenig zu erreichen und hatte sich angreifbar gemacht, in dem er Befehlen nicht gehorchte. Das war eigentlich nicht Quinns Art, ganz und gar nicht seine Art ... Es sei denn, er wollte, daß die Besatzung der Gig gefangen wurde – und zwar zusammen mit dem toten oder lebenden Kapitän. War das die Erklärung für seine Manöver?

Wenn das die Erklärung war ... Phillip fluchte laut und erbittert. Wie konnte er nur so närrisch sein, und Quinns Absicht nicht erkennen. Er hatte sein Verhalten immer seltsam gefunden, hatte es nie begriffen, hatte nicht erraten können, welches Spiel der Mann spielte und wieweit er sich vorwagen würde, um seinen eigenen Hals zu retten.

Ohnmächtig ballte er die Fäuste. Endlich hatte er nun die Antwort auf die Fragen, die ihn so lange gequält hatten, Antworten, die er fast nicht glauben wollte, doch die zu den Fakten paßten. Nicht einmal Quinn wäre soweit wie heute nacht gegangen, wenn ihn nicht ein Mordversuch oder noch Schlimmeres plagten, die seinen Kopf kosten konnten. Doch Phillip wurde klar, wie wenig ihm jetzt die wachsende Gewißheit nutzte, daß der Fels absichtlich gelöst worden war. Ambrose Quinn wollte sicherstellen, daß Phillip nicht auf die *Huntress* zurückkehren konnte. Notfalls würde er eine ganze Bootsmannschaft opfern, um die Rückkehr zu verhindern, und dann so tun, als wolle er ihn retten ... etwas, das gar keinen Erfolg haben sollte. Phillip zitterte, die Kälte drang ihm bis ins Mark, jetzt da ihm der wärmende Pelzumhang fehlte.

In den nächsten fünf Minuten werde ich den Beweis haben, dachte er erbittert. Wenn Phillips Schlußfolgerungen korrekt waren, würde Quinn diesmal eine Mannschaft Freiwilliger schicken – eine Mannschaft, zu der Grey, O'Hara und O'Leary gehörten, wahrscheinlich auch Williams und Jackson, die beiden Matrosen, die am Strand gewartet hatten, als der dreimal verdammte Fels herabgestürzt war. Die hatten den Fall ohne Zweifel gehört. Da das Risiko bestand, daß die beiden sich wunderten, warum der Erste Offizier nichts gehört und unternommen hatte, würden sie auf die Gig gehen dürfen ... und vielleicht auch Graham, falls er schon wieder bei Kräften war. Als Kriegsgefangene der Russen würden ihre Aussagen Quinn nicht stören, und wenn er eine Bootsmannschaft opfern wollte, dann eine, auf die er leicht verzichten konnte. Phillip atmete wütend durch.

Verlor er den Verstand, verdammt noch mal? Oder war dies wieder ein Alptraum, aus dem er erwachen würde wie damals, als er auf dem Klippenrand wieder zu Bewußtsein gekommen war? Er spürte die Hoffnung, dies möge so sein. Denn immer noch war er nicht willens zu glauben, daß ein Offizier Ihrer Britannischen Majestät Marine solch hinterhältige Taten begehen könnte wie er sie Ambrose Quinn zutrauen mußte.

Doch die Fakten stimmten. Sie waren logisch. Wenn die Mannschaft der Gig zusammen mit ihm gefangen genommen würde, wäre Quinn Kommandierender der *Huntress*, niemand könnte ihm etwas vorwerfen, und die Mannschaft hätte er wirkungsvoll gereinigt. Er hatte Grund zu hoffen, in seinem Kommando bestätigt zu werden, wenn er das Schiff zur Flotte zurückführte und seinen Bericht ablieferte, dessen Genauigkeit niemand prüfen konnte und in dem er natürlich die Hauptrolle spielte. Er würde vielleicht nicht zu viel Ruhm auf sich häufen, aber man würde glauben, er habe alles getan, um seinen Kommandanten aus einer Lage zu retten, in die ihn sein eigener Mutwille gebracht hatte. Hatte er doch schon seinen früheren unglücklichen Kommandanten, Francis Willoughby vor einem tragischen Tod retten wollen, den dieser sich selbst zuzuschreiben hatte.

Gäbe es einen Untersuchungsausschuß, würde Quinn nicht belastet werden, eher schon belobigt, weil er ... Da war auf dem Wasser deutlich das Klatschen von Riemen zu hören. Phillip richtete sich hoch auf. Die Gig kam und würde sicher in der Öffnung der Bucht warten, bis er sie hereinrief. Mit klammen Fingern fummelte er an dem Riegel der Signallampe, die er immer noch hielt. Er löste ihn, lauschte gespannt, ob sich die Kavalleriepatrouille näherte. Wegen des Nebels konnte er wenig erkennen. Bildete er sich das Schlagen von Hufen also nur ein oder war es Realität? Er stand bewegungslos da, strengte Augen und Ohren an, und dann hörte er ohne jeden Zweifel, daß die Patrouille sich über das Sumpfland näherte in einem steten Galopp. Er konnte den Klang beschlagener Hufe hören, das Klirren von Zaumzeug und ein Schlittern, als eines der Pferde stolperte. Zynisch mußte Phillip feststellen, daß Quinn keinen besseren Zeitpunkt hätte wählen können.

Phillip öffnete die Klappe, um das Licht ununterbrochen scheinen zu lassen, und hob die Laterne hoch über den Kopf.

Zwar war das Licht nicht sehr kräftig, aber der Bootsführer mußte es sehen. Phillip sah zurück in Richtung Klippe und mußte trotz allem bitter lächeln. Den Bootsführer hätte er nicht zu warnen brauchen. Einige Reiter trugen flammende Fackeln, die Lichter, die er vorher auf der Küstenstraße gesehen hatte. Sie leuchteten durch den Nebel, eine viel deutlichere und drohendere Warnung als seine eigene. Und eine, die kein Bootsführer ignorieren konnte, es sei denn, er hieß O'Hara. Möge es Cochrane sein. Phillip ließ die Lampe fallen. Er trat ein paar Schritte nach rechts, zog seine Stiefel aus und begann, seine Jacke aufzuknöpfen – und besann sich eines besseren. Zwar würden seine Kleider ihn beim Schwimmen etwas hindern, aber sie würden ihn auch gegen die Kälte schützen. Er würde fast einhundertfünfzig Meter schwimmen müssen und ... Da hörte er über das Wasser einen Ruf.

»An Ufer! Kapitän, Sir, feindliche Patrouille hinter Ihnen. Ich kann Ihre Laterne sehen. Darf ich einlaufen, Sir?«

Es war O'Hara, das Sprechrohr verzerrte seine Stimme leicht, doch die unterdrückte Erregung war zu hören, und Phillips Herz sank. Quinn hatte wie erwartet seinen Bootsführer gut ausgewählt, denn O'Hara hatte allen Mut der Welt und würde einlaufen, Befehle hin, Befehle her, wenn er seinen Kommandanten in Gefahr sah. Phillip legte die Hände an den Mund und brüllte so laut er konnte, daß das Boot bleiben sollte, wo es war und nicht näher kommen dürfte. Es war die einzige Chance, sich und die Bootsmannschaft zu retten. O'Hara mußte wissen, daß er die Lage beherrschte.

»Ich komme zu Ihnen, Mr. O'Hara. Halten Sie sich bereit, sofort zum Schiff zurückzukehren. Auf gar keinen Fall dürfen Sie einlaufen. Das ist ein Befehl, verstanden!«

Natürlich wußte er, daß ihn auch die Patrouille gehört hatte, doch er wartete nicht, bis O'Hara den Befehl bestätigte, sondern holte tief Luft, lief so weit er konnte nach rechts und warf sich ins Wasser. Obwohl er vollständig bekleidet war, nahm die Eiseskälte ihm die Luft und hilflos schlug er um sich – bis zum Bauch im Wasser. Dann hatte er eine größere Tiefe erreicht und konnte sich endlich auch in die richtige Richtung bewegen. Arme und Beine fühlten sich wie Blei an, aber es gelang ihm, ein paar Stöße zu schwimmen. Und dann wurde es leichter.

Er war schon immer ein guter Schwimmer gewesen, und er kam gut voran, als vom Rand der Klippe eine Salve geschossen wurde. Wie ein Schwarm wütender Hornissen klatschte sie aufs Wasser vor ihm und wieder mußte er die Richtung ändern. Die Russen feuerten blind in den Nebel, weil sie nicht wußten, wo er war, sie zielten schlecht, aber feuerten regelmäßig, und immer wieder kam eine zufällige Kugel ungemütlich nahe. In der ungeheuren Kälte ermüdete Phillip schnell, und als ein Krampf ihn packte, wußte er, daß es vorbei war. Er hatte weniger als die halbe Distanz zum wartenden Boot zurückgelegt und konnte jetzt kaum noch den Kopf über Wasser halten.

Sein Spiel war verloren, es gab keine Chance mehr, er konnte nicht mehr weiter, er konnte seinen frierenden Körper und seine bleiernen Arme und Beine zu keinem weiteren Schlag bewegen. Er konnte nur noch hoffen, die Mannschaft der Gig zu retten und ihrem Bootsführer unsinniges Heldentum verbieten. Doch Quinn durfte ihr Leben nicht opfern, lieber Gott, nein. Selbst wenn er die *Huntress* übernahm, dann nur mit dieser Mannschaft, die er eigentlich loswerden wollte! Eines Tages würde einer von ihnen die Schlüsse ziehen, die Phillip gezogen hatte, und die Rache würde Ambrose Quinn ereilen und die Gerechtigkeit ihn zerschmettern, falls es denn Gerechtigkeit gab.

Phillips Zähne schlugen aufeinander, und er sammelte die letzten Kraftreserven. Und so befahl er O'Hara, zum Schiff zurückzukehren. Seine Stimme war ein heiseres Krächzen, das aus der Tiefe seiner Brust kam. Aber er wußte, man hatte ihn im Boot gehört, denn irgend jemand – nicht O'Hara – bestätigte den Befehl mit einem gehorsamen »Aye, aye, Sir!« Entsetzt und erleichtert stellte Phillip fest, es war Grey, aber er war schon zu erschöpft, um sich zu fragen, was mit O'Hara geschehen war. Mit dem Sprechrohr rief Grey ihn jetzt an.

»Ich werde den Befehl befolgen, Sir, aber machen Sie weiter – nur noch ein bißchen, wenn Sie können. Zwei von unsern Burschen kommen Ihnen zu Hilfe. Sie schaffen's, Sir, nur weitermachen!«

Zwei Männer, zwei weitere Schwimmer in dieser schrecklichen, frostigen See, einer wahrscheinlich O'Hara. Phillip versuchte sie zu warnen, versuchte sie zum Boot zurückzuschicken, solange sie noch Kraft hatten, aber seine Stimme war jetzt nur noch ein heiseres, halb ersticktes Krächzen, und er wußte, daß niemand mehr ihn hören konnte. Er gab sich alle Mühe, weiter zu schwimmen, wie Grey ihn gedrängt hatte, aber eine alles überwältigende Lethargie überfiel ihn und wollte in sein Bewußtsein eindringen, damit es ihm egal sei, ob er unterginge oder nicht. Schwach dachte er noch, daß er ohne Spur untergehen würde und niemand Kapitän Broke einen Vorwurf machen könnte, den Waffenstillstand gebrochen zu haben.

Am Strand hörte er schwach Stimmen brüllen, unverständliche Worte und selbst eine neue Salve, die über seinen Kopf jagte, bewegte ihn nicht mehr. Er fühlte, wie er sank, und er kämpfte nicht mehr, als die See sich über seinen Kopf schloß. Träge tauchte er wieder auf und trieb ohne Richtung im Wasser, und plötzlich erkannte er Mademoiselle Sophies kleines süßes Gesicht wie eine Vision vom Himmel. Es schwebte über ihm und vor ihm und bewegte sich in Richtung Strand und auf die rufenden Stimmen zu. Er fühlte, wie er hinterhertrieb, die Tide mußte wohl gewechselt haben, doch er hatte weder die Kraft noch das Verlangen, sich gegen sie zu wehren, obwohl die Strömung ihn vom Boot und von den Männern wegtrieb, die zu seiner Rettung auf ihn zuschwammen, wie Grey gesagt hatte.

Als Hände ihn roh an den Schultern ergriffen, fragte er nicht, zu wem sie gehörten und wehrte sich nicht gegen sie. Der Feind hatte ihn gefangen! Und dann lag er auf dem Rükken auf den Steinen des Ufers. Schattenfiguren in langen Wachsmänteln umgaben ihn und redeten in einer Sprache, die er nicht verstand. Einer mit Sporen versuchte, nach ihm zu treten. Obwohl der Tritt seine Rippen traf, schwieg Phillip, spürte keinen Schmerz und keinen Widerwillen. Seine Weigerung zu schreien, schien den Soldaten zu ärgern, denn er schlug ihm, diesmal mit dem Kolben seines Karabiners, auf den Kopf. Phillip fühlte keinen Schmerz, war aber erleichtert, daß jemand einschritt, offensichtlich ein Offizier. Der bellte einen kurzen Befehl, und der Angreifer trat zur Seite. Der Soldat, der ihn getreten hatte, zog seinen Mantel aus, kniete neben Phillip und bedeckte ihn damit. Der Lohn für diese aufopferungsvolle Tat war ein Hieb des Offiziers mit dem flachen Säbel auf seine Schulter.

Der Mantel half ihm nicht spürbar, doch die Tatsache, daß er ihn bekommen hatte, ließ Phillip wieder Hoffnung fassen, daß seine Häscher ihn nicht sterben lassen wollten. Er fand wieder ein bißchen Kraft, rollte sich auf die Seite und konnte über die Bucht blicken. Von der Gig war nichts mehr zu sehen, und das Schießen hatte aufgehört. Der junge Grey mußte sein Wort gehalten haben und zur *Huntress* zurückgekehrt sein. Doch da standen Männer im Wasser, einige bis zur Hüfte, machten Lärm und bewegten sich. Und als er sie beobachtete, bückten sich zwei, um etwas hochzuheben, was scheinbar mit der Tide angetrieben kam. Ihre triumphierenden Rufe verrieten, daß sie wohl etwas gefunden hatten. Entsetzt stellte Phillip fest, daß alle wie ein Mann durch das flache Wasser zurückkamen und zwischen sich etwas trugen, was nur ein Körper sein konnte. Eine kleine, dunkel gekleidete Gestalt ... O'Hara, nur der konnte es sein. Phillip wünschte sich verzweifelt, daß der Junge seinen Einsatz im eisigen Wasser der Bucht und die Kugeln, die auf ihn herab geregnet waren, überlebt hatte.

Die Reiter ließen ihre Last einfach neben ihn fallen. Phillip gab sich Mühe, seine Lethargie zu überwinden, rollte sich zur Seite, und es gelang ihm, mit der Hand O'Haras Gesicht zu berühren. Doch er fühlte nichts in den Fingerspitzen. Der Junge reagierte auch nicht auf sein Krächzen. Erschöpft fiel Phillip zurück und holte tief Atem. Sein Kopf war wieder klar, doch sein Geist arbeitete langsam. Sein Körper schien praktisch paralysiert zu sein, und er fragte sich, wann er wie O'Hara in Bewußtlosigkeit versinken würde. Oder in den Tod. Ahnungsvoll sah er dem Fähnrich ins Gesicht. Es war nur ein weißer, verschwommener Fleck, und er konnte in ihm kein Lebenszeichen entdecken, keine Bewegung, nichts, das darauf hindeutete, daß sein Gebet erhört worden war. Er schloß die Augen und betete weiter.

Erneute Bewegung unter den Russen weckte ihn – er wußte nicht, wie viel Zeit vergangen war. Er öffnete die Augen und sah, daß sie ein Feuer entzündet hatten. Die Büsche und das Treibholz, das sie gesammelt hatten, war feucht und brannte anfangs schlecht. Doch dann obsiegten die Flammen, und das Holz brannte lichterloh. Die Soldaten drängelten sich rundum, um sich zu wärmen und die nassen Uniformen zu trocknen. Offenbar auf Befehl ihres Kommandeurs kamen zwei zu Phillip, zogen ihm seine nassen Kleider aus und trugen sie an das lodernde Feuer, um sie zu trocknen. Währenddessen wickelten sie ihn außer in den Mantel auch noch in eine Pferdedecke. Die beiden Männer taten das gleiche mit O'Hara. Wieder versuchte Phillip, mit ihm zu sprechen. Der Junge antwortete nicht, doch ein Fünkchen

Leben mußte noch in ihm glühen, sonst hätten seine Fänger ihn sicher nicht ausgezogen, abgerieben und versorgt.

Die Hitze des Feuers brachte langsam Gefühl in seinen tauben Körper zurück. Doch mit den Gefühlen kamen stechende Schmerzen, so daß Phillip nur mit Mühe Schreie unterdrücken konnte. Er kämpfte eine Zeitlang gegen den Schmerz an, und dann verfiel er in einen Zustand halber Bewußtlosigkeit. Aus ihm tauchte er schließlich wieder auf und fand sich auf einem Pferdewagen liegend wieder. Es war hoher Tag, und O'Hara lag neben ihm und war auch in eine Pferdedecke gewickelt. Der Wagen war ungefedert, doch mit Stroh ausgelegt, die Bewegungen ließen jeden Knochen im Leib schmerzen, und wieder mußte Phillip sich alle Mühe geben, um nicht laut zu schreien. Das Wackeln und Stuckern hatte auch O'Hara geweckt, der sich neben ihm regte. Ein paar Augenblicke später sah Phillip voller Freude, wie O'Hara seine Augen öffnete. Er tastete nach der Hand des Jungen und spürte diesmal einen Gegendruck, als er sie preßte.

»Sir. Sie leben ja, Sir!«

Die Stimme war schwach und kam von weit her, aber Phillip vernahm sie dankbar. »Ja«, schaffte er mit geschwollenen und steifen Lippen. »Und Sie auch, Mr. O'Hara, dem Himmel sei Dank!«

Zu seinem Entsetzen begann der Junge sich mit schwacher Stimme zu entschuldigen, weil er ihn nicht erreicht hatte. »Es war die Tide, Sir. Sie drehte, und dann lief eine so starke Strömung, da kam ich einfach nicht nahe genug, und dann bekam ich einen Krampf. Tut mir leid, Sir, es tut mir wirklich leid.«

Phillip unterbrach seine Entschuldigung und spürte einen Klumpen in der Kehle, den er nicht schlucken konnte. »Sie haben Ihr Bestes getan, mein Junge, und mehr als die meisten erwachsenen Männer. Ich lobe Ihren Mut. Ich muß Ihnen nicht sagen, daß ich an Ihnen nie gezweifelt habe. Aber Sie hätten nie versuchen dürfen, mich zu erreichen. Sie sollten beim Boot geblieben sein und es zum Schiff zurückgeführt haben, wie ich es befohlen hatte. Ich hatte für den Befehl gute Gründe, glauben Sie mir.«

»Aber Sir«, protestierte O'Hara und klang jetzt schon viel kräftiger, »ich war der Fähnrich der Gig, und es war meine Pflicht, einzugreifen, da Sie Hilfe brauchten. Jedenfalls habe ich das so gesehen, Sir. Und ich wußte, daß Mr. Grey Ihren Befehl ausführen und die Gig zum Schiff zurückbringen würde. Ich habe ihn als Freiwilligen nur mitgenommen mit der Vereinbarung, daß es mein Kommando war und er sich nicht einmischen dürfte, was immer passieren mochte und was immer ich entscheiden würde. Er hat mir darauf sein Wort gegeben, Sir, ehe wir von Bord gingen. Also ist das alles mein Fehler, nicht seiner, Sir, und es tut mir leid.«

Dieser Junge entschuldigte sich für einen Akt selbstlosen Heldentums, den wenige Burschen seines Alters überhaupt gewagt hätten, dachte Phillip. Er wollte ihm das sagen, konnte es aber aus Gründen der Disziplin nicht. Doch er schwor sich, daß O'Hara offiziell belobigt werden würde, wenn sie jemals wieder zur britischen Flotte zurückkehren sollten. Und das Lob würde den Befehl nicht erwähnen, um den er sich nicht gekümmert hatte.

»Sehr gut, Mr. O'Hara.« Er klang grob, gröber als er eigentlich wollte, aber der Kloß in der Kehle behinderte immer noch sein Sprechen. »Wer hat sich noch freiwillig gemeldet?«

»Für die Gig, Sir? Es waren alles Freiwillige, der Erste Offizier hat sie ausgesucht.« O'Hara nannte Namen, und Phillip vernahm ohne Staunen, daß auch Williams und Jackson dazugehörten und natürlich auch O'Leary. »Ich glaube, O'Leary versuchte auch, zu Ihnen zu schwimmen, Sir«, fuhr der Junge fort. »Aber sicher bin ich mir da nicht. Es ging alles ein bißchen durcheinander, verstehen Sie. Er hat's wohl nicht geschafft, oder? Aber hier ist er auch nicht, also hat das Boot ihn wohl hoffentlich wieder aufgepickt.«

»Das hoffe ich auch, Mr. O'Hara«, sagte Phillip schmallippig. Lieber Gott, dachte er, wenn diese Sache O'Leary das Leben gekostet hat, dann würde er Ambrose Quinn dafür zahlen lassen und wenn es das letzte im Leben wäre, das er schaffte. Er fragte O'Hara, wie die Mannschaft ausgewählt worden war, und der Junge erzählte ihm alles, was er wußte. Dann sagte er: »Ach, ich habe ja ganz vergessen, Sir: Ihr Bruder, Mr. Hazard, liegt immer noch, aber er ließ mich kommen, ehe das Boot ablegte. Er sagte, wenn wir Probleme bekämen und der Feind uns finge, würde man uns nach den Signalen fragen und warum das Schiff verholte. Und er sagte uns, was wir angeben sollten. Ein Mann wäre über Bord gefallen und nach dem suchten wir. Dann könnte niemand uns den Bruch des Waffenstillstandes vorwerfen. Die wüßten ja nicht, was wir wirklich vorhatten, selbst nicht, als wir ein Boot in die Bucht schickten. Ich meine, wenn wir einen über Bord verloren hätten, hätten wir ja wirklich ein Boot losgeschickt, nicht wahr Sir? Wie auch immer, Mr. Hazard hat uns gesagt, wir sollten dabei bleiben, wenn wir Probleme bekämen ... und er sagte mir auch, wie ich das auf Russisch sagen soll. Hoffentlich erinnere ich mich noch an die Wörter.« Er runzelte die Stirn, kramte mühsam im Gedächtnis und sagte dann ein paar russische Wörter. »Eigentlich konnte ich's besser, aber ich fürchte, ich hab's vergessen, Sir. Aber Mr. Hazard sagte, was entscheidend ist. Die dürfen niemals denken, wir hätten den Waffenstillstand gebrochen.«

Das ist in der Tat wahr, dachte Phillip. Ihre Freiheit und vielleicht sogar ihrer beider Leben würde davon abhängen, ob sie ihre Wächter überzeugen konnten, daß der Waffenstillstand nicht gebrochen worden war. Grahams Erklärung war genial, man würde ihr zwar nicht ganz glauben, aber man konnte sie auch nicht ganz widerlegen. Das war die Erklärung für die Gig vorn in der Bucht. Wenn er behauptete, zusammen mit O'Hara ins Wasser gesprungen zu sein, um den Ertrinkenden zu retten, dann würde das seine eigene Anwesenheit erklären, ohne daß er zuzugeben hätte, die letzten beiden Tage an Land verbracht zu haben. Er runzelte die Stirn, seine Schläfen pochten in der Sonne, und er dachte über alle Möglichkeiten nach.

Graham war klar, daß die Mannschaft der Gig ihre Gefangenschaft riskierte, wenn sie unter Land lief, um ihn aufzunehmen, sonst hätte er O'Hara nicht so gründlich eingewiesen und belehrt. Es konnte aber auch bedeuten, daß Graham Ambrose Quinns Vorhaben durchschaute. Sah sein Bruder also auch, welches Spiel der Mann da spielte? Vielleicht. Andererseits schien es wenig wahrscheinlich, denn Graham konnte von dem fatalen Fall des Felsens nichts wissen. Es sei denn, Jackson und Williams hätten sich erinnert und ihm berichtet. Nur dann könnte er wissen, wie lebensgefährlich die Situation für den Bruder war. Jetzt gab es leider keine Möglichkeit mehr, ihm alles zu erzählen. Er seufzte leise, und O'Hara, der es hörte, fragte besorgt: »Wird man uns vernehmen, Sir?«

»Ja, ich fürchte ja«, lautete Phillips Antwort. »Unter den Umständen müssen sie es sogar. Aber machen Sie sich keine Sorgen, mein Junge, wenn wir wie die Kletten an der Geschichte kleben, die mein Bruder nannte, dann kann es durchaus sein, daß die Geschehnisse von heute morgen nicht als Bruch des Waffenstillstands angesehen werden. Hoffen wir das, denn das ist in der Tat sehr wichtig, wie mein Bruder sagte – und nicht nur, weil wir damit unsere Haut retten. Ich muß auch dem Admiral Bericht erstatten.«

O'Hara starrte ihn an. »Einen Bericht über Odessa, Sir?«

»Ja, darauf läuft es hinaus. Mr. O'Hara. Seltsamerweise wird es den Bürgern von Odessa sehr nützen, wenn ich den

Bericht geben kann. Leider kann ich den Männern das aber nicht sagen. Aber wenn Sie mir helfen, dann werden wir beide sie vielleicht überreden können, uns frei zu lassen. Aber natürlich darf kein Wort darüber fallen, wann Sie mich das erstemal an Land gesetzt haben!«

»Das ist doch klar, Sir!«

»Gut, mein Junge.« Der Wagen ruckelte jetzt einen steilen Hügel empor, und Phillip richtete sich auf den Ellbogen auf und entdeckte ein breites steinernes Fort genau voraus. »Wir sind bald am Ziel, Mr. O'Hara«, warnte er. »Seien Sie auf alles gefaßt. Vielleicht wird man uns nicht allzu freundlich empfangen.«

Die Eskorte kam durch das Haupttor, und die Reiter umgaben den Wagen mit den beiden britischen Offizieren, sobald er auf einem kleinen, viereckigen Platz im Zentrum des Forts angehalten hatte. Es dauerte etwas. Ein großer weißhaariger Mann in der Uniform eines Obersten der Artillerie nahm die Meldung des Kommandeurs der Eskorte entgegen und trat dann an den Wagen. In exzellentem Französisch bat er beide höflich abzusteigen. Phillip wollte seinem Wunsch sofort nachkommen, doch seine Beine gaben unter ihm nach. Er mußte sich am Wagen festklammern. Der russische Oberst entschuldigte sich und bat zwei Kavalleristen, Phillip zu Hilfe zu eilen.

»Ich werde Ihnen einen Arzt schicken«, versprach er. »Wenn er sie beide versorgt hat, dann werden Sie sicher so gut sein und mir Ihre Anwesenheit in unserem Land erklären, Monsieur. Darf ich um Ihre Namen bitten?«

»Hazard, Sir, Commander Phillip Hazard, Royal Navy, und dies ist einer meiner Offiziere, Fähnrich Patrick O'Hara.« Phillip sprach Englisch, und der Oberst antwortete etwas zögernd in der gleichen Sprache.

»Ich danke Ihnen Commander. Ich bin Oberst Piroff, Kommandant dieses Forts.«

Sie verbeugten sich steif, und dann betrat Phillip das Fort, indem er sich schwer auf seine beiden Begleiter stützte. Barfuß bewegte er sich einen langen dunklen Korridor entlang, O'Hara schleppte sich ebenfalls barfuß hinter ihm her. Man brachte sie in einen großen, kaum möblierten Raum. Die vergitterten Fenster waren hoch in der Mauer und blickten auf eine schwarze Steinwand. Es war ein trostloses Zimmer, doch wenige Augenblicke nach ihrem Eintreten, entzündete ein Soldat ein Feuer im leeren Kamin, und ein zweiter brachte einen Samowar, aus dem er zwei Gläser dampfenden Tee zapfte. Dankbar und vorsichtig schluckten sie ihn, als ein Offizier mit schütterem, grauem Haar und einem kurzgeschnittenen Bart erschien und sich auf Französisch als Arzt vorstellte. Sein Französisch war wie das des Festungskommandeurs makellos, und er behandelte sie nicht unfreundlich. Er sprach beide mit Namen an. Seine Untersuchung war höflich, aber gründlich und genau.

»Sie waren im Wasser – wie lange sind Sie geschwommen, wenn ich fragen darf, Mr. Hazard?«

»Ich bin nicht sicher«, antwortete Phillip ehrlich.

Der Arzt setzte ihn nicht unter Druck. Er untersuchte den Riß im Schädel, ersetzte den nassen Verband, und dann wandte sich sein Interesse zu Phillips Erleichterung der Wunde am Bein zu, zu der er viele Fragen hatte. Phillip antwortete vorsichtig, doch der Arzt schien zufrieden, verband ihm auch das Bein neu, erhob sich und lächelte seine beiden Patienten an.

»Nach meiner Überzeugung, meine Herren, werden Sie beide ohne Nachwirkungen wieder auf den Beinen sein, wenn Sie ein oder zwei Tage ruhen. Ich muß nicht sagen, wieviel Glück Sie beide hatten. Bisher hatten wir geglaubt, daß fünf Minuten in unserem vereisten Wasser zu dieser Jahreszeit das höchste sind, was ein Mann aushalten kann. Aber Sie haben diese Überzeugung widerlegt – meinen Glückwunsch, vor allem Ihnen, Mr. Hazard. Es spricht für Ihre zähe englische Konstitution, daß Sie mit Ihrer alten Wunde und dem schweren Schlag auf den Schädel immer noch aufrecht stehen können.« Bewundernd und verwundert schüttelte er den Kopf. »Oberst Piroff muß seinen Vorgesetzten einen Bericht über Sie beide abliefern. Ich werde ihn bitten, das Gespräch zu verschieben, bis sie gegessen und ausgeschlafen haben. Auf Wiedersehen, meine Herren. Ich komme heute abend noch mal wieder.«

Kurz nachdem er gegangen war, brachte man ihnen eine Mahlzeit, über die die beiden Gefangenen hungrig herfielen, ehe sie, wie der Arzt vorhergesagt hatte, erschöpft einschliefen …

8

Phillip wachte auf, als jemand ihn an der Schulter schüttelte. Er erhob sich leicht unsicher vom Bett und sah, daß seine und O'Haras Uniformen getrocknet und gebügelt worden waren – auch standen dort zwei Kavalleriestiefel als Ersatz für die eigenen. Der Soldat, der ihn geweckt hatte, bedeutete ihm mit Zeichen, sich anzuziehen, doch O'Hara ließ er unbehelligt. Phillip war dankbar dafür, als er das weiße, erschöpfte Gesicht des schlafenden Jungen sah.

Er zog seine Uniform an und die geliehenen Stiefel, und zwei Soldaten, Artilleristen, begleiteten ihn mit unbewegten Gesichtern in einen Raum, der offenbar das Vorzimmer zum Quartier des Kommandanten war. Hier mußte er fünf Minuten warten, bis ein junger Offizier, Narben im Gesicht und einen leeren Ärmel an die Uniform gesteckt, ihn in erstaunlich gutem Englisch aufforderte, ihm ins Büro des Kommandanten zu folgen.

Das stellte sich als ein großer Raum heraus mit Bücherschränken, einem Tisch und mehreren gepolsterten Ledersesseln. Aus dem einzigen Fenster schweifte der Blick über die Bucht, in der die *Gladiator* und ihr Geschwader immer noch vor Anker lagen. Phillip wurde nur ein kurzer Blick gestattet, ehe man ihn zu einem Sessel führte, der mit dem Rücken zum Fenster stand. Doch der kurze Blick hatte ihm genügt zu erkennen, daß sein eigenes Schiff zu seinem ursprünglichen Ankerplatz zurückgekehrt war. Er atmete erleichtert auf.

Mit makelloser Höflichkeit sprach ihn Oberst Piroff auf Französisch an: »Und nun wäre ich Ihnen sehr verbunden, Commander Hazard, wenn Sie mir eine Erklärung gäben für die Ereignisse heute früh. Was taten Sie, was tat Ihr Schiff? Sie können den Bericht in Ihrer eigenen Sprache geben, Hauptmann Schiller ist unser Dolmetscher.« Er deutete auf den jungen Offizier mit dem leeren Ärmel und erklärte mit leichter Schärfe: »Er ist erst kürzlich von der Krim zurückgekehrt!«

Phillip gab seinen Bericht so überzeugend er konnte und war sich dabei klar, daß er einige Ungereimtheiten enthielt. Also versuchte er, so gut es ging, über sie hinwegzukommen und bemerkte, daß der Kommandant mit gerunzelter Stirn dem zuhörte, was Hauptmann Schiller übersetzte.

»Und das ist alles, was Sie mir zu sagen haben?« fragte der Dolmetscher, als er geendet hatte.

Phillip nickte. »Ja, Sir, das ist alles. Ich kann Sie nur bitten, mir zu glauben!«

Oberst Piroff wandte sich an den Dolmetscher, auf den er lange in seiner eigenen Sprache einredete. Der junge Deutsche hob mit ausdruckslosem Gesicht die Schultern.

»Commander Hazard, der Oberst findet Ihren Bericht wenig glaubwürdig. Er hat mich gebeten, Sie darauf hinzuweisen, daß Sie mit dem Tode bestraft werden, wenn Sie versucht haben sollten, an Land zu gehen, um zu spionieren. Er fragt mich, ob Ihnen das bekannt ist?«

»Ja, das ist mir bekannt. Aber ich versichere Ihnen, Sir, ich bin kein Spion. Ich bin Offizier Ihrer Britannischen Majestät Marine und Kommandant eines Kriegsschiffes Ihrer Majestät ...«

»Und diese Schiffe«, unterbrach Schiller hin scharf, »ankern unter einer Waffenstillstandsflagge in russischen Hoheitsgewässern, nicht wahr? Um es vorsichtig auszudrükken: Ihre Handlungen waren ein ernster Bruch des Waffenstillstands, wenn Ihr Bericht wahr ist.«

Phillip spürte, wie sich Schweiß auf seinen Handflächen bildete, und preßte sie zu Fäusten zusammen. »Ich kann nur meine Entschuldigung anbieten, falls irgend etwas, das ich getan habe, einen Bruch des Waffenstillstands darstellen sollte«, sagte er. »Das war nicht meine Absicht. Aber wenn ein Mann über Bord fällt und die Gefahr besteht, daß er ertrinkt, dann habe ich als Kommandant die Pflicht, alles in meiner Macht zu tun, um ihn zu finden und zu retten. Das war der Grund, ein Boot zu Wasser zu bringen.«

Schiller übersetzte seine Antwort und sagte dann: »Oberst Piroff möchte wissen, warum Ihr Schiff Lichtsignale gab, fast eine halbe Stunde, bevor Sie das Boot zu Wasser ließen? Haben Sie erwartet, Ihren Mann lebend zu finden, nach einer halben Stunde Aufenthalt in einer See, deren Eis gerade geschmolzen ist?«

Leise verfluchte Phillip Ambrose Quinn wegen seiner Signale und antwortete dann so ruhig er konnte: »Die Signale galten zwei anderen Booten, die ich zu Wasser gelassen hatte und die ebenfalls nach dem Matrosen suchten. Mir kam es darauf an, die Leiche zu finden, wenn ich ihn nicht mehr lebendig aufnehmen konnte.«

Schiller übersetzte, ohne sein Gesicht zu verziehen, diese schnell erfundene Erklärung dem Kommandanten, und die Befragung ging weiter. Hartnäckig blieb Phillip bei seiner Geschichte und war sich klar, daß jedes seiner Worte sie weniger überzeugend machte. Doch wenigstens stellte er so sicher, daß der junge O'Hara nicht angeschuldigt werden konnte, weil er lediglich Befehlen gehorcht hatte.

»Mein junger Offizier ist fast noch ein Kind. Falls es eine Ausnahme gibt, bitte ich Sie, Oberst Piroff zu sagen, daß es mein Fehler war, nicht seiner.«

»Das ist dem Oberst wohl bewußt, Sir«, versicherte ihm Schiller. »Wir beschäftigen uns mit Ihnen, Commander Hazard, und der Oberst findet Ihre Erklärung gar nicht befriedigend.«

»Es tut mir sehr leid«, antwortete Phillip bewußt ironisch. »Aber eine andere Erklärung kann ich nicht anbieten.«

Er hatte eine ähnlich ironische Antwort erwartet, aber zu seiner Verblüffung bot Hauptmann Schiller ihm eine ganz andere, plausiblere Geschichte: »Ist es nicht eine bekannte Tatsache, Commander Hazard, daß die englische Marine viele unzufriedene Matrosen hat, die selbst in Kriegszeiten von ihrem Schiff desertieren?« Ehe sich Phillip von seiner Überraschung erholen konnte, fuhr der junge Deutsche mit Elan fort: »Ich würde verstehen, daß Sie Boote zu Wasser ließen und Signale gaben, wenn zum Beispiel ein paar Ihrer Männer desertierten und hier in Odessa Schutz suchten. Einige – nicht nur einer, meine ich. Und falls diese Deserteure ein Boot gestohlen hätten, um zu fliehen, dann hätten weder ich noch der Oberst, wie ich meine, Probleme, Ihre Erklärungen zu glauben.« Er nahm Phillips verblüfftes Gesicht für einen Beweis, daß seine Annahme richtig war, wandte sich dem Kommandanten zu und wiederholte offenbar die Erklärung in Russisch mit zufriedenem Lächeln.

Oberst Piroff wandte sich in Französisch an Phillip. »Was haben Sie zu Hauptmann Schillers Annahme zu sagen, daß Ihre Matrosen unzufrieden sind und in der Dunkelheit versucht haben zu desertieren?«

»Sir, ich …« Noch immer war Phillip verblüfft von der Aussage, zögerte und suchte nach der rechten Antwort darauf. Instinktiv wollte er sein Schiff und die Marine gegen solch eine Unterstellung verteidigen. Doch vor allem mußte er den Kommandanten wenn irgend möglich überzeugen, daß der Waffenstillstand nicht gebrochen worden war. Schließlich schüttelte er kräftig den Kopf. Selbst wenn Schiller mit seiner Klage Recht haben sollte, geböte es die Ehre, sie zu leugnen. »Unter meiner Mannschaft gibt es keine Deserteure, Sir, und auch nicht in der Marine Ihrer Majestät.«

Beide russischen Offiziere lächelten. Diese Antwort hatten sie ganz offensichtlich von ihm erwartet, und keiner schien ihm zu glauben, obwohl er den Grund nicht begriff. Da sagte Schiller mit besserem Wissen: »Es gibt Deserteure von Ihren Schiffen. Das habe ich aus besten Quellen, Commander Hazard. Aber natürlich dürfen Sie das nie zugeben!«

Ehe Phillip auf die Unterstellung reagieren konnte, erhob sich der Oberst und trat ans Fenster. Er bat Phillip zu sich. Auf einem Tisch neben dem Fenster lag ein Teleskop, das er nahm und Phillip reichte. Ernst sagte er: »Mit Hilfe dieses Instrumentes sind wir in der Lage, viel von dem zu beobachten, was bei Ihnen an Bord geschieht. Heute morgen, kurz nachdem Ihr Boot zurückkehrte, wurden wir Zeugen von etwas, was Sie wohl Auspeitschung nennen – auf dem Schiff dort, das doch wohl Ihres ist.« Er deutete unbeirrt auf die *Huntress*.

Phillip nickte und spürte, wie er bleich wurde. Er war einen Augenblick so entsetzt und wütend, daß er nicht antworten konnte.

Der Oberst fuhr fort: »Drei Ihrer Matrosen wurden ausgepeitscht, Monsieur, in einer Zeremonie vor den Augen Ihrer Kameraden. Vielleicht, weil sie versucht haben zu desertieren? Das ist Hauptmann Schillers Erklärung, und der kennt Ihr Land und Ihre Leute gut, wie sein Englisch ja wohl genügend beweist. Ich bilde mir gern meine eigene Meinung, aber ich gestehe, hier bin ich geneigt, ihm zuzustimmen!«

Vieles von dem, was gesagt wurde, hörte Phillip gar nicht.

Schiller spürte das und wiederholte alles auf Englisch – triumphierend. »Habe ich nicht recht?« forderte er Zustimmung ein.

Wut stieg in Phillip hoch, nicht gegen den jungen deutschen Dolmetscher, sondern gegen Ambrose Quinn. Er ahnte, welche Matrosen sein Stellvertreter hatte auspeitschen lassen. Williams und Jackson waren sicher zwei der drei, und der Dritte konnte O'Leary gewesen sein, bei Gott. Lügen hin, Annahmen her – verbittert wie er jetzt war, mußte es ihm vor allem gelingen, seine Gegenüber zu bewegen, ihn frei zu lassen, damit er an Bord zurückkehren könnte, um sich den Mann vorzunehmen, der sich zum Kommandanten aufgeschwungen hatte. In diesem Augenblick war nichts anderes wichtig. Als er Schillers deutliche Frage nicht beantwortete, wandte der Deutsche sich an seinen Vorgesetzten und überfiel ihn mit einem Schwall von Worten, deren Bedeutung Phillip klar war, obwohl er das Gesagte nicht verstand. Er war unendlich erleichtert, als Oberst Piroff die Eskorte herbeirief und ihn höflich bat, in das Zimmer zurückzukehren, das er mit O'Hara teilte.

»Ich werde dem Stellvertretenden Gouverneur einen vollständigen Bericht geben«, sagte der Oberst zum Abschied.

Schiller übersetzte schnell. »Es scheint nicht unwahrscheinlich, daß seine Exzellenz entscheidet, Sie und den jungen Offizier freizusetzen, Commander Hazard. Ich werde Sie natürlich von seiner Entscheidung sofort informieren.«

Das Ergebnis habe ich erhofft, dachte Phillip, und zwang sich trotz der aufwühlenden Gefühle ruhig zu antworten. Er dankte den Offizieren und kehrte in sein Zimmer zurück. Der Junge schlief noch immer, und er weckte ihn nicht, um in Ruhe nachdenken zu können.

Es wurde ein elender Abend, während er sein Gewissen zermarterte, und selbst ein hervorragendes Abendessen konnte seine Stimmung nicht heben. Endlich war auch O'Hara wach geworden, kam mit rosa Backen an den Tisch und tat dem Essen Ehre an, während Phillip keinen Appetit hatte. Er erzählte dem Jungen soviel, wie er verantworten konnte über die Befragung und sah, wie dessen Augen vor

Entsetzen groß wurden, als er zugeben mußte, er habe den Anklagen, die Hauptmann Schiller vorgebracht hatte, nicht entschieden widersprochen. Doch Patrick O'Hara war loyal. Er tadelte nichts, kritisierte nichts, nur seine enttäuschten Augen verrieten seine wahren Gefühle.

»Wenn sie mich dasselbe fragen, Sir, soll ich dann das gleiche antworten?« wollte er wissen. Die Frage kam so zögernd, daß Phillip es nicht übers Herz brachte, von ihm dieses Opfer zu verlangen.

»Nein«, sagte er knapp. »Antworten Sie so, wie Sie es für richtig halten, Mr. O'Hara. Ich bitte Sie nur darum, nichts zuzugeben, das ihren Verdacht verstärkt, wir könnten tatsächlich den Waffenstillstand gebrochen haben. Wenn sie das glauben, sind unsere Chancen davonzukommen, sehr gering.«

»Ich verstehe, Sir. Aber ... haben wir den Waffenstillstand verletzt?«

»Ich habe ihn verletzt«, antwortete Phillip.

»Auf Befehle hin, Sir?« beharrte der Fähnrich.

»Ja, mein Junge. Die Befehle waren geheim, und ich kann sie nicht zitieren, um den Bruch des Waffenstillstands zu rechtfertigen.« Phillip lächelte ihn schmerzlich an. »Es war nicht meine Absicht, gefangen zu werden, aber unglücklicherweise passierte es doch ...« Er zuckte mit den Schultern. »Jetzt habe ich kaum noch die Wahl. Entweder muß ich lügen oder die Folgen tragen. Aber wie auch immer, ich nehme an, daß die Russen Sie frei lassen. Sie sind keine Unmenschen, und sie werden Sie auf Grund Ihres Alters nicht gefangen halten.«

O'Hara versuchte einen beleidigten Protest.

»Sagen Sie mal, kennen Sie die Gründe, warum der Erste Offizier, warum Mr. Quinn die Signale gab und das Schiff verlegte?«

Der Junge schüttelte den Kopf. »Nein, Sir, ich kenne keine.

Aber Mr. Grey bekam den Befehl, die Signale zu geben, und er verstand es so, daß Sie entsprechende Befehle gegeben hätten, ehe Sie das Schiff verließen. Er sagte mir, daß Sie dabei ein ziemliches Risiko eingingen und daß ...« Er unterbrach sich und wurde rot, als habe er zu viel gesagt.

»Nun?« forderte Phillip ihn auf. »Und weiter, Mr. O'Hara? Ich möchte es gerne wissen. Was hat Mr. Grey Ihnen noch gesagt?«

O'Hara wich seinem Blick aus. »Er sagte nur noch, daß ich wahrscheinlich Probleme kriege, wenn wir Sie wieder aufnehmen. Er hat ... deswegen hat er sich freiwillig gemeldet. Er sagte, hier passiert viel, von dem wir nichts wissen, Sir, und vielleicht hatte er auch gehofft, auf den Feind zu stoßen.«

Mit fast sichtbarer Mühe nahm Phillip sich zusammen. Auf diese Weise wollte also Ambrose Quinn seine Papiere sauber halten. Man würde Phillip Befehle vorhalten, die er nie gegeben und auch nicht ins Logbuch eingetragen hatte. Er holte Luft. Quinn hätte natürlich Befehle nachtragen können und hatte es wahrscheinlich inzwischen längst getan.

»Sir, haben Sie Befehle für Signale gegeben?« fragte O'Hara weiter.

Phillip tat, als habe er die Frage überhört.

Der Junge schwieg einen Augenblick und sagte dann nur noch: »Wenn die Russen mich fragen, sage ich das gleiche wie Sie, Sir!«

»Danke, Mr. O'Hara«, bestätigte Phillip zurückhaltend. »Ich danke Ihnen sehr.«

Doch O'Hara wurde nicht befragt. Nach einer unruhigen und praktisch schlaflosen Nacht wurde Phillip am nächsten Morgen wieder in das Büro des Kommandanten befohlen. Die Atmosphäre hatte sich deutlich verändert, wie er nach ein paar Augenblicken merkte. Oberst Piroffs höfliche Freundlichkeit von gestern war verschwunden. Hauptmann

Schiller betrachtete ihn mit unverhohlenem Mißtrauen. Wenn er sprach, dann wirkte er kalt und feindlich. Ein dritter Offizier war diesmal dabei. Er trug eine dunkle Uniform, die Phillip nicht kannte, und saß schweigend dabei und beobachtete ihn unter dunklen Augenbrauen, dick wie Raupen. Er wurde nicht vorgestellt, nicht begrüßt und blieb sitzen, als Oberst Piroff Phillip ans Fenster führte, auf das ankernde britische Geschwader unter ihnen wies und kühl feststellte: »Es scheint, Ihr Schiff ist ohne Sie davongesegelt.«

»Davongesegelt ...« Die unerwartete Neuigkeit traf ihn völlig schutzlos. Phillip starrte auf die ankernden Schiffe. Die *Gladiator* und Leutnant Risks kleine, kräftige *Wrangler* und die französische Fregatte *Mogador* lagen, wo sie gestern abend gelegen hatten. Doch wohin er auch blickte, von der *Huntress* war nichts mehr zu sehen. Sein Herz sank. Warum und wann war sie Anker auf gegangen, fragte er sich, und wohin? Er konnte nur annehmen, daß Kapitän Broke ihr befohlen hatte, zur Flotte zurückzukehren. Das würde er nur dann tun, wenn er annehmen mußte, daß ihr Kommandant tot war. Er holte tief Atem. Das wiederum hieß, daß Quinn ihn tot oder verwundet gemeldet haben mußte – und O'Hara ebenso. Und es hieß auch, daß Broke nicht wegen ihrer Freilassung nachsuchen oder protestieren würde. Vielleicht bereitete der Kommandant der *Gladiator* sich gerade jetzt darauf vor, mit dem Rest des Geschwaders davonzusegeln, damit niemand ihm einen Bruch des Waffenstillstands vorwerfen könnte. An seiner Stelle, dachte Phillip, würde ich wie auf glühenden Kohlen sitzen und jeden Augenblick mit dem offiziellen Protest der Hafenbehörden rechnen ...

»Sie sind überrascht?« fragte Hauptmann Schiller herablassend.

Phillip schwieg, und so fuhr Schiller fort in der deutlichen Absicht, ihn zu demütigen: »Das beweist doch meine Annahme, Commander Hazard! Ihre Matrosen sind unzufrieden. Darum wurde Ihrem Schiff der Aufbruch befohlen? Oder könnte es einen anderen Grund geben, einen, den Sie uns zu nennen vergessen haben?«

Die Fragen gingen weiter, wurden dringlicher und deshalb schwieriger zu beantworten als am Vorabend. Phillip gab sich mit seinen Antworten Mühe und spürte ständig die kalten, stahlgrauen Augen des Offiziers in der unbekannten, dunklen Uniform, der ihn ungebrochen neugierig musterte, als versuche er, Phillips Gedanken zu lesen, statt auf seine Worte zu hören. Der Mann stellte selbst keine Fragen und erhob sich nach fast einer Stunde, verbeugte sich vor Oberst Piroff und ging, ohne ein einziges Wort gesprochen zu haben – bis auf ein paar geflüsterte Bemerkungen in seiner eigenen Sprache. Als er verschwunden war, rief Hauptmann Schiller die Eskorte, und Phillip kehrte erleichtert in sein Zimmer zurück.

So ging es die nächsten sechs Tage weiter. Jeden Morgen wurde er ins Büro des Kommandanten eskortiert, manchmal mit O'Hara, meistens allein, und immer wieder verhörte Oberst Piroff ihn mit Hilfe des jungen deutschen Dolmetschers. Die Fragen blieben die gleichen, ebenso der Ablauf der Prozedur. Doch einmal holte Hauptmann Schiller hinter seinem Rücken wie ein Zauberer ein paar aufgeweichte Lederstiefel hervor und sagte, sie seien an dem Strand gefunden worden, wo er und O'Hara festgenommen worden waren. Er sah ihn lauernd an und schien nur darauf zu warten, daß Phillip leugnete, es handle sich um seine.

»Ich nehme an, Sie wurden an Land gespült«, entgegnete Phillip nur, dankbar, daß sie die Signallaterne nicht gefunden hatten, die – schwerer als die Stiefel – unter Wasser gesunken war. Er fügte mit einer Sicherheit hinzu, die er ganz und gar nicht fühlte: »Ich habe sie beim Schwimmen ausgezogen, wir beide taten das. Ohne Zweifel wird die Tide auch Mr. O'Haras Stiefel anschwemmen.«

Piroff blickt enttäuscht und setzte seine ursprüngliche Befragung fort. Das tägliche Interview verlief wie immer. Und immer wieder erschien es Phillip, als wolle man seinen Widerstand erschöpfen und ihn mit einem Eingeständnis pakken, das er aus reiner Ermüdung machte. Doch sonst, mußte er zugeben, wurden er und O'Hara gut behandelt. Sie erhielten regelmäßig und viel zu essen, und die Tage verliefen ungestört – wenn auch leer und langweilig. Dank Schlaf und Wärme waren die kleinen Leiden, die sie sich in dem eisigen Wasser geholt hatten, bald vergangen.

Jeden Tag besuchte sie der Arzt, und auf seinen Rat hin erlaubte man ihnen jeden Tag morgens und abends unter Bewachung je eine halbe Stunde Leibesübungen auf dem Exerzierplatz des Forts. Er lieh ihnen auch als Zeichen persönlicher Zuneigung ein Schachspiel, das ihnen half, die Zeit zu vertreiben. Doch von Entlassung war keine Rede. Der Kommandant erwähnte sie nicht mehr, und als Phillip den Arzt fragte, lächelte der nur: »Sie haben Glück, weil ich einigen Einfluß auf die Hafenbehörde habe, die ihren Aufenthalt hier gestattet.« Und meinte dann weiter freundlich: »Wenn die sich durchgesetzt hätten, wären Sie im *Lazaretto* zur üblichen Quarantäne. Glauben Sie mir, hier geht es Ihnen sehr viel besser.«

Phillip bezweifelte das nicht. Um O'Haras willen gab er sich äußerlich weiter optimistisch, obwohl er fast verzweifelte, als die zweite Woche ihrer Gefangenschaft begann, ohne irgendeine Andeutung, daß der Stellvertreter des Gouverneurs eine Entscheidung zu ihren Gunsten gefällt hätte. Phillips einziger Trost war, daß die drei Schiffe von Kapitän Brokes Geschwader immer noch in der Bucht vor Anker lagen. Jeden Morgen, wenn er das Büro des Kommandanten betrat, konnte er einen flüchtigen Blick auf sie werfen. Doch am Morgen des neunten Tags nach ihrer Ankunft in der Festung, war ihm auch dieser Trost mißgönnt. Hauptmann Schiller legte ihm die Hand fest auf die Schulter, und er mußte sich mit dem Rücken zum Fenster setzen, und diesmal schaute er den Offizier in der schwarzen Uniform direkt an, dessen stumme Beobachtung er nur schwer ertragen hatte. Zu seiner Überraschung brach der Offizier sein Schweigen und sprach ihn mit kräftigem Akzent in korrektem Französisch an.

»Wissen Sie, wer ich bin, Commander Hazard?« wollte er wissen und lächelte, als Phillip den Kopf schüttelte. Es war ein überhebliches, seltsam abstoßendes Lächeln. »Ich bin Oberst Golitsin, Chef der zivilen und der Militärpolizei Seiner Kaiserlichen Majestät für diese Provinz.« Er schwieg und sagte dann mit einer Stimme, scharf wie eine Peitsche: »Sie waren früher schon mal in Odessa, nicht wahr? Sie waren einer der Offiziere, die wir gefangen nahmen, als wir Ihr englisches Schlachtschiff *Tiger* versenkten!«

Die Frage klang anklagend und überraschte Phillip sehr. Doch da er durch Leugnen wenig zu gewinnen schien und sein Ankläger die Tatsache leicht überprüfen konnte, sagte er mit einem Kopfnicken: »Ja, Oberst Golitsin, ich war schon mal hier!«

»Sie waren verwundet, und Ihr Leben wurde durch den Leibarzt Seiner Exzellenz des Gouverneurs gerettet, Dr. Vasilly, der sie auf Wunsch seiner Exzellenz behandelte. Stimmt das?« In der harten Stimme klang leiser Triumph, und Phillip sagte in seiner Antwort die Wahrheit.

»Das stimmt, Sir. Ich gebe gern zu, daß ich mein Leben Dr. Vasillys Können verdanke und der Güte Seiner Exzellenz Baron Osten-Sacken, der mich in seinem Hause aufnahm und seinen Dienern erlaubte, sich um mich zu kümmern. Ich wurde von Seiner Exzellenz in seinem Haus nicht als Gefangener, sondern als geehrter Gast behandelt.«

Die Brauen von Oberst Piroff hoben sich erstaunt, als Hauptmann Schiller das schnell übersetzte und ihn dann verärgert fragte: »Der Oberst möchte wissen, warum Sie uns das nicht vorher gesagt haben, Commander Hazard. Nennen Sie ihm bitte die Gründe.«

Phillip hob mit gespielter Gleichgültigkeit die Schultern. »Ich war mir der Tatsache nicht bewußt, daß meine Anwesenheit hier als Kriegsgefangener vor mehr als acht Monaten irgend etwas mit meiner jetzigen Lage zu tun hat. Sonst hätte ich das natürlich erwähnt. Wie auch immer, Sir, ich wurde nie danach gefragt.«

Schiller sah aus, als wolle er diese Aussage disputieren, aber der Polizeichef hieß ihn herrisch schweigen.

»Sie geben an, Monsieur, der Kommandant eines englischen Kriegsschiffes zu sein und kein Spion«, sagte er und wandte sich wieder an Phillip. »Aber ich habe drei Zeugen, die Sie hier in der Kathedrale sahen, in dieser Stadt, und zwar am Morgen, ehe die Kavallerie von Oberst Piroff Sie aufgriff, als sie an unserer Küste an Land gingen. Danken Sie so Seiner Exzellenz Baron Osten-Sacken, dem Sie nach Ihren eigenen Worten, Ihr Leben verdanken? Lieber Gott, ich bin dankbar, daß Seine Exzellenz bei unseren siegreichen Truppen auf der Krim ist, denn wäre er hier, wäre er über Ihren Verrat unendlich betrübt!«

Seine Stimme klang jetzt wütend, und Phillip spürte sein Blut wie Eis. Er mußte sich resignierend eingestehen, daß dies sein Ende bedeutete. Trotz der Lügen, die er immer wiederholt hatte, konnte Golitsin beweisen, daß er den Waffenstillstand gebrochen hatte, und ihn der Spionage anklagen ... und dafür gab es nur die eine Strafe, die Oberst Piroff schon erwähnt hatte: den Tod. Er versuchte zu reden, doch die Worte erstarben ihm in der Kehle, als Oberst Golitsin sich erhob und mit dramatischer Geste die Tür zum Vorraum aufstoßen ließ und die dort Wartenden hereinrief.

Sie traten gehorsam hintereinander ein. Wie Phillip befürchtet hatte, war der erste der Mann mit dem schwarzen

Bart, der in der Kathedrale hinter ihm gestanden hatte, und der nächste einer der Kirchendiener. Und dann sah Phillip wie betäubt als dritten Zeugen Boris. Oberst Golitsin deutete auf ihn und sprach mit den Eingetretenen, forderte sie offenbar auf, ihn zu identifizieren, was sie auch einstimmig taten, der Bärtige grunzend, der Kirchendiener mit einem lebhaften »Ja, ja«, und Boris – unglaublich! – mit einem Lächeln fröhlichen Wiedererkennens. Phillip sah ihn wie erstarrt an und versuchte vergebens, sich eine Verteidigung auszudenken, die auf gar keinen Fall Mademoiselle Sophie direkt oder indirekt involvieren durfte. Zu seiner Verblüffung trat da der Diener vor und verneigte sich vor ihm. Aus einer goldverzierten Ledertasche entnahm er zwei Briefe, die beide mit schweren Siegeln verschlossen waren. Er lächelte immer noch und überreichte Phillip den einen, und den anderen, fast verächtlich, übergab er Oberst Golitsin, der seine Hand ausgestreckt hielt. Nach kurzem Zögern nahm Golitsin auf seinem Stuhl Platz und öffnete den Brief, den er erhalten hatte.

Entsetzt und fasziniert zugleich beobachtete Phillip ihn und konnte sich immer noch nicht bewegen. Da sah er einen glitzernden Gegenstand aus dem Umschlag in seine Hand gleiten, den er sofort wieder erkannte. Es war der Smaragdring mit dem Kaiserlichen Doppeladler, den Mademoiselle Sophie ihm geschenkt hatte, als sie von Bord der *Trojan* ging. Lieber Gott, dachte er vorwurfsvoll, warum hatte er nicht vorhergesehen, daß Mademoiselle Sophie versuchen würde, ihn zu retten? Und warum hatte er sich zu den Anklagepunkten nicht schon vor Tagen bekannt und so eine Katastrophe verhindert?

Boris berührte seinen Arm und deutete auf den Brief, den er noch immer ungeöffnet in den Händen hielt und murmelte etwas Unverständliches in seiner eigenen Sprache. Er sah ruhig und unbeschwert aus, ja sogar zufrieden, und als

Phillip ihn so sah, faßte er selbst neuen Mut. Er nickte, noch immer war seine Kehle trocken, und er gab sich große Mühe zu verbergen, daß seine Hände zitterten. Dann brach er das Siegel, legte den Brief auf die Knie, nahm sich zusammen und zwang sich ruhig zu lesen.

»Mein lieber Phillip«, schrieb Mademoiselle Sophie, *»ich habe erst kürzlich von Ihrem Arrest erfahren. Warum haben Sie mich nicht verständigt? Warum haben Sie mich nicht um Hilfe gebeten? Lieber Phillip, ich bin höheren Ortes nicht ohne Einfluß und hätte Ihnen viele Sorgen und Unbequemlichkeiten ersparen können, die Sie, wie ich fürchte, in der letzten Woche oder länger erduldet haben.*

Machen Sie sich keine Sorgen. Ich habe Ihretwegen mit dem Stellvertreter des Gouverneurs gesprochen und ihm gesagt, wie edelmütig Sie Ihr Leben aufs Spiel gesetzt haben, um mir den Ring zu überbringen, den Ihnen mein geliebter Mann anvertraute, als er auf dem Schlachtfeld starb. Ich habe ihm auch gesagt, wie gut und hingebungsvoll Sie mir dienten, als ich an Bord Ihres Schiffes, der Trojan, *Passage nahm. Und vertraulich habe ich ihm auch einiges von dem mitgeteilt, was wir am letzten Sonntag besprachen.*

Auf meinen Wunsch hin hat er an Oberst Golitsin geschrieben, und mein Brief und seine Instruktionen werden sofort übermittelt werden. Ich werde, so bald ich kann, meinen Onkel, den Zaren, informieren. Seine Exzellenz hat mir versichert, daß Ihre Entlassung und die Ihres tapferen Fähnrichs, Mr. O'Hara, sofort vorbereitet und Sie beide zum Englischen Geschwader gebracht werden, wenn die Antwort durch neutrale Konsuln überreicht wird, in diesem Fall durch Senor Franco Baguer y Ribas, den Vertreter Spaniens. Aus Gründen, die ich Ihnen nicht erläutern muß, wird die Rückkehr auf Ihr Schiff heimlich erfolgen, und offiziell wird davon nichts erwähnt, auch nichts von Ihrer Anwesenheit hier.

Meine dankbaren und guten Wünsche begleiten Sie. Ich bedaure sehr, daß ich mich nicht persönlich von Ihnen verabschieden kann, aber die Geburtsstunde naht, und ich werde mich niederlegen. So bitte ich wegen meines Fehlens um Vergebung.

Der Brief war nur mit dem Namen Sophie gezeichnet, und Phillip spürte unmännliche Tränen in seinen Augen, als er den Brief faltete und ihn sorgfältig einsteckte – erleichtert und dankbar. Als er aufblickte, sah er, daß Hauptmann Schiller die beiden Zeugen aus der Kathedrale eilig nach draußen drängte. Oberst Piroff studierte den Brief, den Boris dem Polizeichef überbracht hatte. Der Ring lag immer noch auf dem Tisch vor ihm. Boris lächelte Freund und Feind gleichermaßen freundlich an, trat an den Tisch, und wartete, bis Oberst Golitsin den Ring nahm und ihn ihm zurückgab. Der riesige Diener verbeugte sich, legte den Ring in die Schachtel zurück und die in seine Ledertasche und entnahm ihr zu Phillips Überraschung ein kleines Päckchen, das er ihm mit einer Verbeugung überreichte.

Phillip sah, daß sein Name auf dem Päckchen stand, also nahm er es entgegen. Es enthielt eine goldene Taschenuhr mit dem Kaiserlichen Wappen auf dem Deckel. Dabei lag eine Karte mit der kleinen klaren Schrift Mademoiselle Sophies: »Auch diese gehörte meinem Vater. Ich schicke sie Ihnen in Dankbarkeit.«

Oberst Golitsin sah die Uhr, und verblüfftes Erstaunen zeigte sich auf seinem knochigen Gesicht, als er das Kaiserliche Wappen entdeckte. Steif sagte er: »Mir scheint, ich habe Ihnen Unrecht getan, Commander Hazard. Bitte, nehmen Sie meine Entschuldigung entgegen. Sie hätten uns allen sehr viel Unannehmlichkeiten ersparen können – und Ihnen einiges Unrecht – wenn Sie uns von Anfang an gesagt hätten, warum Sie hier sind. Aber«, er zuckte mit den Schultern, »ich nehme an, Sie wissen, daß aufgrund der Bitte Ihrer Kaiserlichen Hoheit in Ihrer Angelegenheit seine Exzellenz, der Stellvertretende Gouverneur, Ihre Freilassung angeordnet hat?«

Phillip erhob sich und verbeugte sich förmlich. »Danke, Sir, das weiß ich«, und wartete nicht, bis Schiller seine Übersetzung erledigt hatte. »Wann können wir damit rechnen, zu unserem Geschwader zurückzukehren?«

»In wenigen Tagen, Monsieur. Bis dahin werden Sie hier bleiben, aber selbstverständlich als Gäste von Oberst Piroff.« Der Polizeioberst erwiderte seine Verbeugung, warf Boris ein paar knappe Worte zu, und der lächelnde Riese folgte ihm auf dem Fuße aus dem Zimmer.

»Der Kommandant«, sagte Schiller ohne Phillip anzuschauen, »würde sich geehrt fühlen, wenn Sie und Mr. O'Hara heute abend mit ihm dinieren.«

»Danke, Oberst, das werden wir mit dem größten Vergnügen. Aber jetzt«, Phillip sah seine Gegenüber, die ihn so nachhaltig ausgefragt hatten, ohne Widerwillen an, »habe ich Ihre Erlaubnis, in meine Räume zurückzukehren? Ich würde sehr gern Mr. O'Hara über unsere bevorstehende Entlassung informieren!«

»Innerhalb dieser Mauern können Sie kommen und gehen, wie Sie wollen, Monsieur«, versicherte ihm Oberst Piroff. »Wie Ihnen Oberst Golitsin schon gesagt hat, sind Sie und Mr. O'Hara meine Gäste, und wir werden Ihre Entlassung so schnell wie möglich arrangieren.«

Er stand zu seinem Wort. Am Morgen des 6. Februar ritt Phillip in Gesellschaft von O'Hara, der seine Freude kaum beherrschen konnte, die Küstenstraße nach Odessa entlang und hoffte, daß dies zum letztenmal war, solange noch Krieg herrschte. Die Kirchenglocken begannen zu läuten, als sie sich dem Kaiserlichen Hafen näherten. Da hielt Oberst Piroff sein Pferd an, damit Phillip ihn einholen konnte.

»Ihr Abschied ist gut geplant, Commander Hazard. Hören

Sie die Glocken. Ich bin sicher, Sie werden sich freuen, wenn Sie hören, daß dem Hause Narishkin ein Erbe geboren wurde.«

Wieder sah Phillip das kleine, süße Gesicht von Mademoiselle vor sich, wie eine Erscheinung aus einer anderen Welt. Mit übervollem Herzen sprach er ein stilles Gebet. Der Sohn, den er sich so sehr gewünscht hatte, war dem armen Andrei Narishkin geboren worden ...

»Ich bin froh für Ihre Kaiserliche Hoheit«, sagte er laut, und Oberst Piroff legte ihm freundlich eine Hand auf den Arm.

»Und da wartet auch Ihr Boot, Monsieur, wie Sie sehen – und das wird Sie sicher auch froh machen.«

Vom Kopf der steinernen Treppe, die nach unten zum Anleger führte, stiegen sie ab und schritten gemeinsam nach unten, O'Hara und die beiden Begleiter hinter ihnen. Der Oberst verabschiedete sich, als sie die Mole erreicht hatten. Vom ernst dreinschauenden Hafenmeister und einer seemännischen Eskorte begleitet, erreichten Phillip und der kleine Fähnrich das wartende Boot. Noch immer läuteten die Glocken, als das Boot ablegte und nach draußen lief, wo es auf ein Boot der *Wrangler* traf, das sich ihnen mit weißer Flagge eilig näherte. Leutnant Risk führte es, und als die Gig neben das russische Boot lief, starrte er völlig überrascht und ungläubig Phillip und O'Hara an. Doch er behielt seine würdevolle Ruhe, als ihm die Note des Konsuls überreicht wurde. Erst als Phillip neben ihm im Heck saß, konnte er sich nicht länger zurückhalten.

»Willkommen an Bord, Commander Hazard«, rief er laut und schüttelte Phillip kräftig die Hand. »Ich hoffe, Sie verstehen mein Erstaunen, aber ich dachte, einen Geist zu sehen, wirklich und ehrlich. Ihr Erster Offizier hat nämlich Sie und den Fähnrich als ertrunken gemeldet, Sir. Von Ihrer Gefangennahme hat er nichts erwähnt!«

»Mein Erster Offizier hat nicht gewartet und sich der Tatsachen nicht versichert, Mr. Risk«, erwiderte Phillip grimmig.

Risk starrte ihn an. »Das ist seltsam, Sir. Er hat Kapitän Broke gemeldet, daß eine ganze Bootsmannschaft Ihren Tod beobachtet hat und bat um Erlaubnis, zur Flotte zurückzukehren, um Ihren, nun ja, Verlust unverzüglich dem Befehlshaber zu melden. Darum ist die *Huntress* leider nicht hier ... Aber ich bin über alle Maßen froh, Sir, daß die Meldung falsch war, das muß ich Ihnen ja wohl nicht extra sagen. Ich bringe Sie jetzt am besten zur *Gladiator*, damit Sie die Nachricht von Ihrem Überleben Kapitän Broke persönlich geben können?« Phillip nickte zustimmend, Risk fuhr fort: »Ich glaube, Sie wollen auch, so schnell es geht, zur Flotte zurückkehren, nicht wahr?«

Phillip nickte schmallippig. »Ja, Mr. Risk«, sagte er nur und dachte an die Auspeitschungen und an den Auftrag, den er auszuführen hatte und den so lange verzögerten Bericht über die Verteidigungsanlagen von Odessa. »Ja, ich möchte so schnell wie möglich zur Flotte zurück, weil ich eine Meldung machen muß!«

»Wir werden wahrscheinlich morgen schon nach Katcha segeln«, informierte Risk ihn, »mit der Antwort des Konsuls. Die *Gladiator* und die *Mogador* werden hier bleiben und die Blockade beginnen.«

»Dann kann ich bei Ihnen mitsegeln?«

»Es wird mir ein großes Vergnügen sein, Sie an Bord zu haben, Sir, und Ihren Fähnrich. Ein toller Kerl, nicht wahr?«

»In der Tat«, bestätigte Phillip und lächelte zu O'Hara hinüber. »Er ist mehr wert als mancher doppelt so große Kerl!«

Nebel verzögerte das Anker-auf-gehen der *Wrangler* um zwei Tage, aber dann setzte sie am Morgen des 9. Februar Kurs ab auf die Mündung des Katcha-Flusses. Phillip nutzte die unerwartete freie Zeit, um seinen Bericht über Odessa zu

Papier zu bringen. Als die *Wrangler* hinter einer Reihe von Dampffregatten vor Anker ging, schickte er sein umfangreiches Dokument zusammen mit den Meldungen von Leutnant Risk auf die *Agamemnon*, auf der immer noch die Flagge des Befehlshabers wehte. Die *Huntress* konnte er unter den ankernden Schiffen nirgendwo entdecken. Ohnmächtig und ungeduldig wartete er, bis er endlich einen Brief von Frederick Cleeve erhielt, dem Sekretär des Admirals.

Er teilte ihm nur kurz mit, daß Admiral Lyons gerade im Aufbruch nach Balaklava begriffen sei zu einer Konferenz im Hauptquartier von Lord Raglan auf dem Hochland zwischen dem britischen und dem französischen Oberkommandierenden. Das Eintreffen seines Berichts wurde bestätigt, und Cleeve versicherte ihm, der Admiral habe ihn selbst entgegen genommen.

»Der Admiral wünscht, daß Sie sofort zu ihm kommen, sobald er wieder an Bord ist«, endete der Brief ganz formell. Doch Leutnant Cleeve hatte eine Nachschrift hinzugefügt und sie mit seinen Initialen gezeichnet: »Willkommen zurück. Wir hatten Sie verloren geglaubt. Ihre *Huntress* ist vor Eupatoria, falls Sie sie schon gesucht haben. Die *Banshee* wird innerhalb der nächsten zwei Tage dorthin segeln mit Nachrichten für Kapitän Hastings.«

Am nächsten Abend wurde Phillip an Bord der *Agamemnon* befohlen, und Admiral Lyons begrüßte ihn mit herzlicher Wärme.

»Mein lieber Phillip, ich kann Ihnen gar nicht sagen, wie froh und dankbar ich für Ihre Rückkehr von den Toten bin. Ihren Verlust hätte ich nur schwer ertragen können, glauben Sie es mir, mein lieber Junge. Und der hier kam gerade rechtzeitig.« Die müden blauen Augen des Admirals blitzten auf, als er auf den Bericht wies, der auf seinem Schreibtisch lag. »Mit seiner Hilfe konnte ich General Canrobert überzeugen, daß eine zweite Beschießung Odessas von See her nur eine Verschwendung von Pulver und Blei wäre und im Krieg mit Rußland keinerlei Zweck erfüllte.«

»Dafür bin ich sehr dankbar, Sir«, antwortete Phillip. Seine Angst, zu spät gekommen zu sein, war verflogen.

Der Admiral lächelte ihn an. »Und ich auch, mein lieber Junge, glauben Sie's mir. Meinen Vorschlag, im Frühjahr eine Offensive gegen die Versorgungslinien des Feindes im Asowschen Meer zu beginnen, haben Admiral Bruat und ich vorgetragen. Wir haben vorgeschlagen, eine Flottille unter gemeinsamem Oberkommando dorthin zu schicken. Außerdem brauchen wir die Unterstützung durch das Heer – zwölftausend Mann für eine begrenzte Zeit, für zehn oder vierzehn Tage. Wir haben sogar ein Datum festgesetzt, Anfang Mai für den Beginn der Offensive. General Canrobert sagte zu, er würde die Pläne sorgfältig prüfen. Ich nehme an, er wird zustimmen müssen, denn Odessa als Alternative haben wir ihm ja dank Ihres ausgezeichneten gründlichen Berichts weggenommen.« Mit viel Schwung sprach er weiter von seinen Plänen für das Frühjahr. Er schien dennoch müde. Und dann sagte er, das Thema wechselnd: »Wir erwarten wieder einen Angriff auf Eupatoria, Phillip. Ihre *Huntress* ist da, und ich werde die *Lynx* und die *Arrow* und vielleicht auch noch die *Curlew* und die *Dauntless* zur Verstärkung von Kapitän Hastings Geschwader schicken, wenn nötig.«

»Kann ich sofort wieder zu meinem Schiff stoßen, Sir?« fragte Phillip erwartungsvoll.

»Aber natürlich, mein lieber Junge. Sie werden mit dem ersten Schiff dorthin segeln, das hier ankerauf geht«, stimmte der Befehlshaber sofort zu. »Und was Ihren Ersten Offizier angeht, Sie haben doch vor längerem schon um seine Ablösung gebeten?«

Phillip wurde rot.

Diese Frage hatte er befürchtet, und natürlich mußte er sie beantworten.

Quinns Rolle im Bericht über die Gefangennahme hatte Phillip offen gelassen, weil er wußte, daß er für seine Vorwürfe keine Beweise hatte. Und so hatte er sich schließlich entschieden, sich den Mann, so gut er konnte, persönlich vorzuknöpfen, sobald er wieder das Kommando über die *Huntress* hatte. Doch jetzt bot der Admiral offenbar an, ihn zu ersetzen, und Phillip zögerte wohl wissend, daß er Ambrose Quinn eigentlich nicht mit sauberen Papieren auf ein anderes Schiff gehen lassen durfte. »Sir«, begann er also, »ich muß Ihnen leider sagen, Sir, daß Leutnant Quinn ...«

Ruhig unterbrach der Admiral ihn. »Leutnant Quinn steht in diesem Augenblick unter Arrest und erwartet eine Anklage vor dem Kriegsgericht wegen zwei sehr schwerer Vergehen, Phillip!«

Phillip atmete erstaunt auf. »Zwei Vergehen, Sir?«

»Erstens hat er den Tod Ihres Vorgängers, des Kommandanten der *Huntress*, Commander Francis Willoughby, verursacht, und zweitens hat er bei der Untersuchung über dessen Tod vor dem Kriegsgericht falsche Aussagen gemacht«, sagte der Admiral verächtlich. »Die zweite Anklage lautet, einen Ihrer Kadetten, dessen Name mir gerade nicht einfällt, in den Mast geschickt zu haben. Frederick Cleeve kann Ihnen alle Einzelheiten zeigen. Ich weiß, daß Fraser, der Arzt von der *Trojan*, der sich um den jungen Burschen kümmerte, den Sturz beobachtete und daß er und der Kadett als Zeugen der zweiten Anklage auftreten werden. Die anderen Zeugen sind zwei Matrosen, die in Konstantinopel desertierten und behaupten ...« Der Admiral seufzte. »Keine angenehme Geschichte, Phillip, kann ich Ihnen sagen. Frederick kann Ihnen alle schmutzigen Einzelheiten nennen. Es scheint, als ob die beiden Deserteure bei ihrer Festnahme angegeben haben, nur deswegen von Bord verschwunden zu sein, weil Ihr früherer Erster Offizier sie so bedrohte, daß sie um ihr Leben fürchten mußten. Beide geben an, sie seien an

Deck gewesen, als Francis Willoughby angeblich betrunken über Bord gespült wurde oder fiel. Beide sagen aus, der arme Mann sei total nüchtern gewesen. Damit lautet die Anklage auf ein Kapitalverbrechen, und offenbar kann Ihr Kadett, Lightfoot, wie mir jetzt einfällt, ihre Aussage bestätigen. Er hat den unglücklichen Zwischenfall auch beobachtet, aber er hatte bisher Angst, etwas zu sagen. Eine schlimme Angelegenheit, Phillip, durch und durch unangenehm, nicht wahr?«

»In der Tat, Sir«, stimmte Phillip vorsichtig zu.

Der Admiral legte ihm die Hand auf die Schulter. »Sie haben eine gute Menschenkenntnis, mein Junge. Wenn ich mich recht erinnere, wollten Sie Quinn schon vor zwei Monaten abgelöst haben.« Er lächelte. »Ich habe also Ihrem Wunsch entsprochen. Sie haben einen neuen Ersten Offizier, der im Augenblick diensttuender Kommandant der *Huntress* ist und dessen Ernennung Sie sicher sehr freuen wird.«

»Ich bin Ihnen sehr dankbar, Sir. Darf ich um den Namen bitten?«

»Es ist der gleiche wie Ihrer, mein lieber Phillip: Hazard.« Der Admiral lächelte verschmitzt. »Obwohl ich es nicht erwartet habe, wohl aber hoffte, haben Ihre Lordschaften geruht, Ihrem Bruder sein Patent zurückzugeben. Sein Dienstalter beginnt mit dem Wiedereintritt in die Marine. Zufrieden?«

»Nichts auf der Welt könnte mir mehr gefallen, Sir«, versicherte ihm Phillip. »Erlauben Sie mir, Ihnen im Namen meines Bruders und auch selbst zu danken. Ich bin sicher, daß Ihre Empfehlung Ihre Lordschaften beeinflußt hat ...«

Wieder unterbrach der Admiral ihn. »Sie haben das beide verdient, Phillip, vor allem Sie. Ich habe Ihren Bericht über Odessa auch zwischen den Zeilen gelesen und kann mir vorstellen, wie schwierig er zu verfassen war. Aber ich werde Sie nicht fragen, wie Ihnen eine so gründliche Inspektion gelungen ist. Ich erwarte auch nicht, daß Sie mir sagen, wie es Ihnen gelungen ist, daß der Feind sie frei ließ. Wie meine Befehle wird auch Ihr Bericht vertraulich bleiben und kann also offiziell nie erwähnt werden. Aber ehe ich Sie jetzt an Bord zurückkehren lasse, möchte ich Ihnen doch noch eine Frage stellen. Haben Sie Klagen gegen Leutnant Quinn, die Sie vor dem Kriegsgericht erheben möchten?«

Phillip zögerte nur einen Augenblick. »Nein, Sir«, sagte er leise, »ich habe keine, die ich unter diesen Umständen beweisen könnte, Sir!«

»Gottes Mühlen mahlen langsam«, zitierte Sir Edmund Lyons. »Aber sie werden in Mr. Quinns Fall sehr fein mahlen.« Er streckte ihm die Hand entgegen. »Treten Sie wieder Ihr Kommando an, Phillip. Gute Nacht und Gottes Segen!«

Phillip nahm Haltung an. »Aye, aye, Sir!« Und dann fügte er leise hinzu: »Gottes Segen auch mit Ihnen, Sir!«